WESTERN
ETHICS
CLASSICS
OF
THE 20TH
CENTURY

20 世纪西方伦理学经典

伦理学主题

价值与人生

［下］

万俊人　主　编

唐文明　副主编

北京师范大学出版集团
BEIJING NORMAL UNIVERSITY PUBLISHING GROUP
北京师范大学出版社

［德］海德格尔（Martin Heidegger，1898—1976）

《存在与时间》（1927）（节选）

《关于人道主义的书信》（1946）

《存在与时间》（1927）（节选）

一种本真能在的此在式的见证、决心

第五十四节　一种本真的生存上的可能性的见证问题

所寻求的是此在的一种本真能在；这种本真能在是由此在本身在其生存可能性中见证的。但这一见证自身首先必须能够被找到。如果这种见证可以"让"此在在其可能的本真生存中领会自己本身，那它就会在此在的存在中有其根苗。从而，对这样一种见证的现象学展示就包含着对它源出于此在的存在建构的证明。

这种见证应供人领会一种本真的能自身存在。我们曾用"自己"这个词来回答此在为谁的问题①。我们曾从形式上把此在的自己之所以为自己规定为一种去生存的方式，也就是说并非规定为一种现成存在者。此在之谁首先并非我自己，而是常人自己。本真的自己存在规定自身为常人的一种生存变式，这种生存变式可以从生存论上加以界说。② 这种变式中含有些什么？这种变式之所以可能的存在论条件都有哪些？

---

① 参见本书第二十五节 114 页及以下。
② 参见本书第二十七节 126 页及以下。特别见 130 页。

随着丧失于常人之中的境况，此在切近的实际能在——诸种任务、规则、措施、操劳在世和操持在世的紧迫性与广度——总已被决定好了。常人总已经从此在那里取走了对那种种存在可能性的掌握。常人悄悄卸除了明确选择这些可能性的责任，甚至还把这种卸除的情形掩藏起来。谁"真正"在选择，始终还不确定。此在就这样无所选择地由"无名氏"牵着鼻子走并从而缠到非本真状态之中。只有当此在本己地从丧失于常人之中的境况中把自己收回到它自己面前时才能扭转上述情形。而这一收回所具有的存在方式必定就是那样一种存在方式：由于它的耽搁，此在曾丧失于非本真状态中。从常人中收回自己就是从常人自身的生存方式转为本真的自己存在的生存方式；而这必定以补做某种选择的方式来进行。补做选择却意味着对这一补做的选择进行选择，意味着决定要从本己的自己方面来能在。借助对选择进行选择，此在才使自己本真的能在成为可能。

但因为此在已丧失于常人之中，它就首先得找到自己。而要找到自己，它就得在它可能的本真状态中被"显示"给它自己。此在需要某种能自身存在的见证，即见证此在按照可能性向来已经是这种能自身存在。

在下面的阐释中提出来作为这样一种见证的，是此在的日常自我解释所熟知的；它被称为"良知的声音"①。对良知这一"事实"尚有争议，关于良知对此在生存的裁决作用有各种不同的估价，而对于"它说的是什么"又有各种各样的解释。若不是这种实际情况的"可疑性"和良知解释的"可疑性"恰恰证明了这里摆着此在的一种源始现象，上面提到的纷纭状态真要误引我们轻视良知这种现象了。下面的分析将从基础存在论的意图着眼，把良知作为纯生存论探索先行具有的东西进行专题讨论。

首先应得把良知直追溯到其生存论基础和结构，使它作为此在的现象而明显可见。提到此在，则须牢记前此获得的这一存在者的存在建构。以这种方式着手的存在论良知分析先于心理学上对良知

---

① 前面的和以下的考察都曾在马堡的一次关于时间概念的公开讲演中（1924年7月）作过专题报告。

体验的描述和分类，同样它也不同于生理学上的解释，那种"解释"意味着把良知这种现象抹灭。它同良知的神学解释却也一样不沾边，更别说把这种现象用来作为对上帝的证明或对上帝的"直接"意识。

不过，在对良知探索加以这些限制的时候，我们既不可夸大其结果，也不可反过来小视其结果。良知作为此在的现象不是摆在那里的、偶尔现成在手的事实。它只"存在"于此在的存在方式中；它只用实际生存一道并即在实际生存之中才作为实情宣泄出来。要求对良知的"事实性"及其"声音"的合法性提供"归纳的经验证明"，这根源于在存在论上倒置了良知现象。但凡把良知只当作时而出现的而非"已普遍确定了的和可以确定的事实"来对良知进行批评，无论多么高超，也都免不了这种倒错。良知的实情根本摆不到这类证明或否证之下，这不是什么缺陷，而是一种标志，说明它在存在论上与周围世界的现成事物根本不属同类。

良知给出某种可加领会的东西；它有所开展。这一形式上的特征指示我们把这一现象收归此在的展开状态。我们自己向来所是的这种存在者的这种基本建构是由现身、领会、沉沦与话语组建而成的。对良知的更深入的分析揭露其为呼唤。呼唤是话语的一种样式。良知的呼唤具有把此在向其最本己的能自身存在召唤的性质，而这种能自身存在的方式就是召唤此在趋往最本己的罪责存在。

流俗的良知解释在某种限度内总也对良知有些领会并且把这种领会变成概念，作为良知的"理论"。虽然是生存论阐释为这些日常存在者层次上的知性理解提供了存在论上的基础，两者却必然相去迢迢。从而，生存论的阐释须得通过对流俗的良知解释加以批判而获验证。从清理出来的良知现象将能表露出它在何种程度上见证此在的一种本真能在。与良知的呼唤相应的是一种可能的听。对召唤的领会崭露其自身为愿有良知。而在愿有良知这一现象中就有我们所寻找的那种生存上的选择活动——对选择一种自身存在的选择。我们按照其生存论结构把这一选择活动称为决心。因此，本章的分析分为：良知的生存论存在论基础（第五十五节）；良知的呼声性质（第五十六节）；良知之为操心的呼声（第五十七节）；召唤之领会，罪责（第五十八节）；生存论的良知阐释和流俗的良知解释（第五十九节）；在良知中得以见证的本真能在的生存论结构（第六十节）。

第五十五节　良知的生存论存在论基础

良知分析将从对这种现象的一种未经分辨的现有情形开始：无论通过何种方式，良知总给出某种可领会的东西。所以，就生存论现象来说，良知所开展的、所归属的范围也就是组建此之在这种展开状态的那些生存论现象①。现身、领会、话语、沉沦的最一般的结构已经剖析过了。现在我们若把良知问题放在这一系列现象里来讨论，却不是要把那里剖析而得的结构当作表格运用到此在开展的一种特殊"例子"上去。毋宁说，良知阐释是要推进早先对"此"之展开状态的分析；不仅如此，它还要从此在的本真存在着眼而更源始地把握早先的分析。

我们称之为此在的这一存在者通过展开状态而存在于这样一种可能性中：它即是它的此。它连同它的世界为它本身在此，以至于首先与通常它是从它所操劳的"世界"方面把能在展开出来的。此在作为能在存在，而能在一向已经委弃给某些确定的可能性了。这是因为此在是一被抛的存在者——这一存在者的被抛境况通过具有情绪的存在或多或少清楚入里地展开了。现身（情绪）同样源始地包含有领会。从而，此在是"知道"它于何处共自己存在的——这里谈的只是要么它向着它本身的种种可能性筹划自己，要么由于消散于常人而听任公众解释向自己提供这些可能性。但在生存论上，只因为此在作为有所领会的共在能听从他人，后一种情况才可能发生。此在迷失在常人的公论与闲言之中，它在去听常人本身之际对本己的自我充耳不闻。苟若能把此在从这种充耳不闻其自身的迷失状态中带回来——当然是通过它自己——那它就首须能找到它自己：那个曾充耳不闻自身的它自己，那个在去听常人之际而充耳不闻自身的它自己。必须打断去听常人，这就是说，必须由此在本身给与它自己一种听的可能性——这种听将中断去听常人。这样一种打断的可能性在于直接被呼唤。同这种呼声的性质相应，这种呼声所唤起的听同那种迷失了的听相比处处都截然相反，在唤起这种听的时候，这种呼声就打断了此在充耳不闻自身而去听常人的情形。这两种听是截然相

---

①　参见本书第二十八节以后，130 页及以下。

反的：若说迷失了的听沉迷于日常"新奇"闲言中各式各样模棱两可的"嘈杂"，那这呼声必定以不嘈不杂、明白单义、无容好奇立足的方式呼唤着。以这种方式呼唤着而令人有所领会的东西即是良知。

　　我们把呼唤作为话语的一种样式。话语使可理解性得以分环勾连。把良知的特征描述为呼声绝非只是一种"形容"，像康德用法庭表象来形容良知那样。对话语从而也对呼声来说，付诸音声是非本质性的，这一点不该忽视。一切道出与"呼出"都已经以话语为前提。① 若说日常的解释把良知认识为一种"声音"，那这种解释想到的主要不是付诸音声，实际上也没有付诸音声这回事现成摆在那里；在这里，"声音"实被看作"供人领会"。在呼声的开展倾向中有着推动，有着陡然惊动这一类环节。呼声由远及近，惟欲回归者闻之。

　　对于良知的生存论结构分析来说，上面对良知的标识还只勾画出了现象上的视野。我们并非拿这种现象同一种呼声相比较，而是从对此在具有组建作用的展开状态出发来把它理解为一种话语。我们的考察从一开始就避而不走那首先摆在良知解释面前的道路：把良知引向到知、情、意这些灵魂能力之一，或把它解释为这些能力的混合产物。面对良知这类现象，套在分门别类的灵魂能力和个人行为上面的游移无据的框框在存在论人类学上何其简陋不足，可谓有目共睹。②

---

　　①　参见本书第三十四节 160 页及以下。

　　②　除了康德、黑格尔、尼采对良知的解释外，应当重视的还有：凯勒(M. Kähler)的《良知》中关于历史的第一部分(1878 年)和在实用百科全书中新教神学和教会条目之下的论文；里茨尔(A. Ritschl)的《论良知》(1876 年)，这在 1896 年的文选(177 页及以下)中重又选入；史托克(H. G. Stoker)刚刚发表的专文《良知》(《哲学和社会学文集》，第二卷，马克斯·舍勒编，1925 年)。上述研究已经澄清了良知现象丰富的多样性，批判性地表明了这一现象的各种不同的、可能的行为方式的特征并且指示出进一步的文献材料，尽管这些材料就良知概念的历史来说还是不够充分的。除了某些一致而外，史托克的专文自始至终都和上述的存在论解释不同。从一开始，他就低估了"描写""客观实际存在着的良知"(3 页)的诠释学上的条件，这就导致他抹杀了现象学与神学之间的界限。这种抹煞无论对现象学还是神学都是不利的。关于舍勒的人格主义研究的人类学基础，参见同上书第十节 47 页及以下。同样，史托克的专文在反对迄今的良知解释上，表现出值得重视的进步。但是，他的解释更多的只是泛泛地对待良知现象和它的旁枝，而不是去展示这一现象的存在论根系。

第五十六节　良知的呼声性质

话语中包含有话语之所及。话语给出关于某种东西的消息并且是向特定方面着眼给出消息的。话语作为这一特定话语所说的，亦即所言之为所言，是从如此这般言及的东西那里汲取出来的。而话语既为传达，所言便借话语而对他人的共同此在成为可通达的；而其途径通常是通过语言而付诸音声。

在良知的呼声中，什么是话语之所及，亦即召唤之所及？显然是此在本身。这一回答无可争议，同时却也无可确定。如果说呼声的目标如此含混，那么对此在来说，呼声无非是促使此在留意于它本身的诱因罢了。但此在本质上就包含有下述情况：此在在展开世界之际也对它本身展开了。于是乎，此在总已领会自身。就是在这样以日常平均方式操劳着而又总已领会自身之际，呼声及于此在。操劳着共他人存在的常人自身为呼声所及。

此在被召唤向何处？向其本己的自身。不是向芸芸公论认为此在所当是、所能做和所操劳的东西，更不是向此在已把握了的、已投身于其中的、已由之载沉载浮的东西。此在，就其作为常人的世俗的领会之对他人与对它自身所是的东西，在这一召唤中被跨越过去了。对自身的呼唤丝毫不从常人的看法汲取认识。因为被召唤的、被带来听呼声的恰是常人自身的那个自身，所以，常人就崩坍了。呼声跨越了常人以及公众解释此在的讲法，这绝不意味着呼声不也一同及于常人。恰恰是在这种跨越中，呼声将那热衷于公众声誉的常人驱入无意义之境，但那在召唤中被剥去了栖所和遮蔽的自身却通过呼声被带回其本身。

常人自身被召唤向自身。然而却不是那种能够变自己为判断"对象"的自身，不是那种对其"内在生活"扰扰好奇无所驻执地加以解释的自身，也不是一种以"分析方式"凝注于灵魂状态及其各种背景的自身。召唤常人自身中的那个自身，这种召唤并不把它推进自己本身的某个内部，从而使之与"外部世界"隔绝开来。呼声越过并摧毁所有诸如此类的东西，它恰恰要召唤那无非是以在世方式存在的自身。

但是，我们应当怎样来规定这一话语之所言呢？良知向召唤所及者呼唤了什么？严格说来——无。呼声什么也没有说出，没有给出任何关于世间事物的讯息，没有任何东西可能讲述。呼声更绝对不曾希冀在所唤及的自身那里开放出一种"自身对话"。"无物"被呼向召唤所及的自身，倒是这呼唤所及的自身向它自身被唤起，亦即向它最本己的能在被唤起。就呼声的呼声倾向来说，呼声并不是要让被召唤的自身去"商谈"，呼声作为朝向最本己的能自身存在倒是一种唤上前来——把此在呼唤上前来而到它最本己的可能性中。

呼声不付诸任何音声。它根本不付诸言词——付诸言词却照样晦暗不明、无所规定。良知只在而且总在沉默的样式中言谈。它非但不因此丧失其可觉知的性质，而且逼迫那被召唤、被唤起的此在进入其本身的缄默之中。无言可表述呼唤之何所呼唤，这并不把呼唤这种现象推入一种神秘莫测之音的无规定状态，它倒只是指明：对于所呼唤的东西的领会不可寄望于诸如传达告知之类的东西。

尽管各别的此在对呼唤有种种可能的领会并因而对呼唤会有不同的解释，呼唤所开展出来的东西还是明了一义的。呼唤的内容虽似漫无规定，然不可忽视呼唤的指向是无可疑问的。呼唤并不用先去试探寻索那被召唤者，也用不着任何标识来表明那被召唤者是否正是呼唤所要呼唤的。在良知中，"错觉"的出现并非由于呼唤的误认（误唤），而恰是由于听呼唤的方式。由于这种产生"错觉"的听的方式，呼唤未得本真的领会，而是被常人自身引入一种商谈式的自我对话之中，于是在其开展方向上遭到歪曲。

须得确认：我们所称的良知，即呼唤，是在其自身中召唤常人自身：作为这样一种召唤，它就是唤起这个自身到它的能自身存在上去，因而也就是把此在唤上前来，唤到它的诸种可能性上去。

我们不仅要弄清在呼唤中被唤的是谁；而且还要弄清：谁本身在呼唤？被召唤者与呼唤者的关系如何？必须怎样从存在论上来把捉这种作为存在关联的"关系"？只有这些问题都弄清楚了，我们才能获得一种在存在论上充分的良知解释。

第五十七节 良知之为操心的呼声

良知从丧失于常人的境况中唤起此在本身。这个被召唤的本身是"什么"，仍还空无规定。当从操劳所及的东西出发作解释之际，无论此在首先与通常把自己领会为什么，这个"什么"反正都已由呼声跨越过去了。然而涉及本身这回事是明白无误的。不仅呼声之对被召唤者是"无视其人声誉"的，而且呼唤者也显然不确定。对于名衔、地位、出身和声誉这些问题，呼唤者不仅拒不回答，而且，他使人丝毫也不可能凭着以"世界"为指向的此在之领会来了解他，虽然他在呼声中绝不伪装自己。呼声的呼者决然远隔于任何一种知名，这是他的现象特征之一。让人拿去打量议论一番，有悖于这一呼者的存在方式。这一呼者的这种特有的不确定性与不可确定性并非虚无，而是一种积极的与众不同之处。这种与众不同之处宣泄出：呼者惟致力于"向……唤起"，他惟愿作为这一呼者被人听到，舍此不愿被人胡乱谈起。但若如此，不去管呼者为谁的问题岂不正适于对待这种现象？这对在生存上倾听实际的良知呼声来说是合适的；但要从生存论上分析呼唤的实际情况与听的生存性质，就不能不回答这一问题了。

然而，究竟还有没有必要明确提出谁在呼唤的问题？对此在来说，这个问题不是像追问在呼唤中谁被召唤的问题一样明明白白地得到回答了吗？此在在良知中呼唤自己本身。在实际聆听呼声之际，这一对呼唤者的领会或多或少是醒觉着的。然而这答案，即此在既是呼唤者又是被召唤者，在存在论上却远不充分。此在作为被召唤者在"此"，岂不有利于它作为呼唤者在此吗？充任呼唤者的，该是最本己的本身能在吧？

呼唤恰恰不是而且绝不会是由我们本身计划的或准备的或有意作出的。一声呼唤，不期而来，甚至违乎意愿。另一方面，呼声无疑并不来自某个共我一道在世的他人。呼声出于我而又逾越我。

我们不可把这种现象解释岔了。人们曾把这现象当作出发点，用来把这种声音解释为闯入此在的异己力量。沿着这种解释方向走下去，人们又为这样确定下来的力量添置上一个拥有者，或把这种声音本身当作宣告自身的人格（上帝）。反过来，人们又尝试驳斥这种把呼唤者当作异己力量表达的解释，同时干脆从"生物学上"把良知解释岔了。两种解释都太过匆忙地跳过了良知现象。这类办法由于下面这种未曾明言的指导性的存在论教条而轻而易举：凡存在的，也就是说，凡像呼声这样事实上存在的，必然是现成的；凡无法作为现成的东西加以客观指证的，就根本不存在。

与这种方法上的急躁针锋相对，我们不仅应得把现象实情确认下来——呼声出自我逾越我又来到我这里；而且应得把其中所含的存在论标识确认下来——这种现象在存在论上被标识为此在的一种现象。唯有这一存在者的生存论建构能够为解释发出呼声者的存在方式提供线索。

前此对此在的存在建构的分析是否指出了一条道路，可使我们从存在论上理解呼唤者的存在方式，并从而理解呼唤的存在方式？呼声不是明确地由我呼出的，倒不如说"有一声呼唤"，但这不是在某种非此式的存在者中寻找呼唤者的理由。此在一向实际生存着。此在并非飘浮无据的自身筹划；它由被抛境况规定为它所是的存在者的实是；这样，它总曾已托付给并仍不断托付给生存。此在的实际性却在本质上有别于现成事物的事实性。生存着的此在不是作为一种世内现成事物向它自己照面的。而被抛境况也并不是像某种无法通达的、对此在的生存无足轻重的性质那样贴在此在身上。此在作为被抛的此在被抛入生存。它作为这样一种存在者生存着：这种存在者不得不如它所是的和所能是的那样存在。

此在实际上存在着。这件事的为什么尽可以隐而不露，但这件事本身却对此在是展开了的。这一存在者的被抛境况属于"此"的展开状态，并不断在当下的现身情态中展露出来。现身情态或多或少明确地本真地把此在带到其"它存在并作为它所是的存在者而不得不以能在方式存在"面前来。但情绪通常封锁着被抛境况。此在躲避被抛境况，逃到臆想的常人本身的自由中去求轻松。这一逃遁曾被标识为逃避无家可归的状态，而无家可归其实规定着个别化的在世。无家可归在畏的基本现身情态中本真地暴露出来；它作为被抛此在的最基本的展开状态把此在在世摆到世界之无面前，而此在就在这无面前，在为有最本己的能在的畏中生畏。如果那在其无家可归的根基处现身的此在就是良知呼声的呼唤者，那又会如何呢？

这种说法无可否认，而迄今清理出来的用以标画这呼唤者及其呼唤的一切现象特征都肯定了这种说法。

"世间"无可规定呼唤者为谁。他是无家可归的此在，是源始的、不在家的被抛在世的存在，是在世界之无中的赤身裸体的"它存在"。

呼唤者与平均的常人本身不亲不熟——所以传来的像是一种陌生的声音。常人迷失于它所操劳的纷纷扰扰的"世界"，对它来说，还有什么比那在无家可归中个别化为自己的、被抛入无的自身更陌生呢？一声呼唤；而这对操劳好奇的耳朵却不提供任何可以听来再去对别人讲、去同公众议论的东西。然而，从无家可归的被抛存在中，此在又有什么可加报导的呢？除了在畏中暴露出来的此在本身的能在，还给此在剩下什么？除了向着只关此在的这一能在唤起，还该怎样呼唤？

呼声不报导任何事件；它也不借任何音声呼唤。呼声在无家可归的沉默样式中言谈。之所以是这样，只因为呼声不是把被召唤者唤入常人的公众闲言中去，而是从这闲言唤回到生存的能在的缄默之中。呼唤者乎被召唤者的那种断然无疑之态，既悚然无亲，又绝非一种不言而喻的冷漠。若不是由于此在无家可归而个别化为自身并从而绝不可能混淆它自身，还能是由于什么呢？如果不是由于此在在委弃于它自身之际而茕茕孑立，还有什么能这样绝决地剥夺了此在从其他途径来误解自己和误认自己的可能性呢？

无家可归是在世的基本方式，虽然这种方式日常被掩蔽着。此在本身作为良知从这种在世的基本存在中呼唤。"呼唤自我"是此在的一种别具一格的话语。呼声的情绪来自畏，唯有这样一种呼声使此在能够把它自身筹划到它最本己的能在上去。我们前面①仅只能提出：无家可归状态追迫着此在，使它忘却自身的迷失状态受到威胁。现在通过对良知呼声的生存论领会，这一点才得以正式宣告出来。

此在既是呼唤者又是被召唤者这一命题现在摆脱了它形式上的空洞性质和想当然的性质。良知公开自身为操心的呼声：呼唤者是此在，是在被抛境况（已经在……之中）为其能在而畏的此在。被召唤者是同一个此在，是向其最本己的能在（领先于自己）被唤起的此在。而由于从沉沦于常人（已经寓于所操劳的世界）的状态被召唤出来，此在被唤起了。良知的呼声，即良知本身，在存在论上之所以

---

① 参见本书第四十节 189 页。

可能，就在于此在在其存在的根基处是操心。

所以根本无须乎逃避到这种那种非此在式的力量中去（求解释），何况这种后退的做法简直不曾澄清呼声的无家可归状态，相反却否弃了这种状态。人们之所以把良知解释岔了，其原因归根结底岂不就在于眼光过于短浅，甚至不足以把呼声的现象实情确定下来，而又先就默不作声地用一种偶然的存在论规定或也就是无规定来设定此在？当人们还没有先行保证自己不曾在分析之初太过低估了此在的存在，也就是说，把此在设定为无关痛痒的随便什么样子摆到眼前来的、配备以人的意义的主体之际，为什么就急于从陌生的力量那里求解呢？

从世俗的方式来看待呼唤者，他是"无此人"。把呼唤者解释为一种什么力量，这似乎意味着不偏不倚地承认一种"客观摆在那里的东西"的存在。但若正确地看，这种解释只是在良知前的一种逃遁，是此在的一条退路——它借以从那把常人同此在存在的无家可归状态隔开的一堵薄壁那里溜走。这种所谓的良知解释作得好像承认呼声是有"普遍"约束力的声音，这声音"不仅仅以主观方式"发言。更甚一步，这一"普遍的"良知被抬升为"世界良知"，这种世界良知按其现象性质而言是某一发出呼唤的不定人称"它"，或"无此人"，然而因此也就是那在各别"主体"中作为这一不确定者在此发言的东西。

可是说到这种"公共良知"，它不是常人的声音又是什么呢？"世界良知"是一种可疑的发明；而只因为在根基上和本质上良知向来是我的良知，此在才能搞出这件发明。"良知向来是我的良知"，这不仅意味被召唤的向来是最本己的能在，而且也因为呼声来自我向来自身所是的那一存在者。

前面对于呼唤者的阐释纯粹追随着呼唤的现象性质，这一阐释并不降低良知的"力量"，并不把它弄成"仅仅是主观的"。相反，只有这样阐释，呼声的不为所动与明了一义才成为自由的。召唤的"主观性"当然拒认常人自身的统治，但恰恰由于良知被阐释为召唤而保留住了这种"主观性"，召唤的"客观性"才言之成理。

上面把良知阐释为操心的呼声。然而，人们将对这种阐释提出质疑说：一种与"自然经验"相去如此之远的良知解释能站得住脚吗？良知首先与通常只是责斥与警告，这时它应得怎样才能充任唤向最本己的能在的唤起者呢？良知是这样就一种最本己的能在而空洞不定地发言，而不是就铸成的或面临的失误疏漏而确切具体地发言吗？所称的呼唤生自"坏"良知①抑或"好"良知？难道良知竟提供出了什么正面的东西而并非像以前那样仅只起批评作用吗？

这些考虑言之有理、无可辩驳。对任何一种良知阐释都可以要求"人们"能在这种阐释中像日常所经验的那样复认出问题所及的现象。但满足这一要求却又不等于说承认流俗的存在者层次上的良知领会是某种存在论阐释的首席裁判。而另一方面，只要上面那些考虑所涉及的良知分析还没有引向标的，做这些考虑就未免操之过急。前此所作的工作还只是要把良知作为此在的现象引回到这一存在者的存在论建构上去。这可算作准备工作，而为之作准备的任务则是使人领会到良知是在此在本身之中的对其最本己能在的见证。

但惟当充分清晰地界说了天然与呼唤相应的听必须具有何种性质，良知所见证的东西才会得到完整规定。"跟随"呼声的、本真的领会并不仅仅是一种附加在良知现象上的东西，并不是一种可介入可排除的过程。完整的良知体验只有从召唤之领会并与这种领会一道才能得到把捉。既然呼唤者与被召唤者向来同是本己的此在本身，那么对呼声的每一漏听、对自己的每一误听都会有此在的一种确定的存在方式。从生存论上来看，浮游无据、"后无所继"的呼声只是不可能的虚构。就此在来说，"后无所继"则意味着某种正面的东西。

所以，也只有对召唤之领会作一番分析，才能进一步明确讨论呼声给出了什么可加领会的东西。但又只有借助前面对良知所作的一般存在论特征描述，才可能从生存论上理解在良知中所呼唤的"有罪责"。所有良知经验与良知解释在这一点上都是一致的——良知的"声音"这样那样，无非在说"罪责"。

第五十八节　召唤之领会，罪责

为了从现象上把捉在领会召唤时听到的东西，最好重新回到召唤上来。常人本身的召唤意味着把最本己的本身向着它的能在唤起；这本身指在是此在，亦即操劳在世的存在与共他人的存在。所以，

---

①　西方有"坏良知"一说，意思就是良心不安。

只要对呼声向何处唤起的生存论阐释在方法上对自己的可能性与任务领会得正确，这种阐释就不可能打算去界说具体的各别的生存可能性。我们所能确定和所要确定的，不是那在生存上在各个此在中向这个此在所呼唤的东西，而是那使各种实际生存上的能在成为可能的生存论条件所包含的内容。

此在越少旁涉地倾听与领会其被召唤的存在，越少把呼声的意义倒错为人们之所云和理所当然之事，生存上对呼声的倾听领会就越加本真。而从本质上看，召唤之领会的本真性包含着什么？呼声每一回都给出了什么可加领会的东西——即使这东西实际上并非每次都被领会？

我们已经用一个命题给出了这个问题的答案：呼声不说出任何可供议论的东西，它不提供任何关于事件的知识。呼声向前指引此在到其能在处去，而这时呼声是出自无家可归状态的呼声。呼唤者诚然是不确定的，但他从何处呼唤，对呼唤来说却并非无关紧要。这个何所由来，即被抛的个别化的无家可归状态，在呼唤中被一道呼出，也就是说，一道展开。在唤上前去到……之际，呼唤的何所由来就是唤回的何所归去。呼声并不给出任何理想的普遍的能在供人领会；它把能在展开为各个此在的当下个别化了的能在。惟当我们把呼声领会为唤上前来的唤回，才能充分规定呼声的开展特点。只有依循这一方向以这种方式把捉呼声，才问得上呼声给出什么东西供人领会。

在一切良知经验中充耳所闻或充耳不闻的是：呼声向此在进言说，它"有罪责"，或作为发生警告的良知揭示可能的"有罪责"，或作为"清白"的良知确证"不觉得有罪责"。如果我们"直截了当"地指明这些，是不是能更容易、更有把握地回答呼声说的是什么这一问题了呢？但愿这种"一致"经验到的"有罪责"到了经验良知解释良知的时候不那么五花八门呢！而且就算这种"有罪责"的意义可以众口一声地加以把握，什么"是"有罪责，罪责怎么"存在"，这一生存论概念仍还晦暗不明。然而当此在向它自己进言说它"有罪责"时，罪责这一观念①若不取自对此在存在的解释，又该取自何处呢？老问

---

① Schuld 在德语中有多重含义。一般说来，可归纳为债务、罪过、责任三种。现代汉语中难以找到同时满足于这一组含义的概念，权且译为"罪责"。

题又提出来了，谁在呢？我们如何是有罪责的？罪责意味着什么？罪责这一观念不可任意设想出来强加到此在头上。但若确乎可能对罪责的本质有所领会，那么这种可能性就必得在此在中先行描绘出来。我们该如何寻觅可引导揭示这一现象的线索呢？一切从存在论上对罪责、良知、死这一类现象的探讨都必须从日常此在解释这些现象时所"说"的东西入手。而同时在此在沉沦的存在方式中又包含着这样的情况：此在的解释通常以非本真的方式"制定方向"而不涉及"本质"，因为要从源始处就对存在论问题提得适当，这对此在来说还是陌生的。但在视而不见之际，也一道暴露出对现象的源始"观念"的一种指示。在讨论"有罪责"的源始的生存论意义之时，我们的标准取自何处呢？取自于这一"有罪责"是作为"我在"①的述语浮现出来这一情形。难道说被非本真的解释领会为"罪责"的东西是在此在本身的存在之中吗？也就是说：只要此在实际生存着，它就已经是有罪责的吗？

由此可见，援引一致听到的"有罪责"还不就是回答呼声之所呼的生存论意义问题。呼声之所呼还有待把握为概念，这才能够使人理解到所呼的"有罪责"意指什么，为什么日常解释倒置了它的含义以及这是怎样发生的。

日常知性首先是在"负责""赊欠某人"的意义上来理解"有罪责存在"的。人应得归还他人有权要求的东西。这种"负有债责"的"有罪责存在"是在交出、纳入这类操劳活动方面共处的一种方式。这类操劳活动的样式还有拖欠、剽窃、拒付、巧取豪夺，亦即以这种那种方式不满足他人的财产要求。这种方式的有罪责存在关涉到可为之操劳的东西。

有罪责存在还有一层含义即"有责于"某事，这就是说，是某事的原因或肇始者，或也可能是某事的"事由"。在这种"有责"于某事的意义上，人们可能并不对某个他人"负债"或成为"有债责的"，但却仍是有罪责的。反过来，人们也可能自己并无责于某事却仍然对他人负债——一个他人可能"为我"而向他人"背债"。

---

① Schuldig 在德语中为形容词，和系动词 sein 构成述语，如 Ich bin schuldig（我是有罪责的）。这里，Ich bin 可解作"我在"；但中文难于表达这层意思，只能译为"我是"。

有罪责存在的这两种流俗含义，即"负债于……"和"有责于……"可能归于一处，造成一种我们称之为"使自己负罪责"的行为，这也就是对于伤害某种债权的事负有责任并且使自己应受惩罚。不过，未被满足的要求并非一定牵涉到某种占有物：这种要求还可以调整一般的公众共处。而在权利伤害中的"使自己负罪责"既经这样规定，则同时还可能具有"对他人成为有责"的性质。这事不是通过权利伤害本身发生的，而是我对他人在其生存中受到危害、误入歧途甚或毁灭负有责任。即使无伤于"公"法，这种"对他人成为有责"仍是可能的。因而在"对他人成为有责的"这一意义上的有罪责存在的概念也可以从形式上规定为：是某一他人此在中的缺欠的根据。这一作为根据的存在按照它是造成何种缺欠的根据来规定自己"欠什么"。这种缺欠在于它不满足生存着共他人存在的某种要求。

我们姑且不追问这些要求如何起源，以及我们又必须以何种方式根据这一起源来理解它们的要求性质与法规性质。无论怎样，在最后提到的那一意义上即伤害某种"伦理要求"的意义上，罪责存在总都是此在的存在方式。这对"使自己应得受罚""负债"和各种"有责于……"等罪责存在当然也都是一样的。这些也都是此在的行为。若把"负有伦理罪责"把捉为此在的一种"性质"，这也没说出什么。相反，这种说法倒只表明这样的特征描述法不足以从存在论上把此在某种"存在规定性"(即"罪责")的这一方式(即"伤害伦理要求")与前面几种行为(即"负债"等)界划开来。道德罪责的概念在存在论上也一样没得到什么澄清。结果，在解释道德罪责现象的时候，一直能占统治地位的而且一直占着统治地位的是那样一些学说，——它们把应加惩罚乃至负人债款这类观念拉进道德罪责这一概念之中，甚而至于就从这类观念出发来规定这一概念。但这样一来，"有罪责"又被推回到对权益要求加以结算找补这类操劳活动的领域中去了。

只有首先从根本上询问此在的罪责存在，亦即从此在的存在方式来把握"罪责"观念，才能澄清未必牵涉"欠债"与权利伤害之类的罪责现象。

要达到这一目标，"有罪责"这一观念就必须在一定程度上形式化，直到摆脱对操劳共处的流俗的罪责现象的牵涉。罪责观念不仅必须越过结算这种操劳领域脱颖而出，而且也必须解脱与"应当"及法规的牵涉，即并不指那因违反"应当"与法规的要求而承担罪责。因为即使在这里罪责仍必定被规定为缺欠，即欠缺那应当存在与能够存在的东西。但欠缺说的是不现成存在。缺欠之为某种应当事物的不现成存在是关于现成事物的一种存在规定性。生存按其本质而言不可能在这种意义上缺欠任何东西，这并非因为生存是完满的，而是因为其存在性质始终有别于一切现成性。

　　然而在"有罪责"观念中有着不（Nicht）的性质。如果"有罪责"能规定生存，那就由此生出一个存在论问题来：如何从生存论上澄清这一"不"的不之特性（Nicht-Charakter）？再则，"有罪责"观念还包含有"作为……的根据存在"——这一点在"有责于"这一罪责概念中是以未经分辨的方式表达出来的。从而我们把"有罪责"的生存论观念从形式上规定为：作为一种由"不"规定的存在之根据性的存在，这就是说：是一种不之状态（Nichigkeit）的根据。以生存论上加以领会的罪责概念为基础的"不"这一观念排除了和某种可能的或被要求的现成事物的牵涉。此在一般地就不应以某种现成事物或通行事物来衡量，不该由不是它自己所是的或不是以它的方式即生存方式存在的事物来衡量。如果是这样，那么，也就不再可能参照"是某种缺欠的根据"这一提法而把作为根据的存在者结算为"有所缺欠"。不能简简单单把某种以此在方式"引起的"缺欠，把某种要求的不满足归算到"原因"的有所缺欠上去。"是……的根据"所具有的不之特性无须等同于根基于它、自它发源的阙失物的不之特性。根据无须反过来从根据它的东西那里才能得到它的不之状态。但包含在其中的就是：有罪责并非作为某种欠债的结果出现，相反，欠债只有"根据于"一种源始的有罪责才成为可能。能够在此在的存在中展示出这样一回事吗？它在生存论上怎样才是可能的？

　　此在的存在是操心，操心包括实际性（被抛）、生存（筹划）与沉沦。作为存在者，此在是被抛的此在，但却不是把它自身带入它的"此"。作为存在者，此在被规定为这样一种能在：它听到了它自身，但却不是作为它自身把自己给与本己的。生存着的此在从不回到其被抛境况后面去，以便能把这一"它存在，且不得不存在"从它的自身存在割舍掉并把它引入"此"。但被抛境况并非挂在此在身后好似随此在发生的、事实上落到此在身上却又能从它身上脱落的事件。

实则只要此在存在，此在作为操心就总是它的"它存在且不得不存在"。此在委托给了这个存在者，它只有作为它所是的存在者才能生存；作为这样一个存在者，此在生存着就是它能在的根据，虽然此在不曾自己设置这根据，但它依栖在这根据的重量上，而情绪把这重量作为负担向此在公开出来。

那么此在如何作为这种被抛的根据而存在？只是这样：它向着它被抛入的种种可能性筹划自己。自身之为自身不得不为自身设置它的这根据；这自身却绝不能控制这根据，而是不得不生存着接受根据性的存在。去作为本己的、被抛的根据存在，这就是能在；而操心就是为这一能在而操心。

此在是作为根据的存在者，也就是说，它作为被抛的此在生存着。作为这一存在者，此在始终落在它的种种可能性之后。此在在生存上从不在它的根据之前存在，而一向只出自这根据并作为这根据存在。从而，作为根据性的存在就等于说：从根本上从不控制最本己的存在。这一"不"属于被抛境况的生存论意义，此在这一存在者作为根据，其本身就是它本身的一种不之状态。不之状态绝不意味着不现成存在、不实存；它所意指的"不"组建着此在的被抛境况这一存在。这一"不"的不之特性在生存论上规定自己为：此在自身以存在者的方式存在着，比在作为自身而是被抛的存在者。为了作为根据而存在，此在离脱根据；它不是以通过它本身的方式，而是以趋就它本身的方式离脱根据。并非只有当此在存在的根据源于本己的筹划之时，此在才本身是这根据；情况却是：此在作为本身存在就是根据的存在。根据总只是这样一种存在者的根据——这种存在者的存在不得不接受作为根据的存在。

此在生存着是它的根据。这也就是说：此在从种种可能性领会自己，它就是这样领会着自身的被抛的存在者。但其中就含有：此在向来就以能在的方式处在这种或那种可能性中，它始终不是另一种可能性。在生存的筹划中它已放弃了那另一种可能性。筹划不仅作为向来被抛的筹划是由根据性的存在的不之状态规定的，而且筹划之为筹划，其本身本质上就是具有不性的(nichtig)。这种规定却又绝不意指"无结果"或"无价值"这一类存在者层次上的属性，而是筹划活动的存在结构的生存论组建因素。这里所指的"不性"属于此在面对其生存上的诸可能性的自由存在。但自由仅在于选择一种可能性，这就是说，在于把不曾也不能选择其他可能性这回事承担起来。

在被抛境况的结构中也像在筹划的结构中一样，本质上有着一种不之状态。这种不之状态是在沉沦中的非本真的此在的不之状态之所以可能的根据，而此在一向总已作为这一沉沦实际存在着。就其本质而言、操心本身自始至终贯穿着不之状态。从而，作为被抛的筹划，此在的存在即操心就等于说：是不之状态的（具有不性的）根据。而这意味着：此在之为此在就是有罪责的——苟若从生存论上讲确乎可以从形式上把罪责规定为不之状态的根据性的存在。

生存论上的不之状态绝不具有阙失的性质，好像说相对于某种设置好了但在此在中未被达到的理想而有什么缺陷。情况倒是：先于此在能够加以筹划并且多半达到了的一切，这一存在者的存在作为筹划已经是不的。从而，这一不之状态也就不是偶或呈现在此在身上，好像它是一种晦暗不明的性质附于此在，而当此在有了足够的进步就能予以排除似的。

虽然如此，这一生存论上的不之状态的个性（Nichtheit）的存在论意义却仍晦暗不明。但说到一般的"不"之存在论本质，情况也是一样。存在论与逻辑学对"不"的作用一向寄以厚望，从而也零碎片段地使不的种种可能性映入眼帘。然而它们却不曾从存在论上揭开"不"本身。存在论过去曾发现这个"不"摆在那里，于是就使用它。但每一个"不"都这样不言而喻地意味着匮乏意义上的否定因素吗？"不"的肯定性难道仅在于组建着"过渡"吗？为什么所有的辩证法都躲避到否定性中，却不辩证地论述这类东西本身，甚至不把它作为问题确定下来呢？人们可曾把"不"的存在论起源变成问题了吗？或哪怕先行对"不"及其不性和可能性这些问题得以提出所赖的诸条件探寻一番了吗？但若不专题澄清一般存在的意义，不澄清"是"，还该在何处找到这些条件呢？

要从存在论上解释罪责现象，阙失与匮乏这些本身不大清晰的概念显然已经不够用。尽管若以充分形式化的方式把握这些概念，它们毕竟还可广派用场。至于依循罪恶观念，依循 malum（恶）之为 privatio boni（善之缺失）的观念来制定方向，那简直就丝毫也接近不了生存论上的罪责现象。bonum(善)与 privatio(缺失)出自关于现成事物的存在论。而由这二者抽象出来的"价值"观念也是与这同一种存在论相适应的。

其存在为操心的存在者不仅能背负实际的罪责，而且它在其存在的根据处就是有罪责的。唯有这种"是有罪责的"才提供了使此在实际生存着能够成为有罪责的存在论上的条件。这种本质性的有罪责存在也同样源始地是"道德上的"善恶之所以可能的生存论条件，这就是说，是一般道德及其实际上可能形成的诸形式之所以可能的生存论条件。源始的有罪责存在不可能由道德来规定，因为道德已经为自身把它设为前提。

但何种经验可为此在的这一源始罪责存在作证呢？然而别忘记反过来问一问：只有当罪责意识觉醒时，罪责才"在此"吗？抑或说，源始的罪责存在恰恰在罪责"沉睡"之际才宣告出来？罪责存在首先与通常保持其未展开状态，由于此在存在的沉沦而保持其封闭，这恰只揭露出我们所说的不之状态。罪责存在比任何一种对它的知都来得更源始。而只因为此在在其存在的根据上就是有罪责的，此在作为被抛沉沦的此在对它本身封闭它自己，良知才是可能的——因为呼声提供出来让人领会的其实就是这一罪责存在。

呼声是操心的呼声。罪责存在组建着我们称之为操心的存在。此在在无家可归状态中源始地与它自己本身相并。无家可归状态把这一存在者带到它未经伪装的不之状态面前；而这种"不性"属于此在最本己能在的可能性。只要此在是为其存在操心，它就从无家可归状态中把自己本身作为实际的沉沦的常人向着它的能在唤起。召唤是唤上前来的唤回，向前就是：唤到一种可能性中去，生存着承受它所是的被抛的存在者；唤回就是：唤回到被抛境况，以便把被抛境况领会为它不得不接纳到生存中来的不的根据。良知的这种唤上前来的唤回使此在得以领会：此在——在其存在的可能性中作为其不之筹划的不的根据——应把自己从迷失于常人的状态中收回到它本身来，也就是说：此在是有罪责的。

人们会觉得：那么，此在以这种方式使人领会的东西似乎是某种关于它本身的信息，与这种呼声相应的听似乎是对"有罪责"这一实际情况的信息接收。但若呼声应得具有唤起的性质，这种良知解释岂不要把良知的功能彻底倒置了？向罪责存在唤起，岂不是说向恶唤起？

再粗暴的解释也不会愿意把这样一种呼声意义硬压到良知上。那么，"向罪责存在唤起"说的是什么呢？

如果不是把罪责理解为通过某种行动或拖拖拉拉的不行动而"产生"的欠债并把从这种意义引出的概念当作基础，而是坚持按罪责存在的生存意义来理解它，那么呼声的意义就变得清清楚楚了。既然良知的呼声来自此在本身而且惟指向这一存在者，提出上述要求就不是任意之举。然而，这样一来，向有罪责的存在唤起就意味着唤上前来，唤向我作为此在向来已是的能在。这一存在者无须乎先有错失或拖欠才担上"罪责"；此在只不过应当以"有罪责"的方式本真地去是它所是者。

于是，正确地倾听召唤就等于在其最本己的能在中领会自己，亦即在这样一种自身筹划中领会自己——这种自身筹划的所向就是能以最本己的本真的方式成为有罪责的。此在有所领会地让自己被唤上前去，唤向上面这种可能性，其中就包含：此在对呼声成为自由的——准备着能被召唤。此在以领会呼声的方式听命于它最本己的生存可能性。此在选择了它自己。

随着这一选择，此在使其最本己的罪责存在对自己成为可能，而这种罪责存在对常人自身则保持其封闭。常人的知性只识得是否满足手头规矩与公众规范。常人结算这些规矩规范受了几许冲撞并企求得到找补。常人溜过最本己的罪责存在，以便嘟嘟嚷嚷议论"犯错误"。但在召唤中，常人自身被召唤回本身的最本己的罪责存在。领会呼声即是选择；不是说选择良知，良知之为良知是不能被选择的。被选择的是有良知，即对最本己的罪责存在的自由存在。领会召唤就等于说：愿有良知。

这并非意指：愿有"清白的良知"；也非指：着意培育"呼声"；而只是指：准备被召唤。愿有良知当然远非搜求种种实际的疚责，它同样也远非从罪责——其意义是本质性的"有罪责"——求解放的倾向。

愿有良知毋宁是实际上之所以可能变成有罪责这件事的最源始的生存上的前提。此在领会着呼声而让最本己的自身从所选择的能在方面自在行为。只有这样，它才能是负责的。但一切行为实际地却必然是"没良知的"，这不仅因为行为避免不了实际上的道德疚责，而且因为行为基于其不的筹划的不的根据一向在共他人存在之际就已经成了对他人有罪责的。于是愿有良知就要把本质性的"没良知"承担过来；而只是在这"没良知"之内才有着"善良清白地"存在这种生存上的可能性。

虽然呼声不提供任何信息，它却并不因此只是批判性的。呼声是积极的，它把此在最源始的能在作为罪责存在开展出来。因而，良知公开自身为一种此在存在的见证，在这一见证中把此在本身唤到它最本己的能在面前来。还能够从生存论上更具体地规定如此这般见证的本真能在吗？在这之前还有一个问题：如果人们犹诧异我们在这里何以一味回到此在建构上去阐释良知而匆匆越过流俗良知解释所熟知的所有现有情形，那么，像我们这样提出在此在本身之中所见证的能在是否称得上足够明白确凿呢？在上面的阐释中，究竟还能不能像良知"实际"所是的那样复认出良知现象来？我们不会是太过自信太过率直地从此在的存在建构演绎出一种良知观念吧？

良知阐释的最后一步是从生存论上界说在良知中得以见证的本真能在。为了保证良知的流俗理解也得通达这一步，就需要明确指出存在论分析的结果与日常良知经验之间的联系。

第五十九节　生存论的良知阐释与流俗的良知解释

良知是操心的呼声，来自在世的无家可归状态；这呼声把此在向最本己的能有罪责的存在唤起。与此相应的召唤之领会就是愿有良知。这两句规定不可能马上就同流俗的良知解释协调起来。它们甚至显得针锋相对。我们之所以称流俗良知解释，因为这种解释在描述这一现象特征和标识其"功能"的时候执著于人们认作良知的东西以及执著于人们如何跟随这种良知或不跟随这种良知的情况。

但是，存在论阐释非得与流俗解释取得一致吗？流俗解释在原则上存在论上不恰恰须得怀疑吗？既然此在首先与通常从操劳所及的事物方面来领会自己并把它的所有行为都解释为操劳，那它不是要以沉沦晦蔽的方式来解释它的存在的这种方式了吗？此在迷失于常人所操劳之事；那么，它所解释的存在方式不恰恰是它作为呼声要从这种迷失状态中收回的那种存在方式吗？日常生活把此在当作某种上到手头的东西来操劳、亦即加以管理结算的东西。"生活"是桩"经营"，也许赢利也许蚀本。

所以，考虑到此在本身的流俗存在方式，就无法担保源于这种存在方式的良知解释与依这种解释制定方向的良知理论已为这类阐释工作找到了适当的存在论视野。虽说如此，流俗的良知经验却也必定这样那样先于存在论就触到了这一现象。由此引申出两个方面：一方面，日常良知解释不能作为衡量某种存在论分析的"客观性"的最终标准；另一方面，存在论分析也不该对日常良知理解掉头不顾，不该越过基于这一理解的人类学、心理学和神学的良知理论。如果生存论分析从良知现象的根源处把这现象剖析清楚了，种种流俗解释就一定恰恰从这一分析而成为可理解的；特别是它们在何处错失良知现象以及它们为什么掩蔽良知现象也同时可以理解了。不过，从本书所讨论的问题看，良知分析只是为解决存在论基础问题服务的，所以，描述生存论良知阐释与流俗良知解释的联系的工作就只能满足于指出本质性的问题。

前面曾把良知阐释为把操心向罪责存在唤起。流俗良知解释针对这一阐释所会提出的诘难有四种：1. 良知本质上具有批评作用。2. 良知向来是要对某种确定的已施行的或所要施行的行动发言的。3. 按照经验，"声音"从不这样在根源处关涉此在的存在。4. 这种阐释没考虑到良知现象的诸种基本形式：良知"不安"、良知"清白""谴责的"良知和"警告的"良知。

恐怕可以从最后提到的这类考虑开始讨论。良知"不安"、良知"有愧"在一切良知解释中都是首先讨论到的。良知本来就是"不安的良知"。这就宣告出：一切良知经验最先经验到的是诸如"有罪责"这样的东西。但该如何领会在这种良知"有愧"的观念中的恶的昭示呢？"良知体验"在行为完成或拖拉未作之后浮现出来。声音跟在过失之后并回身指向此在因之负了罪责的、已铸成的事情。如果说良知宣告一种"罪责存在"，那么它不可能以向……唤起的方式发生，而是，以回忆的方式指向所涉的罪责。

然而，声音随后到来这件"事实"是否与呼声在根本上是呼上前来的这种说法不相容呢？把声音把捉为随后跟来的良知蠢动却并不表明对良知现象的源始领会。如果实际疚责只是实际良知呼声的事由而已呢？如果对良知之恶的上述阐释是中途而废呢？而情况正是这样；若把如上阐释的良知现象引入其存在论上先行具有的东西，就可以看到这一点。声音是某种浮现出来的东西，它在一一相续的现成体验中有其位置，它跟随着对行为的体验。然而，无论呼声，还是发生了的行为，还是所负的罪责，它们都不是摆到眼前的事物，并不具有一一相续的现成事物的性质。呼声具有操心的存在方式。在呼声中此在先行于它自身而"存在"，其情形是：它同时反过来指向它的被抛境况。只因为一开始就把此在当作接踵而来的体验的前后联系，才可能把声音当作随后跟来的较晚的东西，从而也就必然是回过来进行指引的东西。声音确乎呼回，但却越过发生了的行为而直回到被抛的罪责存在，这种存在比一切疚责"更早"。呼回却同时向着罪责存在呼上前来，这罪责存在则须得在本己的生存中才掌握得到，所以，生存上的本真罪责存在恰只是"跟随"着呼声，而不是相反。良知有愧从根本上远不只以责备方式回指，毋宁说它倒是以向前指向被抛境况的方式唤回。一一相续的体验的前后顺序不提供生存活动的现象结构。

　　如果说对良知"有愧"的特征描述还未达到源始现象，那么对良知"清白无愧"的描述就差得更远了。无论把良知"无愧"当作一种独立的良知形式还是一种从本质上植根于良知"有愧"的形式，都是一样。就像良知"有愧"公告出一种"罪恶存在"一样，良知"无愧"必得公告出此在的"善良"。不难看出，这样一来，良知先前作为"神圣权能的流溢"，现在成了伪善的奴仆。良知应得让人说他自己："我是善良的"。谁能说这话呢？而谁又不愿这样表白自己？大概只有善人吧？这就看出良知无愧这一观念导出的结论是不可能的，但由此恰只映现出：良知呼唤罪责存在。

　　为了摆脱上面的结论：人们曾把良知无愧阐释为良知"有愧"的缺失，把它规定为"经历到良知有愧的阙然"①。因而，良知无愧似乎就是对呼声不浮现的经验，亦即经验到我没有什么可责备我自己

---

　　①　参见舍勒：《伦理学中的形式主义与非形式的价值伦理学》，第二部分，本年鉴第二卷，192 页，1916。

的。但怎样才能"体验"到这种"阙然"呢？这种臆想的体会根本不是对某种呼声的经验，而是使自己确知：此在并不曾施行归给它的某件行为，所以它是无罪责的。确知（gewiss）自己不曾做什么，这根本不具有某种良知（Gewissen）现象的性质。相反，这种确知倒可能意味良知的遗忘，亦即出离了能被召唤的可能性。这种所谓"确知"以安定方式把愿有良知这回事加以压制；亦即压制对最本己的、常驻的罪责存在的领会。良知的"无愧"既非独立无依的又非另有根基的良知形式，也就是说，它根本就不是良知现象。

良知"无愧"这种说法源自日常此在的良知经验，就此而论，日常此在不过由此泄露出，即使它在讲良知"有愧"时也不是从根本上触到良知现象。因为良知"有愧"的观念实际上是依良知"无愧"的观念制订方向的。日常解释执著在操劳结算与找补"罪责"与"无罪责"这一维度上。于是，人们只是在这一视野上"体验"到良知的声音。

当我们描述良知"无愧"或"有愧"这类观念的起源时，我们实也已经断定了良知指向前去加以警告与指向后去加以指责的区别。良知警告的观念似乎最切近于向……唤起的现象，它和这种唤起都分有指向前去的性质。这种一致却只是假象。良知警告的经验仍只是从所欲的、然而良知却要加以抵制的行为着眼来看待声音的。警告是对所愿之事的阻拦，它之所以可能，只因为"警告的"呼声以此在的能在为标的，亦即以领会到自己存在在罪责之中为标的，而"所愿之事"恰由于这样的领会才夭折。良知警告具有不时调整而摆脱疚责的功能。良知"警告"的经验所看出的良知的呼声倾向仅仅是在常人的知性所能够到的范围之内。

我们提到的第三点考虑基于这样一种事实：日常良知经验认不出有向着罪责存在被唤起这样的事儿。对此必予承认。然而，日常良知经验是否已经能担保：良知声音的一切可能的呼声内容都在这种经验中听到了？是否由此可以推断，奠基在流俗良知经验上的良知理论确已为良知现象的分析提供了恰当的存在论视野？然而，沉沦这一此在存在的本质方式不是恰恰显示出：在存在者层次上，这一存在者首先与通常是从操劳活动的视野上来领会自己，但在存在论上，它则是在现成性意义上来规定存在吗？由此就生出了对这现象的双重晦蔽：理论所见到的是——接续的体验或"心理过程"，而这种接续过程的存在方式则大都或甚至全然未加规定。经验所对的良知则是裁判者和警告者，此在与他以结算的方式进行协商。

康德用"正义法庭"作为主导观念来奠定他的良知解释，这不是偶然的；这通过道德律令的观念已露端倪——虽然他的道德概念离功利道德及快乐主义还相去甚远。就连价值论，无论从形式上还是从质料上开端，也都将一种"道德形而上学"，亦即将此在及生存的存在论，设为其未经道出的存在论前提。此在被当作可以对之操劳的存在者，而这种操劳具有"实现价值"或"实现规范"的意义。

要把日常良知经验当作良知阐释的唯一裁判而援引它所认识的东西，就必须首先考察一下日常良知经验是否本真地通达良知，才有可能言之有理。

如果是这样，下面这种指责也就失去了它的力量：生存论解释不重视把良知呼声牵到某种确定的"已实现的"或所愿的行动上去。无可否认，人们常常在呼声的这一方向上经验到呼声。问题只在于：这种呼声经验是否让呼声对自己充分"呼出"了。知性解释可能会自以为牢牢守住了"事实"，但到头来却恰恰由于其知性性质而限制了呼声的开展广度。不可把良知"有愧"的作用压低成对现成疚责的提出或对可能疚责的嫌避，一如不可把良知"无愧"用来为"伪善"服务。此在好像就是"一户人家"，它所欠的债务无非需要有条有理地抵偿就是了；于是乎，自我却可以对这些——接续的体验袖手"旁"观。

我们所提到了第一点考虑认为生存论阐释没有看到良知"本质上"具有批评作用。但是，如果呼声原本并不牵涉实际上是"现成的"罪责或实际愿望的会生罪责的行动，从而使良知的"指责"和"警告"不能表达出源始的呼声功能，那么，上面这项考虑也就失掉了地基。不过，在某种限度内这项考虑也可说源自对良知现象的真见。因为在呼声的内容里实际上展示不出任何由声音"肯定地"推荐或提供的东西。但怎样来领会良知作用的这种错失掉的肯定性呢？由此可以推出良知的"否定"性质吗？

之所以错失所呼之中的某种"肯定"内容，是因为期待一种当下用得上的指示，它提供出那些可用的、可计算的而又可靠的"行动可能性"。这种期待根系在知性操劳活动的解释视野上，在这里，此在的生存活动被纳入一种可调整的经营整体的观念之下。部分地也因为未经明言地基于这种期待，人们针对"唯"形式的价值伦理学而要求一种唯物的价值伦理学。良知当然使这类期待大失所望。良知之所以不给出这类"实践性的"指示，只因为良知向生存、向最本己的能自己存在唤起此在。良知若像所期待的那样提供可以简明一义地结算的公理，那么，良知就恰恰对生存否定掉了去行动的可能性。因为良知显然不能以这种方式成为"肯定的"，所以它也不能以这种方式"仅仅否定地"起作用。肯定的也罢，否定的也罢，呼声不开展任何能够作为可操劳之事的东西，因为呼声意指存在论上截然不同的一种存在，即生存。反过来，在生存论意义上，经正确领会的呼声提供出"最肯定的东西"，亦即此在能够先行给与自身的最本己的可能性：以唤上前来的方式唤回到当下实际的能自己存在。本真地倾听呼声意味着把自己带入实际行动。但我们先得弄清楚，以本真地倾听的方式来领会召唤这件事情本身包含着何种生存论结构，只有那时，我们才可能充分完整地阐释呼声之所呼。

上面我们首先指出的是：只是由流俗的良知解释所熟悉的那些现象若经存在论上的恰当领会是如何指回到良知呼声的源始意义上去的；然后指出的是：流俗解释源于此在在沉沦着自我解释之际的局限性；还有：因为沉沦属于操心本身，所以流俗解释尽管其不言而喻却不是偶然的。

从存在论上对流俗良知解释的批评可能会导致一种误解。好像在指出日常良知经验在生存论上的非源始的同时也就要评判处身在这种经验中的此在的生存上的"道德品质"。在生存论上恰当的良知阐释并不保证在生存上对呼声的领会，一如生存并不必然地、直接地因在存在论上不充分的良知领会而遭贬损。在流俗的良知经验中一样可能有诚实认真，正如在更源始的良知领会中一样可能有轻浮不真。不过，只要存在论上的理解不把自己同存在者层次上的经验割断，那么，在生存论上更源始的阐释也就同时在生存上更源始的领会中开展出可能性来。

第六十节　在良知中得以见证的本真能在的生存论结构

良知的生存论阐释应当提供出对此在的最本己能在的见证，这种见证是在此在自身之中的存在者层次上的见证。良知提供见证的方式并不是漠然公告，而是以唤上前来的方式向罪责存在唤起。如此这般得到见证的东西是由听"把捉住"的；这一听未经歪曲地在自己所意向的意义上领会着呼声。召唤之领会只有作为此在的存在样式才提供了在良知呼声中所见证的东西的现象内容。我们曾把本真的呼声之领会标画为：愿有良知。这等于说，在其罪责存在中从它自身出发而"让"最本己的自身"在自身中行动"。这种"让在自身中行动"在现象上代表着在此在自身中所见证的本真能在。现在必须来剖明这种本真能在的生存论结构。只有这样，我们才能深入到此在生存的本真性在此在自身中所展开的基本建构。

愿有良知，作为在最本己能在中的自我领会，是此在的展开状态的一种方式。除了领会而外，组建展开状态的还有现身情态和话语。生存上的领会等于说：向着能够在世这样一种一向最本己的实际可能性筹划自身。但只有在这种可能性的生存活动中，能在才可获得领会。

何种情绪对应于这一领会？呼声之领会在此在个别化的无家可归状态中开展着本己的此在。在领会中一道被揭示出来的无家可归状态天然地通过这一领会中包含的畏之现身情态而被展开出来。良知之畏这一实际情形是现象上的保证，说明此在在领会呼声之际已被带到它自己的无家可归状态面前来了。愿有良知成为畏之准备。

展开状态的第三个本质环节是话语。没有一种话语回应呼声这种此在的源始话语，甚至在商谈议论良知所说之事的意义上也没有。对呼声的领会倾听无言回应，这并非因为它被某种压顶而来的"混沌量"所震慑，而是因为它未经晦蔽地把呼声的内容据为己有。呼声呈现出常驻的罪责存在，这样也就把本身从常人知性的嘈杂闲言中收回。所以，有所勾连的话语这一样式包含在愿有良知中，而这种样式乃是缄默。我们曾把沉默描述为话语的本质可能性。[①] 谁默默给出供人领会的东西，总必"有的可说"。此在在召唤中让自己领会到它最本己的能在，因而这一呼唤是一种沉默。良知的话语从不付诸音声。良知只默默呼唤，亦即：呼声来自无家可归的无声无闻，并

---

① 参见本书第三十四节 164 页。

把被唤起的此在作为静默下来的此在唤回到它本身的静默中去。从而，愿有良知只有在缄默中才恰当地领会到这种默默无语的话语。缄默抽掉了常人的知性闲言之言。

"严格奉守事实"的知性良知解释以良知仅只默默言谈为由而把良知弄得好像是根本确定不了和根本不现成的东西。人们只听得到、只领会得到嘈杂的闲言而不能"断定"呼声，这也就归咎于良知，其托词是：良知是"哑"的，它显然不现成存在。其实，常人只不过是用这种解释来掩盖自己所固有的对呼声充耳不闻以及自己"听觉"的行而不远罢了。

因此，此在在愿有良知之中的展开状态是由畏之现身情态、筹划自身到最本己的罪责存在上去的领会和缄默这种话语组建而成的。这种与众不同的、在此在本身之中由其良知加以见证的本真的展开状态，这种缄默的、时刻准备畏的、向着最本己的罪责存在的自身筹划，我们称之为决心。

决心（Entschlossenheit）是此在展开状态（Ershlossenheit）的一种突出样式，而我们前面①曾从生存论上把展开状态阐释为源始的真理。真理原本不具有"判断"的性质，它根本不具有某种特定行为的性质，真理是在世之为在世的本质组建要素。必须把真理解释为基本生存论环节。我们从存在论上澄清"此在在真理中"这一命题的时候，曾揭示这一存在者的源始展开状态即是生存的真理，并为界说这一真理而指引向此在本真状态的分析。②

现在我们随着展开状态来到了此在的最源始的真理，因为这也就是此在地本真的真理。此在的展开状态同样源始地开展着当下整体的"在世界之中存在"，亦即：世界、在之中、本身——这个本身即是作为"我在"的这个存在者。世内存在者向来已随着世界的展开状态一道被揭示了。上手事物与现成事物的揭示奠基于世界的展开状态③，因为要敞开上手事物的当下因缘整体性就要先行领会意蕴。操劳着的此在以领会着意蕴的方式寻视着把自己指派于照面的上手

---

①　参见本书第三十四节 164 页。

②　参见本书第四十四节 212 页。

③　参见本书第十八节 83 页及以下。

事物。要领会意蕴，亦即要开展当下的世界，则又基于领会一切得到揭示的因缘整体性所回归的"为何之故"。为介入之故，为居持之故，为发展之故，这些都是此在的切近和常驻的可能性。这一为其存在而存在的存在者一向已经向着这些可能性筹划自己了。既经抛入它的"此"，此在实际上向已被指派到一个特定的"世界"——它的"世界"。与此同时，这些切近的实际筹划是由操劳着丧失于常人的境况来引导的。当下本己的此在可能向这种境况发出召唤，这召唤只能以决心的方式加以领会。这一本真的展开状态却也同样源始地使根基于这种展开状态而业已被揭示的"世界"的被揭示状态与共处的展开状态改变样式。上到手头的"世界"就内容而言并不变成另一个世界，他人的圈子并未被更换，然而，领会着操劳着向上手事物的存在和操持着共他人的存在现在都从其最本己的能本身存在方面得以规定了。

决心这一本真的自身存在并不把此在从其世界解脱，并不把此在隔绝在一个飘游无据的我中。——决心之为本真的展开状态恰就是本真地在世，它又怎会去解脱、隔绝？决心恰恰把自身带到当下有所操劳地寓于上手事物的存在之中，把自身推到有所操持地共他人存在之中。

出于选择了自身的能在这种"为何之故"，下了决心的此在解放自己，自由面对其世界。唯有断然朝向其自身的决心才把此在带入这样的可能性：让一道存在着的他人在他们自己最本己的能在中去"存在"，而在率先解放的操持中把他们的能在一道开展出来。这种下了决心的此在可以成为他人的"良知"。本真的共处，惟源出于决心中的本真的本身所在，而非源出于模棱两可心怀嫉妒的约许和在常人及其所欲从事之业中的喋喋不休的称兄道弟。

决心依其存在论本质而言就是当下实际的此在的决心。这一存在者的本质即是其生存。决心只有作为领会着筹划自身的决定来"生存"。但此在在下决心之际是向什么方向作决定？此在应为何而作决定，只有决定本身能提供回答。人们要是以为决心现象只不过是把提交出来的、推荐出来的可能性取来抓住，那可就完完全全误解了决心现象。决定恰恰才是对当下实际的可能性的有所开展的筹划与确定。此在的一切实际被抛的能在都具有不确定的性质，而这种不确定性必然属于决心。决心只有作为决定才吃得准它自己。但决心的这种不确定性，这种生存上的每次只有在决定中才得到确定的不确定性，却正具有其生存论上的确定性。

此在是在操劳着操持的方式中的能在。在存在论上，决心之何所向先行描绘在此在一般的生存论性质中了。但此在之为操心是由实际性与沉沦决定着的。此在展开在它的"此"中，它便同样源始地处身在真与不真之中。① 这一点恰恰"本真地"对决心也有效，既然决心是本真的真理。决心本真地把不真据为己有。此在向来已在无决心中，也许马上又在无决心中。无决心这一名称所表达的现象恰就是我们曾解释为服膺于占统治地位的常人解释事物方式的那种存在。此在作为常人本身仍依公众意见的知性两可状态而存在，在那种两可状态中无人作决定，却也总已经有了决议。决心意味着让自己从丧失于常人的境况中被唤起。常人的无决心虽还保持统治地位，但却只是不能滋扰下了决心的生存。无决心作为与生存论上领会的决心相反的概念，不是指被某些阻碍压制住了那一意义上的存在者层次上的心理属性。而决定也仍是指向常人及其世界的；就决心才刚给与此在本真的透视性而言，理解这一点，也一道属于决定所开展的东西。此在在决心中为的是它最本己的能在，这能在作为被抛的能在只能向某些特定的实际可能性作筹划。决定并不抽身而出离"现实"，而是恰恰揭示着实际可能之事；其情形是：决定把可能之事按照它作为常人中最本己的能在所能是的那样加以掌握。可能的、下了决心的此在的生存论规定性包括着另一现象的结构环节，我们把前此一直跨过去的这一生存论现象称为处境（Situation）。

处境（形势——"处其势而能作某事"）这一术语带有空间含义。我们不打算把这种含义从生存论概念中清洗出去。因为此在的"此"也有这种含义。在世包含有某种本己的空间性，这种空间性的特征由去远现象与定向现象描述出来。只要此在实际生存，它就"设置空间"。不过，生存据以规定其"处所"的此在式的空间性奠基于在世这一建构。这一建构的本来要素是展开状态。正如"此"的空间性奠基

① 参见本书第四十四节 B，222 页。

在展开状态之中一样，处境也在决心中有其基础。处境是那向来已在决心中展开了的此，生存着的存在者就作为这个此而在此。处境并非此在被摆在其中的现成框架，或好像此在不过是也可以把自己带到这现成框架里去似的。处境还远异乎前来照面的环境与偶然事件的现成混合。处境只有通过决心并在决心之中才存在。"本身"生存着就不得不作为此而存在，而惟决心为此，环境的当下实际的因缘性质才对"本身"开展出来。我们称之为偶然事件（Zufaelle）的东西只会撞到（zufallen）决心上，从共同世界与周围世界撞到决心上。

然而，处境本质上对常人封闭着。常人只识得"一般形势"，丧失于切近的"机会"，靠总计"偶然事件"维持此在，而常人又误认"偶然事件"，把它们当作或说成自己的功业。

决心把此在带入其处境的生存。但决心也界说着在良知中得以见证的本真能在的生存论结构，即愿有良知的生存论结构。在愿有良知这种能在中我们曾看出适当的领会召唤的途径。由此已变得清清楚楚：当良知呼声向着能在唤起，它不是把任何空洞的生存理想摆到那里，而是向前呼入处境。正确领会的良知呼声的这种生存论上的积极性质同时也就使我们明见：把呼声倾向局限到摆到眼前的疚责的做法同等程度地误认了良知的开展性质，又在同等程度上只是似而非地传达给我们对良知的声音的具体理解。而从生存论上把对召唤的领会阐释为决心，这就揭示出良知乃是包括在此在根基处的存在方式。借这种方式，此在见证着最本己的能在而使实际生存对它自己成为可能。

把一种空洞的"习惯"和一种不确定的"随意动机"拼凑到一起并不就是我们以决心这一名称所称的现象。决心并非刚刚有所认知地把处境呈到眼前（sich vorstellen），而是已经把自身投入（sich stellen in）处境。此在作为下了决心的此在已经行动着。我们有意避免使用"行动"这个语词。① 因为，一方面，我们不得不重新在很广泛的意思上把握这个词，结果它本似专指积极活动，却把阻碍这类"活动"也包括进来，虽然阻碍其实是消极的不活动。另一方面，它易于导致对此

---

① 实际上，海德格尔经常使用 Handeln 这一概念。只是在遇到"决心"这一概念时，他才避免使用它。

在存在论的误解，似乎决心是与理论职能对应的某种实践职能所特有的行为。可是操心作为有所操劳的操持却至为源始、至为整全地包罗着此在的存在，乃至若要区分理论行为与实践行为，总先就得把操心设为前提，而并非由这两种职能才始得合建起操心来——即使借辩证法之助也不行，辩证法由于未在生存论中奠立根基而必然是无根基的。决心恰只是操心本身的本真状态——是操心中为之操心的本真状态，而它只有作为操心才可能成为操心本身的本真状态。

提供实际生存的种种可能性所具有的主要特征和联系，按照这些可能性的生存论结构来阐释它们，这些任务都划在生存论人类学的课题范围之内①。而从生存论上界说由此在本身在良知中为它本身所见证的本真能在，这对眼前这部探索的基础存在论目的来说也就够了。

我们把决心清理为缄默的、准备畏的、向着最本己的罪责存在的自由筹划。随着这一工作的进行，这部探索也就能来界说我们所寻求的此在本真整体能在的存在论意义了。现在，此在的本真状态既不是一个空洞名号也不是一个虚构观念。虽然如此，从生存论上演绎出来的本真的向死存在作为本真的整体能在仍然是一种缺少此在式见证的纯生存论筹划。唯当找到了这种见证，这部探索才能像这里的讨论工作所要求的那样满意地展示出在生存论上得到保障与澄清的此在本真整体能在。因为，只有当我们能从现象上通达这一存在者的本真整体性，这个存在者、即唯有其生存包含有存在之领会的这个存在者的存在意义问题才放到了屡验不爽的地基之上。

选自［德］海德格尔：《存在与时间》，北京，
生活·读书·新知三联书店，1999。陈嘉映、王庆节译。

———————————

① 在这一问题上，雅斯贝斯第一次明确地理解和进行了世界观学说的工作。参见他的《世界观的心理学》第三版，1925。在这里，雅斯贝斯提出了"人是什么？"的问题并且从其所根本能是的方面来加以规定（参见第一版序言）。由此，"边缘处境"的基本的生存论存在论意义得到了澄照。如果人们仅仅把《世界观的心理学》当作"世界观类型"的参考书加以"使用"的话，那就全然误解了这本书的哲学倾向。

《关于人道主义的书信》[*]（1946）

我们对行动的本质还深思熟虑得远不够坚决。人们只知道行动是一种作用在起作用。人们是按其功利去评价其现实性。但行动的本质是完成。完成就是：把一种东西展开出它的本质的丰富内容来，把它的本质的丰富内容带出来，producere（完成）。因此真正说来只有已经存在的东西才可完成。然而首先"存在"的东西就是存在。思完成存在对人的本质的关系。思并不制造与影响此关系。思只是把此关系作为存在交付给它自己的东西向存在供奉出来。此一供奉的内幕就是，存在在思中形成语言。语言是存在的家。人以语言之家为家。思的人们与创作的人们是这个家的看家人。只要这些看家人

---

　　* 此作是作者 1946 年秋与巴黎让·波弗勒通信的正文。作者为发表此文曾重审一遍，并在若干处加以扩充。1947 年收入《柏拉图的真理学说》一书，在伯尔尼出版。1949 年以单篇印行(法兰克福)。后收入海氏文集《路标》。译文系根据海德格尔：《关于人道主义的书信》，法兰克福 1949 年版译出。中译文原载《现代外国资产阶级哲学资料选辑·存在主义哲学》，87～134 页，北京，商务印书馆，1963。

　　译者熊伟先生原把此文标题译为《论人道主义》，现改为《关于人道主义的书信》。文中基本词语，如 Sein，熊先生译为"在"，现改为"存在"，（少数语境下未改动）；Seiendes，熊先生译为"在者"，现改为"存在者"；Dasein，熊先生译为"亲在"，现改为"此在"；Existenz，熊先生译为"存在"，现改为"生存"。凡此类改动并无否定意思，只为本书译名的力求统一故。

通过他们的说使存在之可发乎外的情况形诸语言并保持在语言中，他们的看家本事就是完成存在之可发乎外的情况。思并不是由于有作用是由它发出的或由于它被应用了才变成动作的。当思思维着的时候，思就行动着。可以料想此一行动是最简单的行动，同时又是最高的行动，因为此一行动关乎存在对人的关系。但一切作为都基于存在而归于存在者。反之思让自己被存在取为说出存在的真理之资。思完成此一让。思是 I'engagement par I'Être pour I'Être（通过存在为存在的任务）。我不知道在语法上是不是可能把这二者（"par"et"pour"，"通过"与"为"）在一回事中说出来，也就是通过：penser, c'est I'engagement de I'Être（思，这就是存在的任务）。这里的"de I'……"这一第二格的形式应表达出，这个第二格同时又是主词又是宾词的第二格。在此"主词"和"宾词"都是形而上学中的不合式的名称，形而上学在西方的"逻辑"和"文法"的形态中过早地霸占了语言的解释。我们对隐藏在此一过程中的东西只是在今天才能觉察。把语言从文法中解放出来成为一个更原始的本质结构，这是思和创作的事情。思不仅是在当今情势的现实的东西的意义之下的为存在者与通过存在者的 I'engagement dans I'action（动作中的任务）。思是通过存在的真理与为存在的真理的 I'engagement（任务）。这段历史从未过去，这段历史永在当前。存在的历史承担着并规定着 condition et situation humaine（人类的任何条件与情势）。为使我们现在才学着纯粹地去掌握思的上述本质而这同时也就是说去完成思的上述本质起见，我们必须把自己从对思所作的技术的解释中解放出来。将思作技术的解释这回事可以回溯到柏拉图与亚里士多德，在他们那里，思本身就是一种 τεχνη（技术），就是为做与作服务而进行考虑的手续。但这考虑在此已经是从 πρᾶζιs（实践）和 ποιησκ（创造）的角度来看的。因此如果就思看思，思就不是"实践的"。把思称为 θεωρια（理论）与把认识规定为"理论的"行为。都已经是在对思下了这种"技术的"定义的范围以内发生的事情。这个定义是一个反动的企图，要把思也挽救到一种还独立的状态中来与行动和做作相对立。从那里起，"哲学"经常处于窘境，无法在"诸科学"面前为它自己的存在自圆其说。哲学认为，为要做到这一点，最稳当的办法就是哲学把自己本身提高到一门科学的等级上来。但这种努力却是以思的本质作代价。哲学陷入一种恐惧中，害怕如果它不是一门科学的话就会丧失威望与效用。人们把哲学不是一门科学算做一个缺点，而这缺点又被人们拿去与非科学性混为一谈了。作为思的基本成分的存在，在思的这个技术的定义中被牺牲了。"逻辑"就是从诡辩派与柏拉图开始的对此一讲法的认可。人们按照一种对思并不合式的量度来判断思。这样的判断无异于按照鱼能够在岸上干地生活多久来评价鱼的本质与能力。思登在干地上已经很久了，太久了。能够把使思回复其基本成分的努力称作"反理性主义"吗？

您的信中各问题都宜面谈才易澄清。在笔谈中，思易丧失其灵活性。特别是思所固有的它的领域的多度性在笔谈中极难发挥。与一切科学有别，思的严格处不仅在于概念之人为的，也就是说，技术的理论的严密性。思的严格处在于，说总纯粹地保持在存在的基本成分中并让说的形形色色的各度中的简单的东西贯串全局。另一方面，笔谈迫人作深思熟虑的语言上的表达亦非无益。今拟只谈所提各问中的一题。对此题加以商讨，或亦有助于对其他各题之体会。

您问：Comment redonner un sens an mot"Humanisme"（如何回复"人道主义"这个词的意义）？提出此问题的时候有一目的，就是要坚持"人道主义"之说。我今问，是否有此必要？是不是提出一切这一类名称的灾难还不够明显呢？人们固然久已不信什么"主义"了。但是公众意见的市场总需求新的"主义"。人们又总是愿意供此需求。就是像"逻辑""伦理学""物理学"这些名称，也是在一旦原始的思完结时才出现的。希腊人在他们的伟大时代中都是没有这些名称而有所思的。希腊人甚至没有把思称为"哲学"。如果思偏离其基本成分，思便完结。基本成分就是思从其中出发才能成其为思的东西。基本成分是真正有能力的东西：能力。基本成分主持思并即使思归其本质。率直讲来，思就是存在的思。此处的"思"有双重意义。思是存在的，因为思由存在发生，是属于存在的。思同时是存在的思，因为思属于存在，是听从存在的。思是听从存在而又属于存在的东西的时候；就是按照它的本质来历而存在的东西。思存在——这意思是说：存在已听命地主宰其本质了。在一件"事"或一个"人"的本质中主宰一件"事"或一个"人"，这就叫作：爱一件"事"或一个"人"：喜欢一件"事"或一个"人"。这种喜欢的意思，想得更原始些，就是：

赋予本质。这样的喜欢就是能力的真正的本质，能力的这种真正的本质不仅能作出这件事或那件事，而且能让一个东西在它的来历中"成其本质"，也就是说让它存在。这种喜欢的能力，就是一个东西"赖"之而真正能存在的能力。这种能力是真正的"可能的东西"，是其本质基于喜欢的那种东西。存在由此种喜欢而能思。存在使思成为可能。作为有能力的喜欢者，存在就是"可能的东西"。作为基本成分的存在，就是喜欢着的能力的"寂静的力量"，也就是可能的东西的"寂静的力量"。我的"可能的"与"可能性"这些字眼自然只是在"逻辑"与"形而上学"的统治之下被设想得与"现实性"有别，这就是说，是从对存在的一定的——形而上学的——解释来设想的，这种解释把存在解释为 actus（现实）与 potentia（潜能），而人们又把这种区别和 existentia（存在）与 essentia（本质）的区别等同起来。当我论及"可能的东西的寂静的力量"的时候，我的意思不是指一种只是意想到的 possibilitas（可能性）的 possibile（可能的东西），不是指一种潜能，一种作为一种存在的现实的本质的潜能，而是指存在本身，这个存在本身能喜欢着地担当思，亦即是担当人的本质，而这也就是说担当人对存在的关系。能一事一物，在这里的意思是说：把一事一物保持于其本质中，保留于其基本成分中。

　　当思从它的基本成分中偏离因而完结的时候，思就靠下述办法来弥补损失：思就作为 τεχνη（技术），作为教育的工具因而就是作为教育活动而以后又作为文化活动来使自己有效用。哲学就逐渐变成一种从最高原因来进行说明的技术。人们不再思了，人们却从事于"哲学了"。在从事于此的竞赛中哲学就公开地献身为一种……主义并力图取胜。这样的名称的统治地位并不是偶然的。这样的名称的统治地位是来自独特的公众的专政，而尤其在新时代是如此。然而所谓"私人生存"不是已为本质的、亦即自由的为人。"私人生存"只是别别扭扭地成为对公众事物的否定了。"私人生存"仍然是依赖于公众事物的摒弃公众事物者并且只靠从公众事物中抽身回来养活自身。于是"私人生存"就违反了自己的意愿而确证了为公众之役的情况。但这种为公众之役的情况本身却是形而上学地有条件的（因为是从主观性的统治中产生的）设施与委任，是存在者的公开状态施于把一切事物无条件地对象化这回事中去的形而上学地有条件的设施与

委任。因此语言就为各种交通途径的媒介之役了，把一切事物对象
化这回事就是在这些交通途径之上展开的，而把一切事物对象化的
情形就是一切事物对一切人都是在忽视任何界限的情况之下同形式
地可接近。于是语言就陷入公众的专政之下了。公众的专政预先就
断定，什么是可以理解的以及什么必须作为不可理解的被抛弃掉。
在《存在与时间》(1927)第 27 节与第 35 节中关于"普通人"所讲的东
西决不只是对社会学的一种附带的贡献。这个"普通人"的意思也决
不只是与人格的自己的存在相对立的伦理生存地被了解的对立物。
关于"普通人"这个词所讲的东西倒包含一层意思就是：从追究存在
的真理的问题想过来，就须指出这个词从一开始就有从属于存在的
关系。这个关系在表现为公众意见的主观性的统治之下是隐而不显
的。然而如果思确认为存在的真理值得一思了，那么细想语言的本
质这回事也就不得不获得另一种地位了。细想语言的本质也就不能
再只是语言哲学了。只是因此《存在与时间》(第 34 节)才有意指出语
言的本质度并触及这个单纯问题：语言究竟是以存在的什么样的方
式而作为语言的？语言到处迅速地被荒疏，这就在一切语言应用中
损害了美学的与道德的责任。不仅如此，语言之愈来愈厉害地被荒
疏还是由于人的本质之被戕害。只注意保养语言的应用，还不证明
我们已免除这种本质的危险。只注意保养语言的应用，在今天也许
毋宁说明我们还完全看不见而且不能看见这危险，因为我们从来还
没有注意过这危险。近来常被论及而已为时过晚地被论及的语言的
堕落，却不是一件事情之出现的缘由，而是这件事情之出现的后果，
这件事情是：语言在新时代的主观性的形而上学的统治之下几乎是
无可遏止地脱出它的基本成分了。语言还向我们拒不承认它的本质：
它是存在的真理之家。语言倒委身于我们的意愿与驱策一任我们作
为对存在者进行统治的工具使用。存在者本身显现为因果之网中的
现实的东西。我们与存在者作为现实的东西遭遇，遭遇时计算着行
动着，但也科学地遭遇着，以诸多说明与论证来进行哲学活动地遭
遇着。虽有诸多说明与论证，但也断言有不可说明者。如是我云，
我们便自认为面对着神秘境界。仿佛这个神秘境界是这样构成的似
的：好像存在的真理根本就听人归结为诸多原因与说明理由，或者，
其意思就说，归结为其真理是不可捉摸的。

　　但若人要再度进入存在的近旁，那么他必须先学会在无名中生存。他必须以同样的方式既认识公众的诱惑又认识私人的东西之无力。人必须先让存在又对自身说话，然后人才能说；让存在又对自身说话时有一种危险即：人在此种要求之下就无甚可说或罕有可说了。只有这样，言词才能再获得它的本质的有价值之处，而人才能再获得他要居住在存在的真理中的住处。

　　但在对人提出的这种要求中，在使人愿应此要求的试图中，不是已在为人而努力了么？"烦"的方向不是为使人又回复其本质又是为什么呢？这意思不是说人（homo）要变成合人性的（humanus，人道的）又是说什么呢？所以人道仍然就是这样的思所关切的事情；因为这就是人道主义：想想烦人是合人性的而不是不合人性的，不是"in-human"（不人道的），这就是说，不是在他的本质之外的。人的人性究竟何在？人的人性就在人的本质之内。

　　但人的本质从哪里来以及如何来规定呢？马克思主张要认识并承认"合人性的人"。他在"社会"中发现了合人性的人。在马克思看来，"社会的"人就是"自然的"人。在"社会"里，人的"自然本性"，这就是说"自然需要"（食、衣、繁殖、经济生活）的整体都同样地得到保证。基督徒是从对神性划的界限中来看人的人性，homo 的 Humanitas。从耶稣救世史的意义看来，基督徒是作为"上帝之子"的人，而作为"上帝之子"，就要在基督那里听取并承担天父的要求。只要"世界"从理论的精神的意义想来总是通到彼岸的暂时的过道的话，人就不是这个世界的。

　　在罗马共和国时代，Humanitas（人性或人道）第一次在它的名称之下被着重地深思与追求着。人道的人与野蛮的人相对立。在此，罗马人用"吞并"从希腊人接受下来的 παιδεια（教化）的办法提高了罗马道德，而人道的人就是指这些罗马人。希腊人是指晚期希腊人，其教化是在各哲学家学派中被传习着。希腊人的教化是指文艺与科学中的教化。这样了解的 παιδεια（教化）就被译为"humanitas"（人性或人道）。罗马人的真正的罗马特点就在于这样的人性或人道中。我们在罗马碰到了第一个人道主义。因此第一个人道主义在本质上仍然是一种特殊的罗马现象，此种特殊的罗马现象是从罗马人与晚期希腊人的教化的相遇中产生出来的。14 世纪与 15 世纪在意大利的所谓文艺复兴是罗马文教的复兴。因为这取决于罗马特点，所以问题就在于人性或人道，因而就在于希腊教化。通常总是就希腊晚期形态来看希腊人，而对晚期希腊形态本身又总是用罗马意义的看法。文艺复兴中的罗马人也是和野蛮人相对立的。但此时认为中世纪经院哲学的野蛮就是不合人性的或不人道的东西。因此历史地来了解的人道主义总包括对人性或人道的研究，而这样的研究又以一定方式回溯到古代于是又总是变成希腊的复兴。这种情形在德国 18 世纪的人道主义中通过温克尔曼、歌德与席勒的著作表现出来了。反之，荷尔德林不属于"人道主义"之内，而这是因为他对人的本质的式样想得比这种"人道主义"所能想的更原始些。

但人们如果一般地把人道主义了解为努力使人为自己的人性或人道而成为自由的以及在自己的人性或人道中发现自己的尊严，那么人道主义就随人们对"自由"与人的"自然本性"的看法之不同而不同了。同样的情形，实现人道主义的途径也不同了。马克思的人道主义不需要回溯到古代，萨特把存在主义理解成的人道主义也不需要回溯到古代。在上述广义之下，只要按照其督教义看来一切都是为了人的灵魂得救（salus aeterna），而人类历史是在救世史的框子之内显露出来的话，那么基督教也是一种人道主义。无论人道主义的种类随目标与根据，随实现它的方式与手段，随它的理论的形式之不同而如何不同，总之这一切种类的人道主义在一点上是一致的，即：人道的人的人性或人道，总是从一种已经确定了的对自然、对历史、对世界、对世界根据，也就是说对存在者整体的讲法的角度来规定的。

任何一种人道主义要不是奠基于一种形而上学中，就是其本身即为一种形而上学的根据。对人的本质的任何一种规定，如果已经是对存在的真理不加追问而即以存在者的定义作为前提的话，无论对此种情形有知抑或无知，总之任何这样的对人的本质的规定都是形而上学的。因此如果从人的本质是如何被规定的方式上着眼，那么一切形而上学的独特之处都表现在形而上学是"人道主义的"。据此看来任何人道主义总是形而上学的。人道主义在规定人的人性的时候不仅不追问存在对人的本质的关系，人道主义甚至还阻止这种追问，因为人道主义由于源出于形而上学之故既不知道这个问题也不了解这个问题。倒过来看，对存在的真理进行追问，这是在形而上学中被遗忘了而且被形而上学遗忘了的问题，这个问题必须追问而且有它自己的方式来追问；要让大家明白这一点，只能通过就在形而上学的统治之下提出"什么是形而上学？"这一问题的办法。在开头的时候甚至对"存在"的任何一种追问以及对存在的真理的任何一种追问都不得不作为"形而上学的"追问来入手。

第一个人道主义，即罗马的人道主义，以及自罗马以来直到现代成长起来的一切种类的人道主义，都把人的最一般的"本质"认为当然的以作前提。人被看成 animal rationale（理性的生物）。此一规定不仅是希腊文 ξωον λογον εχον 的拉丁文译文，而且是一个形而上学的定义。对人的本质的此一规定并不是错误的。但此一规定是被形而上学所决定的。不仅此一规定的界限，连此一规定的本质来历，却都在《存在与时间》中被指明是成问题的了。此成问题之处首须作为思所须思的东西来听凭思去琢磨，却绝对不是陷入空洞的怀疑癖的消磨中了。

形而上学诚然是把存在者在其存在中摆出来了并即如此去思存在者的存在。但形而上学不思二者之别①，形而上学不追问存在本身的真理。因而形而上学也从来不问人的本质是以什么方式属于存在的真理。形而上学不仅迄今没有提出这个问题，这个问题对作为形而上学的形而上学说来是不可接近的，存在还等待着人将会认为它本身是值得思的呢。无论人们在着眼于人的本质规定时是如何规定生物的理性的，无论是规定为"原理的能力"也好，规定为"范畴的能力"或其他的东西也好，总之理性的本质无论在何时何处都是基于下述情况：在对存在者在它的存在中进行任何一种了解时，存在本身都已经是澄明的了而且都已在存在的真理中出现了。同样的情形在谈"animal"，ζωον（生物）的时候，已经注定要先谈"生命"了，而谈"生命"又必须以谈作为 ζωη（生命）与 φναις（生）的存在者为基础，有生命的东西就是在这样的存在者范围之内显现出来的。但除此之外而且归根到底仍须先于其他一切来问一下，人的本质是最初而且先

---

①　参见《论根据的本质》，1929 年版，8 页；此外参看《康德和形而上学问题》，1929 年版，225 页；还有《存在与时间》，1927 年版，230 页。

于一切决定着一切的，究竟这样的人的本质是不是根本就在于生物性这一度之中呢？如果我们把人而且只要我们把人当作在其他生物之中的一种生物来和植物、禽兽及神划清界限的话，是不是我们就根本走在通向人的本质的正确道路上呢？人们可以这样办，人们可以以这样的方式把人列于存在者的范围之内作为在其他存在者之中的一个存在者。人们在这样办的时候还总能关于人说出正确的东西来。但人们也必须明白，在这样办的时候人就终归仍然落入生物性的本质范围之内，即使人们不把人和禽兽等同起来而是把人说成有特殊的差异，也仍然如此。人们在原则上总是想着生物的人，即使生命力被假定为精神或思而精神或思以后又被假定为主体、为人格、为精神，仍然是想着生物的人。这样的假定就是形而上学的方式。但用这种办法人的本质就被注意得太少了，就不是就人的本质的来历着想的，这个人的本质的来历在历史的人类看来总仍然是本质的将来。形而上学想人是从生物性方面想过来而不是想到人的人性或人道方面去。

形而上学划地自限，绝不过问简单的本质情况，即：人在人的本质中被存在要求着，而人只有在这种人的本质中才成其为本质。人只有从此种要求中才"已经"发现他的本质是居于何处。人只有从此种居住中才"有了""语言"来作为家，而这个家就为人的本质保持着出窍状态。我把处于存在的澄明状态中呼叫人的生存。只是人才适于以这种方式去存在。如此领会的生存不仅是理性的可能性的根据，而且这种生存就是人的本质在其中保持其规定的来源的东西。

生存只有就人的本质才说得上，这就是说，只有就人之"存在"的方式才说得上；因为就我们所知看来，只有人堕入了生存之天命。因此生存也绝不可以被设想为其他各种生物中的特殊的一种，这样说的时候是先认定，人是命定要思他的存在的本质而不仅是报告关于他的情状与活动的自然故事与历史故事的。所以连我们从与"禽兽"的比较中认为属于生物性的人的东西本身也是基于生存的本质的。人的身体和禽兽的机体比较起来是一种本质上不同的东西。人们用灵魂来抵制人的肉体，用精神来抵制灵魂，用生存来抵制精神，并比迄今为止更加响亮地为对精神作很高的评价作宣传，然后还是让一切复归于生活的体验，同时又用警告语气断言思会凭其死板概念破坏生活之流而存在的思会使生存变为畸形——用上述这些办法还并不能克服生物主义的迷乱。生理学和生理化学可以用自然科学的方法把人作为有机体来进行研究，这件事情并不足以证明人的本质在于此种"有机体"中，也就是说，在于此种可以由科学来说明的肉体中。不能这样看，也和不能认为自然的本质是从原子能中推出来的一样。事情倒可能是这样：在自然面向着人用技术来掌握它的这一方面的时候，自然恰恰是隐蔽了它的本质。和人的本质并不在于是生物的有机体的情形一样，这种对人的本质的不充分的规定也不能靠把人用不朽的灵魂或用理性能力或用人格装备起来的办法加以消除与补救。在这种做法的任何一种中，本质都被忽略了，而且就是根据于此种形而上学的计划而被忽略的。

人是什么？人所是的这个什么，也就是说，用流传下来的形而上学的语言来说的人的"本质"，就是人的生存。但这样来想的生存和流传下来的 existentia 这个概念并不是一回事，这个 existentia 的意思是指现实性，有别于 essentia，意即可能性。在《存在与时间》（第 42 页）中用着重符号写得有这句话："此在的'本质'在于它的生存"，但在这里并不是在谈 existentia 与 essentia 的对立，因为存在的这两个形而上学的规定根本还没有成为问题，更不消说二者的关系了。这句话和一般对 Dasein（此在）这个词的讲法的关系更少，因为这个词在 18 世纪已发展成相当于"对象"这个词的称呼，而这个称呼却是要表达现实的东西的现实性的形而上学的概念。这句话的意思倒是说：人是这样成其本质的：人"此"在，也就是说，人是存在的澄明。这个此"在"，而且只有这个此在，才有生存的基本特质，这就是说，才有出窍地立于存在的真理之中的基本特质。人的出窍的本质在于生存，而此生存仍和形而上学地设想的 existentia 有别。中世纪哲学把这个 existentia 理解为 actualitas（现实性）。康德把 existentia 设想为在经验的客观性的意义之下的现实性。黑格尔把 existentia 规定为绝对主观性的自知的理念。尼采把 existentis 了解为相同的东西之永恒复返。这些只是从表面看来有不同的对 existentia 的各种讲法都是把它讲成现实性，是否通过这些讲法的 existentia，石头的存在或者甚至作为动植物的存在来了解的生命就当然都被充分地思过了呢，这就至今仍然是未经涉猎的问题。在任何一种上述的讲法中，生物就是生物，生物完全没有从它们的这样的存在中来处于存在的真理中，而在这样的处中保持住它们的存在的本质的东西。大概在一切存在着的存在者中，我们最难思的就是 Lebe-Wesen①，因为这个 Lebe-Wesen 一方面是以一定的方式和我们最切近，而另一方面同时又被一个鸿沟和我们的生存的本质隔开了。反之，看样子人们似乎想认为，神性的东西的本质离我们还比生的本质的令人惊异的东西离我们要近一些，这是说在一种本质的远方中要近一些，虽然这种本质的远方作为远方和我们的生存的本质要比我们和禽兽之间的有着其深难测的鸿沟的肉体上的亲近关系更要亲密些。这样的一些考虑向流行的因而总还是急躁的把人说成是理性的生物的说法中投进了罕有的光明。因为植物和动物诚然总是被绑在它们的环境中的，但却从来不是自由地被摆进存在的澄明中去的，而只有存在的澄明才是"世界"，所以植物和动物是没有语言的。但却不是它们因为语言与它们总是无缘之故而无世界地挂在它们的环境中。生的本质的一切似谜的东西却都在"环境"这个词中挤在一起。语言在其本质深处并不是一个有机体的吐白，也不是一个生物的表述。因此语言绝不能从字形性质方面来适合其本质地加以思维，也许连从意义性质方面都不能适合其本质地加以思维。语言是存在本身的又澄明着又隐蔽着的到来。

就其出窍状态想来，生存既不在内容方面也不在形式方面和 existentia 是一回事。生存在内容方面的意思是站出来站到存在的真理中去。反之，existentia 的意思是现实性，和作为理念的单纯的可能性有别。生存是称呼人在真理的天命中所是的东西的规定的。existentia 仍然是一种东西在自己的理念中出现的时候所是的东西的实现了的情况的名称。"人生存"这句话并不是人是否现实地存在这一问题的解答，而是追究人的"本质"的问题的解答。我们常常把追究人的"本质"的问题自始即提得不对头，无论我们问人是什么还是问人是谁，总之不对头。因为在这个谁或这个什么中我们已经眺望着一个人格的东西或眺望着一个对象了。然而人格的东西之失误而又遮

---

① 这个德文字本来的写法是 Lebewesen，意为"生物"，海德格尔故意写为 Lebe-Wesen，意即"生的本质"了，但他在此是用双关之义。

蔽存在的历史的生存之本质的东西，并不逊于对象性的东西。因此经过熟虑之后在所引的《存在与时间》(52页)中的这句话中写"本质"一词时加上了引用号。这是表示，现在"本质"既不是由潜能，也不是由现实，而是由此在的出窍状态来规定了。人作为生存的人就忍受着此在，他把这个此作为存在的澄明取入"烦"中，但此在本身是作为"被抛者"而成其本质的。存在是天命善于投的，此在就是在作为天命善于投者的存在之抛中成其本质的。

但若有人想把关于人的生存的本质的这句话解释为好像是把基督教神学关于上帝所讲的一种思想(上帝是自己存在)还俗来移用于人，那么这将是迷乱到极点的想法；因为生存既不是本质的实现，生存甚至也不促成与设定本质的东西。如果把在《存在与时间》中所谓的"谋划"了解为意想的设定，那就是把此所谓"谋划"看成是主观方面的成就，那就不是像"存在的领会"只能在对"在世"进行"生存状态的分析"的范围之内来被思，也就是作为对存在的澄明的出窍的关系来被思的情形一样来思此所谓"谋划"了。要把这另一种离开了主观方面的思后补地与附带地加以充分实行，自然是由于在发表《存在与时间》的时候把第一部第三篇"时间与存在"扣下未发表(参看《存在与时间》，39页)而困难了。在此整个事情倒转过来了。成为问题的一篇扣下未发表，因为在此一倒转的充分的说中的思并不中用，而乞灵于形而上学的语言也无济于事。《论真理的本质》这篇讲演是在1930年想出并宣告过，但在1943年才付印的。这篇讲演对从"存在与时间"倒转为"时间与存在"的思给予一定的注视。此一倒转并不是改变了《存在与时间》的观点，而是要在此一倒转中所试图进行的思才能够达到此一度中足以经验到《存在与时间》而且是从忘在的基本经验来经验到《存在与时间》的处所。

反之，萨特却这样说出存在主义的基本命题：存在先于本质。他这样说的时候却取了在形而上学的意义之下的 existentia 与 essentia 两词，而形而上学却自柏拉图以来就说：essentia 先于 existentia。萨特把这个命题倒转过来了。但是把一个形而上学的命题倒转过来仍然还是一个形而上学的命题。作为这个命题，它就和形而上学一起固执于对存在的真理的遗忘之中。因为无论哲学把 essentia 与 existentia 的关系如何规定，在与中世纪争论的意义之下来规定也好，在莱布尼茨的意义之下来规定也好，或在其他意义之下来规定也好，总之首先还是须问，在之中的这种区别，即 esse essentiae 与 esse existentiae 的区别，究竟是从什么样的存在的天命达到思面前的呢？还需深思的是，为什么追究存在的天命的问题从来没有被追问过而且为什么这个问题从来没有能够被想到过呢？或者是不是 essentia 与 existentia 的区别的这种现况并不算把存在遗忘了的标志呢？我们可以臆断，这种天命并不是单纯地基于人类思维之延误，更不消说不是基于早期的西方思维之低能。其本质来历是隐蔽着的 essentia（本质性）与 existentia（现实性）的区别贯串着西方历史的天命与全由欧洲规定的历史的天命。

萨特论 existentia 对 essentia 的优先地位的主要命题还为把"存在主义"这个名字作为适合于此种哲学的名称作了申辩。但"存在主义"的主要命题和《存在与时间》中的那个命题毫无共同之处；至于在《存在与时间》中一句关于 essentia 与 existentia 的关系的话都还完全不能说出那就不必提了，因为在那里还在准备先行的东西。按照已说出的看来，这件事进行得十分笨拙。今天才还要说的或许可能推动人的本质去思维着地注意贯彻整个人的本质的存在的真理的这一度。然而这件事也总之只可能在尊重存在与看重人所生存着地忍受的此在的情况下出现，却不是因人而出现；并不是因人而出现这件事，因而文明与文化都通过人的创造而行世了。

然而为使我们今天的人进入存在的真理这一度之中以期能够深思它起见，我们不得不首先弄清楚人的存在是如何进行的以及存在是如何要求人的。如果我们恍然大悟人生存的时候就是人存在的话，那么我们就体会到这样的本质的经验了。如果我们姑且用流传下来的语言来说这层意思的话，那就是说：人的生存就是他的实体。因此在《存在与时间》中常常出现这句话："人的'实体'就是生存"（117页，212页，314页）。然而从存在的历史的意义着想，"实体"已经是 ουρια（本质）这个词的隐蔽的译名，这个词是指称在场者的在场而多半同时由于谜一般的双关意义而是指在场者本身的。"实体"的意义在《存在与时间》中在实行"现象学的分解"处已经出现（参看 25页）；如果我们在此种意义之下来想"实体"这个形而上学的名字，那么"人的'实体'就是生存"这句话的意思不外是说：人如何在他自己的本质中在场而为存在的方式，就是出窍地立于存在的真理中。人的这种本质规定并不认为作为理性的生物、作为"人格"、作为精神的灵魂的肉体的东西的人之人道主义的定义是错的，这些定义并不白费。倒是唯一的思想是：对人的本质的一切最高度的人道主义的规定都还不知人的本真的尊严。在此种意义之下，《存在与时间》中的思就是反对人道主义的。但此所谓反对的意思并不是说，《存在与时间》中的思投到人道的东西的反对方面去了而赞成非人道的东西了，维护非人道了且贬低人的尊严了。那思反人道主义，是因为那人道主义把人的人道放得不够高。当然人的本质主权决不在于：人是存在者的实体，作为存在者的"主体"，以便作为存在的掌权者让存在者的存在着的存在在被称誉得已经太喧嚣了的"客观性"中化为乌有。

人却是被存在本身"抛"入存在的真理之中的，人这样地生存着看护存在的真理，以便存在者作为它所是的存在者在存在的光明中现象。至于存在者是否现象以及如何现象，上帝与诸神、历史与自然是否进入存在的澄明中以及如何进入存在的澄明中，是否在场与不在场以及如何在场与不在场，这些都不是人决定的了。存在者的到来是基于存在的天命。但就人来说，仍然有这个问题：人是否发现适应于存在的天命的他的本质中的熟练的东西？因为人须作为生存着的人来按照存在的天命看护存在的真理。人是存在的看护者。在《存在与时间》中，当出窍的生存被理会为"烦"的时候，其所思就完全是指此意（参看第44节 a 段，226页以下）。

说存在吧——存在是什么？存在就是存在本身。要知此点，要说此点，都是将来的思不能不学的事。"存在"——这不是上帝，不是世界根基。存在还是一切存在者，虽然存在离人比离任何存在者都更远，无论这任何存在者是一座岩石也好，是一只兽也好，是一件艺术品也好，是一架机器也好，是一个天使也好，是上帝也好。存在是最近的东西。然而此近处对于人仍然是最远的。人当下总是已经而且只执著于存在者。但若思把存在者作为存在者摆出来，思便确是指存在了。然而真实情况却是总只把存在者作为存在者来思而恰恰不是而且从来不把存在作为存在来思。"存在的问题"总仍然是追究存在者的问题。存在的问题这完全不是这个迷惑人的名称所指的东西：追究存在的问题。就是在哲学像在笛卡儿和康德那里变成"批判的"了的地方，哲学也是总附和形而上学的想法的时尚。哲学从存在者出发思到存在者身上去，在过道中看了存在一眼。其实在存在的光明中已摆着从存在者出来的任何出口与回到存在者的任何归路。

但在形而上学所知的存在的澄明或者只是对在场者在"外观"（ισεα）中看一眼，或者是批判地认为是从主观方面进行范畴的意象时看过去所看到的东西。这就是说：作为澄明本身的存在的真理对形而上学仍然是蔽而不明的。然而此其蔽并不是形而上学的缺点，倒是它对它自己扣留不给却保留下来的它自己的财富中的财宝。但澄明本身就是存在。澄明在存在的天命范围之内才赋予形而上学以面貌，在场者就是由此面貌来接触到对在场者在场的人，于是人本身才能在了解（νοειν）中触及存在。① 面貌才吸引注视。如果人们了解在作为确实的主体的思之知觉中变成了向自身面前摆明的话，面貌就一任自己被注视了。

然而，假定我们根本可以直截了当地这样来发问的话，存在对生存又是怎样的关系呢？只消存在把在生存状态的本质，也就是出窍状态的本质中的生存把持在自己身上并聚集到自身上来作为在存在者之中的存在的真理的处所，那么存在本身就是关系。因为人作为生存着的人来到这个关系中停留，而存在就作为这个关系打发自身，同时人就出窍地承受这个存在，也就是烦着来承受这个存在，所以人暂时忽略了最近的东西而把自身执著于次近的东西之上。人甚至还以为这就是最近的东西。然而比最近的东西更近而同时又比由通俗的思维想来是最远的东西更远的，就是这近处本身：存在的真理。

将存在的真理付诸遗忘而有利于未在本质中加以深思的存在者之充塞，这就是在《存在与时间》中所谓的"沉沦"的意义。这个词的意思并不是指人的一种从"道德哲学"的意义来了解而同时是还俗了的罪孽情况，而是指称一种在存在对人的本质的关系的范围之内的

---

① 亚里士多德：《形而上学》，10 页。

人对存在的本质关系的。据此，为奏序曲而用的"本真性"与"非本真性"两个名称的意思就不是指一种道德的生存的区别，不是指一种"人类学的"区别，而是指人的本质对存在的真理的一种最须加以思的，因为迄今仍对哲学隐而不显的"出窍的"关系。但这个关系如其现在所是的这样，并非基于生存，倒是生存的本质是在生存状态的出窍状态上出自存在的真理的本质。

思在《存在与时间》中第一次企图把自身说出来，这个思所想达到的唯一的东西是一点简单的东西。作为此种简单的东西的存在仍然是十分神秘的，是一种不勉强的料理活动的单纯的近处。此种近处是作为语言本身来成其本质。但只要我们在情况很好的时候把语言作为有声形象（活字体），音调韵律与意义的统一体，那么语言就不仅是语言。我们把有声形象与活字体想作文字躯体，把音调与韵律想作语言的灵魂，而把有意义的东西想作语言的精神。人的本质常被设想为理性的生物，也就是被设想为躯体、灵魂、精神三者的统一体，而我们平常就是从对人的这种本质的适应来想语言。然而就和在生物的人的人道中生存始终是被掩蔽着的而且由于生存之故存在的真理对人的关系也始终是被掩蔽着的一样，对语言下的形而上学的生物的定义也掩盖着语言的存在的历史的本质。从语言的这种存在的历史的本质看来，语言就是存在的家，就是由存在来安置并由存在来装配妥当的家。因此现在的任务是要来从对存在的适应中去思语言的本质，而且是要把语言的本质作为人的本质的此种适应，也就是作为人的本质的居家情况去思一番。

但人不仅是一种在其他才能之外还有语言的生物。毋宁说语言是存在的家，人居于其中生存着，同时人看护着存在的真理而又属于存在的真理。

所以在把人的人性规定为生存的时候，事情要归结为：人并非本质性的东西，而作为生存的出窍状态的这一度的存在才是本质性的东西。然而这一度并不是众所周知的空间性的东西。倒是一切空间性的东西与一切时空都是在此一度中成其本质，而存在本身就是作为此一度而存在的。

思注意于这些简单的关系。思为这些关系在久已流传下来的形而上学的语言及其文法当中去寻找合适的字眼。假定一个名称确乎总有点内容的话，是不是此种思还可称为人道主义呢？只要人道主义形而上学地思的话，那就肯定不可称为人道主义。如果人道主义就是存在主义而且主张萨特说的这句话："严格说来我们在一个其上只有人的平面上"，① 那就肯定不可称为人道主义。其实若从《存在与时间》想过来，那就不该那样说而应这样说：严格说来我们在一个其上主要有存在的平面上。但 le plan（平面）是从哪里来的而且是什么呢？L'Etre et le plan（存在与平面）是一回事。在《存在与时间》（212 页）中有意而且小心地写道：if y a I'Etre："es gibt"das Sein（"有"在）。用 il y a 去译"es gibt"是不准确的。因为在此"有"者就是存在本身。这个"有"却是指称那有着而又维持着自己的真理的存在的本质的。这个和存在的本质本身一起有出来的东西就是存在本身。

　　同时却要用"有"这个字，以求暂时避免这样的讲法："存在是"；因为通常是用"是"这个字来谈存在着的东西。我们把这样的东西称为存在着。但存在恰恰不"是""存在者"。如果不加进一步的限制而即用"是"来谈存在，那么存在就太容易被按照众所周知的存在者的样式设想为一个"存在者"了，这个存在者就是作为原因起作用与作为结果接受作用的那种存在者。虽然巴门尼德在思的早期就已说道 εστιν γαρ εἰ, ναι（存在就是存在）。在这句话中隐藏着对一切思说来都是最初的秘密。也许"是"这个字以恰当的方式只能用来谈存在，所以一切存在者其实都不而且从来不"是"。但因为思才刚要争取能就存在的真理来谈存在，而不是从存在者来把存在解释得像一个存在者一样，所以还必须让思便于细心地去想想：存在是否是以及如何是。

　　巴门尼德讲的 εστιν γαρ εἰ, ναι（存在就是存在）今天还未被深思。哲学的进步如何，就此即可探测。如果哲学重视自己的本质，那么哲学根本就没有进步。哲学在原地踏步，以求老是思同一的东西。以为从这原地进了步，这是一个错觉，这个错觉跟随着思，亦犹思自身投的影子跟随着它一样。因为存在还未被深思，所以在《存在与时间》中谈存在时也说："有"。然而关于这个 il y a（有）却不可以简

① 萨特：《存在主义是一种人道主义》，36 页。

直漫无边际的胡思乱想。这个"有"作为存在的天命主宰着。它的历史在各重要思想家的笔下形成语言。因此思到存在的真理中去的思作为思是有历史性的。没有一种"系统的"思；也没有一种过去的各种意见的历史来为这种系统的思作图说。但也没有像黑格尔所认为的可以把思的规律作成历史的规律而同时又把历史消失在这个体系中的这样一种只是体系的东西。想得更原始一些，却有存在的历史，而思就作为思念这个历史的思，由这个历史本身所产生的思来归属于这个历史之中。这种思念和对已过之事的意义之下的历史所作的事后回溯的想象有本质上的不同。历史并不是首先作为发生而发生。而发生并不是逝去。历史之发生是作为出自存在的存在的真理的天命而成其本质的。① 当存在有了时，存在就来到天命中。但从有天命的意义着想，这意义却是说：存在有了而又不有。黑格尔把历史看成"精神"的发展史，他对此种历史所作的规定诚然不是不真的。黑格尔对历史所作的规定也不是一部分对，一部分错。形而上学作为体系是第一次通过黑格尔才把它的绝对地被思过的本质形诸语言；正如此种形而上学是真的一样，黑格尔对历史的规定亦如此真。绝对的形而上学连同它的由马克思与尼采所作的倒转一起都归属于存在的真理的历史之中。源出自此种历史的东西，是用各种反驳都抵制不了的，简直是取消不了的。这种东西只有加以接受，它的真理是更原始地复归于存在本身之中的，并且是摆脱了完全属于人的意见的范围的。在本质性的思的园地中，一切的反驳都是蠢事。思想家之间的争论都是事情本身的"爱的争论"。这种争论使它们互相帮助着进入简单的对同一个东西的从属状态中，而他们就是从这同一个东西中在存在的天命中发现合适的东西。

假定人在将来能够思存在的真理，那么他就是从生存出发来思。人生存着处于存在的天命中，人的生存作为生存是有历史性的，但却不是因为更不是只因为某些事情和人以及人间事物一起在时间之流中发生之故才是有历史性的。因为主要事情是要思此在的生存，所以在《存在与时间》中，对思极为重要的事情就是要体会此在的历

---

① 参见关于荷尔德林的赞美诗《如当节日的时候……》的讲演，1941 年版，31 页。

史性。

但在《存在与时间》（212 页）中"有"这个字形诸语言之处不是已写着"只有当此在还在的时候，才有存在"了吗？正是。这意思是说：只有当存在的澄明还出现的时候，存在才移转到人身上去。但这个此在，这个澄明作为存在本身的真理而出现，这件事本身就是存在本身的天命。这就是澄明的天命。这句话的意思却不是说：在流传下来的 existentia 这个字的意义之下的人的此在（在新时代被设想为我思之现实性）是倒产生出存在来的那个存在者。这句话并不是说，存在是人的产物。在《存在与时间》的绪论（38 页）中有一句简单而明确甚至是用着重符号印出来的话："存在是绝对超绝的。"从任何或近或远的东西方面来看，空间近处的开扩情况总超过此或近或远的东西；和此种情形一样，存在在本质上也比一切存在者都更深远，因为存在就是澄明本身。然而按照在还占统治地位的形而上学中暂时还不可避免的倾向看来存在是从存在者方面来被设想的。只有从这样的角度来看，存在才在一种超过中并即作为此种超过表现出来。

"存在是绝对超绝的"这句有序论作用的规定把存在的本质以向如何对人恬然澄明的方式总括在一句简单的话中，从存在者的光亮中来对存在的本质所作倒回去看的规定，对预先想着的对追究存在的真理的问题之发动说来，仍然是免不掉的。于是思就证明了它的老练的本质。它绝不会妄图从头开始并把一切先行的哲学都说是说错的。然而把存在作为简单的超绝者来加以规定，这样的对存在的规定是否已指存在的真理的简单本质，这个问题，而且只有这个问题还首先是对一种力图思存在的真理的思才会发生的问题。因此第 230 页也说，从"意义"，也就是从存在的真理，才可领会存在如何存在。存在在出窍的谋划中对人恬然澄明。然而此谋划并不创造存在。

再说这个谋划在本质上却是抛的谋划。在谋划中的抛者不是人，而是把人打发到作为他的本质的此在的生存中去的那个存在本身。这个天命就作为存在的澄明而出现，而存在就作为存在的澄明而在。存在的澄明维持着通存在的近处。人作为生存着的人就居住在这近处中，在"此"的澄明中，而人在今天却并不是已经能特别体会并承担此种居住了。此在的"此"就作为存在"的"近处而在，这个存在"的"近处，在关于荷尔德林的挽歌《还乡》的演说中是从《存在与时间》方面来设想，从歌者的诗歌中听来，并从遗忘存在的经验中被称为"家乡"的。这个词在此是在一种本质的意义之下被思想的，不是爱国主义的意义，不是民族主义的意义，而是存在的历史的意义。但在此称家乡的本质，同时还有一个目的，就是要从存在的历史的本质来思新时代的人的无家可归的状态。尼采最后体会到无家可归的味道。尼采在形而上学的范围之内不能找到摆脱无家可归的痛苦的其他出路，只有把形而上学倒转过来。但这却是无出路状态之完成。然而当荷尔德林吟咏"还乡"的时候，他所关心的是，他的"同胞们"在"还乡"中找到本质。他绝不在他的民族的利己主义中找这本质。他倒是从归属到西方的天命中去的关系来看此本质。但西方也不从区域上被想为西方以区别于东方，不仅被想为欧洲，而且是以世界史的意义从通向根源近处来设想的。我们几乎还没有开始思那些十分神秘的对东方的关系，这些关系在荷尔德林的诗歌中已变成文字了。①"德国的"不是对世界说，以便世界靠德国的本质来恢复健康，"德国的"是对德国人说，以便德国人从命定的归属于各民族的关系中与各民族一同变成有世界历史意义的。② 这个有历史意义的居住的家乡就是通到存在的近处。

在这近处如果做得到的话就要断定：上帝与诸神是否以及如何不出头，黑夜是否以及如何停留，神圣者的白昼是否以及如何破晓，在神圣者的开端中上帝与诸神的出现是否以及如何能重新开始。但只有神圣者才是神性的本质空间，而神性本身又只为诸神及上帝维持这一度；这个神圣者只有当存在本身在此以前并已有长期准备而已经恬然澄明且已被在其真理中认知了的时候才出现。只有这样才能从存在中开始克服无家可归的痛苦，在此无家可归状态中，不仅人们，而且连人的本质都惶然迷惘。

须如此来思的无家可归的状态实基于存在者之离弃存在。无家可归状态是忘在的标志。由于忘在，存在的真理总未被深思。忘在间接地表现为人总是只考察与处理存在者。然而因为人不能不在意象中有存在，所以人也把存在只认为是存在者的"最普通的东西"因

---

① 参见《伊斯特尔河》以及《漫游》第 3 章等处。
② 参见荷尔德林的诗《思念》题词，图宾根纪念册，1943 年版，322 页。

而是概括的东西，或认为是无限的存在者之一种创造，或认为是一个有限的主体的滥造品。自亘古以来，"存在"同时就为"存在者"而存，反过来"存在者"亦同时为"存在"而存，两者如在一种罕见而又未被深思的交替作用中旋转。

存在是打发真理的天命，作为此种天命的存在，仍蔽而不显。但世界天命在吟咏中有所透露，不过并非作为存在的历史显露出来。荷尔德林的有世界历史性的思在《思念》一诗中形于文字了，荷尔德林的这种思因而在本质上比歌德的单纯的世界一家思想更源远些因而更流长些。据此同一理由，荷尔德林对希腊文化的关系是在本质上和人道主义不同的东西。因此对荷尔德林曾有所知的青年德意志派在看到死的时候所思过的与所生活过的都是别的，而不是公众认为是德国意见的东西。

无家可归状态变成了世界命运。因此有必要从存在的历史的意义去思此天命。马克思在基本而重要的意义上从黑格尔那里作为人的异化来认识到的东西，和它的根子一起又复归为新时代的人的无家可归状态了。这种无家可归状态是从存在的天命中在形而上学的形态中产生，靠形而上学巩固起来，同时又被形而上学作为无家可归状态掩盖起来。因为马克思在体会到异化的时候深入到历史的本质性的一度中去了，所以马克思主义关于历史的观点比其余的历史学优越。但因为胡塞尔没有、据我看来萨特也没有在存在中认识到历史事物的本质性，所以现象学没有、存在主义也没有达到这样的一度中，在此一度中才有可能有资格和马克思主义交谈。

对此当然也有必需做的事情就是，人们要从关于唯物主义的纯朴的想法以及从会打中唯物主义的公正的反驳中解放出来。唯物主义的本质不在于一切只是素材这一主张中，而是在于一种形而上学的规定中，按照此规定讲来一切存在者都显现为劳动的材料。劳动的新时代的形而上学的本质在黑格尔的《精神现象学》中已预先被思为无条件的制造之自己安排自己的过程，这就是通过作为主观性来体会的人来把现实的东西对象化的过程。唯物主义的本质隐藏在技术的本质中；关于技术，固然已写出很多东西，但却被思得很少。技术在其本质中实为一种付诸遗忘的存在的真理之存在的历史的天命。技术不仅从名字上说来可回溯到希腊人说的 τεχνη，而且从本质的历史的意义说来也源出于 τεχνη，后一个 τεχνη 被理解为 α λητθενειν 的一种方式，这就是使存在者显露出来的方式。技术在形而上学的历史中作为真理的一种形态滥竽充数。形而上学的历史本身是存在的历史的特别不同的一段与迄今唯一可以一目了然的一段。人们可以以各种不同的方式来对待共产主义的学说及其论据，但从存在的历史的意义看来，确定不移的是，一种对有世界历史意义的东西的基本经验在共产主义中自行道出来了。谁若把"共产主义"认为只是"党"或只是"世界观"，他就是像那些把"美国制度"只认为而且还加以贬谪地认为是一种特殊生活方式的人一样以同样的方式想得太短浅了。迄今为止的欧洲越来越清楚地被迫堕入的危险大概就在于，首先是欧洲的思想——曾经是它的伟大处——在逐渐展开的世界天命的本质进程中落后了，虽然世界天命在其本质来历的各基本点上都还是被欧洲规定着的。没有一种形而上学，无论它是唯心主义的也罢，是唯物主义的也罢，是基督教的也罢，今天就其本质看来而绝不是只就其力图展开自身的各种努力看来还能够追上这个天命，这意思是说：还能够思着赶上这个天命而且把现在在存在的充实的意义之下还存在着的东西聚积起来。

面临人的这种有本质意义的无家可归状态，存在的历史的思会看出人的未来的天命就在于，人要找到存在的真理中去而且要走到找存在的真理的路上去。任何民族主义从形而上学的意义看来都是一种人类主义，而作为人类主义就都是主观主义。民族主义不是被单纯的国际主义克服了，而只是扩充了并被提高为体系了。民族主义决不赖此就被提到人道主义上来并被消除，正像个人主义决不靠没有历史意义的集体主义被提到人道上来并被消除一样。集体主义就是在整体状态中的人的主观性。集体主义完成了人的主观性的无条件的自己主张。这种无条件的自己主张是撤不回去的。由于是进行半面的思维的关系，连要充分地体会一下这种无条件的自己主张都是不行的。到处都是脱出了存在的真理的人作为理性的生物围绕着自己本身转圈子。

但人的本质在于，人比单纯的被设想为理性的生物的人更多一些。"更多一些"在此不能这样用加法来了解，仿佛流传下来的人的定义依然是基本规定，然后只消再加上生存的内容体会一下此种扩充就行了。这个"更多一些"的意思是：更原始些因而在本质上更本质性些。但在此出现了谜一般的事情：人在被抛入的境界中。这意思是说：人作为存在之生存着的反抛，那就比理性的生物更多一些；而作为存在之生存着的反抛的人与从主观性来理解自身的人相比，又恰恰更少一些。人不是存在者的主人。人是存在的看护者。在这种"更少一些"中人并无亏损，而是有所获，因为人在此"更少一些"中是进到存在的真理中去了。他获得了这种看护者的有本质意义的赤贫，而这种看护者的尊严就在于被存在本身召唤到存在的真理的真处中去。此种召唤是作为抛来到的，而此在的被抛入的境界就是从此一抛中产生的。人在其存在的历史的本质中就是这样一个存在者，这个存在者的存在作为生存的情况是：这个存在居住在存在的近处。人是存在的邻居。

但是，大概您早已想这样回问我了，这样的思岂不恰恰是思人道的人的人道吗？这样的思岂不是在任何形而上学都没有这样思过而且总不能这样去思的一种决定性的意思中去思这种人道吗？这岂不是最充分的意义之下的"人道主义"吗？的确是的。这就是从通向存在的近处来思人之所以为人的这种人道主义。但这同时就是这样的人道主义，在这种人道主义中，不是人，而是人的历史性的本质在其出自存在的真理的出身中在演这场戏。但那岂不是人的生存在这场戏中又起又伏吗？正是如此。

在《存在与时间》中（38 页）谈到哲学的一切追问都要"回到生存中去"。但生存在此并不是我思之现实性。生存也不只是许多共同而又相互起作用并即如此回到自己本身上来的主体之现实性。"Eksistenz（生存）"和一切 existentia 与"existence"都根本不同，它是出窍状态的居于存在的近处。生存是看护者，这就是为存在而烦的烦。因为在这种思中要思一个简单的东西，所以作为哲学而流传下来的想法觉得很难办。但困难之处不在于要沉湎于一种特别的深义并形成复杂的概念，而在于其隐藏在往后退的步子中，要往后退步去让思深入一个老问题并让哲学中习以为常的意见不起作用。

从各方面说来人们都认为《存在与时间》中的尝试已经陷入死胡同了。我们就让这些人去保持这种意见吧。在《存在与时间》这部书的探讨中力图跨出几步的那个思，直到今天还没有超出《存在与时间》的范围。但这个思也许在此期间毋宁是有些深入堂奥了。然而只要哲学只从事于经常堵塞深入思之堂奥，亦即深入存在的真理的可能性的话，那么哲学就靠得住绝无在此堂奥的坚实处碰得头破血流的危险。因此谈论此失败的"哲学思想"和一种正在失败的思想之间被一条鸿沟隔断了。如果一个人幸而有了这种正在失败的思想，那倒不会出什么不幸事故。这个人倒会得到从存在而归于思的这份唯一的礼物。

但这也是需要说清楚的：思之堂奥并不是靠发动一番谈论"存在的真理"与"存在的历史"的空谈就可得而深入的。一切都只系于存在的真理形诸语言而思进入语言。此时语言也许要求简直不要鲁莽地说，宁可适当地无言。然而我们今天的人中有谁会去想象，他要去思的一切尝试是要走在无言的狭路上才算走得内行呢？如果这样走下去，我们的思也许可能指向存在的真理，而且是指向即为有待于思的东西的存在的真理。从而存在的真理就会摆脱简单的臆测与意见而有待于罕有的手笔来表达了。真有内容的深奥事情，即使不是垂诸永久的，哪怕是在最迟的时刻来到也还不晚。

究竟存在的真理的范围是不是一条死胡同还是自由在其中保持其本质的自由的东西，任何人在自己去尝试一番走这条已经指出的路，或者更妙的是去尝试开辟一条更好的路，也就是适合于这个问题的路之后，都可以去判断。在《存在与时间》的倒数第二页（437 页）中写着这些话："关于对存在（这就是说，不是存在者，也不是人的存在）的解释的论战不能调停，**因为这个论战根本还没有展开**。这个论战到底不能脱颖而出，倒是展开论战还需要装备。本书正是在为此事作准备中。"这些话在二十年后的今天还适用。在未来的岁月里，我们也作为漫游者自走我们的通向存在的邻居的道路。您提的问题有助于弄清楚这条道路。

您问：Comment redonner un sens an mot"Humanisme"?（"如何回复人道主义这个词的意义？"）您的问题不仅以您想坚持"人道主义"这个词为前提，而且您的问题也包含一种承认，就是承认这个词已经丧失其意义了。

这个词之所以已经丧失其意义，是由于我们明见了人道主义的本质是形而上学的，而现在这意思是说，只要形而上学坚持忘在的话，形而上学就不仅不提追究存在的真理的问题，而且堵塞这个问题。但正是引向此种明见并指出人道主义的值得追问的本质的这个思，同时带领了我们去更原始地思人的本质。在看到人道的人的这种更有本质性的人道的时候，就有可能回复人道主义这个词的有历史性的意义，这个有历史性的意义比它的从历史上计算起来的最古老的意义还更古老。这个回复不可这样来了解，仿佛"人道主义"这个词根本没有意义而只是一个空喊一声的东西。这个词中的"人道"是指人道，指人的本质。"主义"是指人的本质要被认为是主要的。"人道主义"这个词作为词是有此种意义的。回复它的意义，这意思只能是：再规定这个词的意义。这首先要求更原始地体会人的本质；其次却要求指出这个本质在怎样的情形之下以它的方式变成命定的。人的本质基于生存。事情主要在于此生存，这就是说，从存在本身方面来生存，而此时存在就在作为生存着的人的人们中为看护存在的真理而实现到存在的真理本身中去。假若我们决心坚持"人道主义"这个词的话，那么现在"人道主义"的意思就是：人的本质是为存在的真理而有重要意义的，所以，事情因此恰恰不是视仅仅是人的人而定。我们正这样思一个稀罕种类的"人道主义"。这个词成为一个文不对题的名称。

　　这种"人道主义"虽然完全没有主张非人道的东西，但所说的却是反对迄今为止的一切人道主义的，我们还要把这种"人道主义"称为"人道主义"吗？而这样做，只是为了靠参加进去一起用这个名称的办法在那些窒死在形而上学的主观主义中与沉溺在对存在的遗忘中的占统治地位的思潮中一起游泳吗？或者是要思来尝试用公开反抗"人道主义"的办法引起冲突，而这冲突就可能使得人们对人道的人的人道及其论据都惊愕迷惘起来吗？所以如果不是这个有世界历史意义的时刻已经自行挤到此境的话，还可能有一种觉悟苏醒过来，这种觉悟不仅思及人，而且思及人的"自然本性"，不仅思及自然本性，而且更原始些还思及那一度，在此一度中，从存在本身方面来规定的人的本质才有在家之感。存在与时间的基本成分中的思的道路一向遭受曲解，我们岂不应该宁可再以一些时间来忍受一下这些无法躲避的曲解并让这些曲解慢慢自行消磨殆尽么？这些曲解都是人们当然要把所读的东西或只是读后所认为的东西倒回去解为人们在读之前已经自认为知道的东西。所有这些曲解都表示同样的建筑与同样的根基。

因为谈到了反对"人道主义"，人们就恐怕要防护非人道的东西并美化野蛮的残酷现象了。因为还有什么比否定人道主义的人唯有肯定非人道"更合逻辑些"呢？

因为谈到了反对"逻辑"，人们就认为势必要求否认思的严格性并使冲动与感情的任意性占据统治地位以代之，因而一呼而出把"反理性主义"作为真的东西了。因为还有什么比谁反对合逻辑的东西就要防护不合逻辑的东西"更合逻辑些"呢？

因为谈到了反对"价值"，人们就对一种据说是敢于蔑视人类至善的哲学谈虎色变。因为还有什么比一种否认价值的思必然要认一切都无价值"更合逻辑些"呢？

因为说了人的存在在于"在世"，人们就觉得人被贬低为一个全然是现世的东西，因而哲学也沉沦于实证主义中了。因为还有什么比谁主张人的存在的在世性就只承认尘世的而否认彼岸的并否认一切"超绝的""更合逻辑些"呢？

因为提到尼采讲"上帝之死"的话，人们就将此举说成是无神论。因为还有什么比知道"上帝之死"的人就是不要上帝的人"更合逻辑些"呢？

因为在上述一切中到处谈到反对人类认为崇高与神圣的东西，这种哲学就是在教一种不负责而又有破坏性的"虚无主义"了。因为还有什么比谁如此到处否认真的存在者谁就站在无的一边并即把单纯的无宣说为现实性的意义"更合逻辑些"呢？

在此发生的是什么事呢？人们听见谈到"人道主义"，谈到"逻辑"，谈到"价值"，谈到"世界"，谈到"上帝"。人们听见谈到反对这些东西的话。人们知道上述的东西并且把这些东西认为是肯定的东西。凡是说来反对上述的东西而在听说时又未经过严格的深思的，都立即被人们认为是对上述的东西的否定并被认为是在分解的意义之下的"否定的东西"。在《存在与时间》中某个地方就着重地谈到"现象学的分解"，人们用常被称引的逻辑与理性来认为，凡是非肯定的东西就是否定的而且就从事于反对理性，因而活该被加以下流的污名。人们是这样地满脑子被"逻辑"塞死，以至把一切与普通意见之迟钝相违的东西都立即算成可恶的反面东西。人们把一切不肯停留在众所周知与众人喜爱的肯定的东西上面的东西都投入全然否定的深坑，这种全然否定否定一切，因而归结于无中而且终成虚无主义。人们就从这个逻辑的途径让一切都在人们自己依靠逻辑来发明的一种虚无主义中没落。

　　但思面对着通常被认为如何如何的东西提出来的这种"反对"究竟是必然地指向全然否定与否定的东西么？这种情形只有当人们事先就把所认为的东西定为"肯定的东西"并从这个肯定的东西来对可能反对这个东西的领域实行绝对而又否定地决断的时候才会发生，而且在这时候这种情形当然就不可避免与无可改易了，这就是说，不会对别的东西进行自由的眺望了。在对反对的领域实行绝对而又否定地决断这样的做法中，包藏着一种拒绝的意思，即拒绝把事先被认为是"肯定的东西"连同其正面与反面一起拿出来加以一番深思，而这种事先被认为"肯定的东西"还自信已被救入那种拒绝的意思中去了。人们用不断称引逻辑的东西来唤起一种印象，似乎人们恰恰在深入思，而实际人们却已与思绝缘了。

　　与"人道主义"的对立绝不包含防护非人道的东西之意，而是打开了另外一些眼界，这个道理大概在某些点上已比前更清楚些了。

　　"逻辑"把思了解为在自己的存在中让自己来在概念的共通内容中进行章象的存存者的意象。但深入存在本身的深思是怎样的情况，而这就是说，思存在的真理的思是怎样的情况呢？这种思才抓住了λογθs(逻各斯)的原始本质，而这种原始的本质在柏拉图与"逻辑"的创立者亚里士多德那里已经被埋没而丧失了。反对着"逻辑"来思，这意思并不是说，要为不逻辑的东西而较量身手，而只是说：要追思逻各斯及其在思的早期已经出现过的本质，只是说：这才是开始为准备进行这样的追思而努力。如果所有的还如此纷然杂陈的各种逻辑体系自己事先就脱离了哪怕只是才来追问逻各斯的本质这一任务，而且甚至还不知道它们在干什么，那么这些逻辑体系又会给我们什么呢？假若我们要回敬几句责难的话(自然这样的回敬是不会有用处的)，那么我们可以说的就更正确得多：如果"逻辑"相信可以躲掉对逻各斯以及以基于逻各斯的理性的本质进行深思的工作的话，那么在为此种"逻辑"进行的防护工作中就是即为对理性的否认的反理性主义正在未被认知地而又无可争议地占着统治地位。

反对"价值"的思并不主张人们认为是"价值"的一切东西——"文化""艺术""科学""人的尊严""世界"与"上帝"——都是无价值的。倒是现在终于需要来明见正是把一种东西标明为"价值"这回事从如此被评价值的东西身上把它的尊严剥夺了。这意思是说：通过把一种东西评为价值这回事，被评价值的东西只被容许作为为评价人而设的对象。但一种东西在其存在中所是的情形，并不罄于它是对象这回事中，如果这种对象性有价值的性质的话，那就完全没有罄于此中。一切评价之事，即便是积极地评价，也是一种主观化。一切评价都不让存在者存在，而是评价行为只让存在者作它的行为的对象。要证明价值的客观性的这种特别的努力并不知道它自己在做什么。如果人们再把"上帝"宣告为"最高价值"，那么这是贬低上帝的本质。在评价行为中的思在此与在别处都是在相形之下能设想到的最大的亵渎神明之事。因此，反对价值的思，其意思并不是说要为存在者的无价值与虚无而鸣鼓，而是说：反对把存在者主观化为单纯对象而要把存在的真理的澄明带到思的面前。

把"在世"指出来作为人道的人的人道的基本特点，这并非主张人只是基督教所了解的意义之下的一个"有世界性的"东西，既不信上帝而又完全与"超绝者"割断联系。人们根据这句话所想的却是可以更明白地被称为超绝者的东西。超绝者是超感性的存在者。超感性的存在者被人们认为是一切存在者的第一原因这一意义之下的最高存在者。上帝被设想为这个第一原因。在"在世"这个名称中的"世"却绝不意味着尘世的存在者以别于天国的存在者，也不意味着"世俗的东西"以别于"教会的东西"。"世"在"在世"这个规定中的意思根本不是一个存在者，也不是一个存在者的范围，而是存在的敞开状态。只要人是生存着的人的话，人就存在而且就是人。这个人站到存在的敞开状态中去，而存在就作为此种敞开状态自己存在，这个存在又作为抛已为自己把人的本质抛到"烦"中去了。人就这样子被抛而处"在"存在的敞开状态中。"世"就是存在的澄明，人就是从其被抛的本质来处于其中。"在世"指称展望着恬然澄明的度时的生存的本质，而生存就从此度来成其本质。从生存方面想过来，"世"就以一定的方式在生存的范围之内而且就生存说来恰恰是彼岸的东西。人从来没有首先在世界的此岸是人而作为一个"主体"，无论这个主体是被认为"我"也罢或者作为"我们"也罢。这个人也从来没有才是而且只是主体，这个主体固然总是同时也和客体有关系，但这个人从来没有才是而且只是其本质寄于主客关系中的这样的主体。人倒是先行于在其本质中生存到存在的敞开状态中去，而这样敞开的东西才照明了这个"之间"，在此"之间"中主对客的"关系"才能"存在"。

人的本质基于在世，这句话也不包含任何根据足以决定：人在神学形而上学的意义之下是不是一个只是此岸的东西，或者人是不是一个彼岸的东西。

因此有了对人的本质的生存状态的规定，还没有决定任何关于"上帝存在"或其"不存在"的东西，也没有决定任何关于诸神之可能或不可能问题的东西。因而如果有人硬说从人的本质对存在的真理的关系来讲人的本质就是无神论，那就不仅是太急躁，而且已是在这种做法中犯错误了。但这种随意的归类也还是在读书读得细心的时候免得掉的。人们没有注意自1929年以来就在《论根据的本质》这部著作(28页，注1)中有下面的话："由于对此在之为在世作了存在论的解释，关于上帝的可能存在问题是既没有肯定地决定也没有否定地决定，但通过超绝性的照明，确是最先获得了**此在的充足概念**，考虑到这个概念然后可以来问，此在的对上帝的关系从存在论的意义看来是处于什么状态。"如果人们现在也还以流行的方式把这段话想得太浅的话，人们将宣称：这种哲学决定既不同意也不反对上帝的存在。这种哲学停留在无可无不可中。这种哲学对宗教问题是漠不关心的。这样的一种无差别主义却属于虚无主义。

但所引的这段话教的是无差别主义么？究竟为什么在这段话中是个别的字而不是随便一些字用着重符号印出来呢？只是为了指明，从追究存在的真理的问题来思的思，问得比形而上学所能问的更原始些。神圣者的本质只有从存在的真理才思得到。神性的本质只有从神圣者的本质才可以思。在神性的本质的照耀下才能思能说"上帝"这个词要指称什么。或者我们不必当我们作为人，也就是作为生存的东西应当可以体会上帝对人的关系的时候才能仔细地懂与听所有这些话么？如果人偏不首先思入那个问题只有在其中才能被追问的此一度中去的话，究竟当今世界历史的人要怎样才能够哪怕只是严肃而严格地问一下上帝是临近了还是离去了呢？但此一度就是神圣者的度，而如果存在的敞开的东西没有被照亮而且在存在的澄明中临近人的话，那么此一神圣者的度甚至只作为度就仍是封闭着的。大概当今世界时代的独异之处就在于此美妙之度在封闭状态中。大概这就是现在唯一的不妙。

在指出这一点的时候，把存在的真理作为有待于思的东西来加以深入指明的思却绝没有已经决定赞成有神论的意思。这种思不能是有神论的，正像不能是无神论的一样。但这种情形之出现不是由于无可无不可的态度，而是由于尊重为作为思的思而设立的界限，此界限正是由自行归于思的有待于思的东西设立的，由存在的真理设立的。只要思安于其任务的话，它就在当今世界天命的时刻把人指向他的历史性的逗留之原始的度中去。当思如此这般说存在的真理的时候，思已信赖比一切价值与任何存在者更重要的东西了。当思往更高处升去，超过了形而上学并把形而上学了结到随便什么地方去了的时候，思并没有克服形而上学，而是当思回降到最近的东西的近处的时候才克服形而上学。特别是在人已跨入主观性中去了的地方，此种下降比此种上升更为困难与更加危险。此种下降引入人道的人的生存的赤贫状态中。人在生存中就离开了形而上学的生物的人的范围。要统治这个范围，这就是人们称为生物主义的东西可以为所欲为与进行蒙蔽的间接而需追溯很远的理由。思存在的真理，这同时就叫作：思人道的人的人道。主要的事是人道，要从存在的真理着想，却不要形而上学意义之下的人道主义。

但若就存在的思说来，人道是如此有本质意义的需要看到的东西，那么"存在论"岂不是必须由"伦理学"来加以补充么？那么您在"我已自长期以来就企图要做的事就是要确定存在论与一种可能的伦理学的关系"这句话中说出来的您的努力岂不是十分重要吗？

在《存在与时间》出版之后，一位青年朋友立即问我："您何时写一部伦理学？"在人的本质被如此有本质意义地来想着，亦即只从追究存在的真理的问题来想着的地方，但人却没有被提高为存在者的中心，——在这种地方，就不得不发生对责任感的指示的要求与对规诫的要求，这些规诫就是说明有从生存到存在的体会的人应当如何合乎天命地老练地生活的规诫。当人的摆明的彷徨无计状态增长到不可测量的深度的情况并不亚于人的隐藏的彷惶无计状态的时候，要有一种伦理学的愿望就更加急迫地要求满足了。现在完全被摆布到群众活动中去了的技术的人大体只有靠他的计划与行动中的与技术相适应的聚集与秩序才能保持在可靠的固定状态中，在这种地方，就必须用尽一切心机去注意用伦理学来加以约束之事了。

谁配忽视此种灾难情况呢？即使当前现存的这些约束把人的本质只是如此聊以济急地保持在今天的状态中，难道我们不应当保护与保证这些现存的约束么？当然应当。但此种灾难就免除了思该当想到仍然需要加以深思的那个东西的责任，免除了思该当想到仍然作为存在而对一切存在者都是事先的保证与真理的那个东西的责任么？当存在隐藏在长期的被遗忘状态中并在当今世界历史时刻通过一切存在者的震动而透露出消息来之后，难道思还能使自己免除思存在的责任吗？

在我们试图准确地规定"存在论"与"伦理学"之间的关系之前，我们必须问，"存在论"与"伦理学"本身是什么？思作为思须在思一切之前先思存在的真理；现在有必要仔细想一想，在"存在论"与"伦理学"这两个名称中可以举出的东西是否还与交托给这样的思的东西相适合与相接近呢？

如果"存在论"与"伦理学"二者连同出自各种学科的一切思都靠不住了因而我们的思还要更合学科要求一些的话，那么追究上述两种哲学学科之间的关系的问题又是怎样的情况呢？

"伦理学"是和"逻辑"与"物理学"一道第一次在柏拉图学派中成长起来的。这些学科产生的时代是一个把思变成"哲学"，把哲学却又变成知识而知识本身又变成学院及学院活动中的事情的时代。在出现如此了解的哲学的过程中，知识产生了，思却消失了。在这个时代以前的思想家们既不知有"逻辑"，亦不知有"伦理学"，亦不知有"物理学"。然而他们的思既非不合逻辑的，也非不道德的。他们曾在后世一切"物理学"都未能再达到的深远程度中思 $\psi\nu o\iota\varsigma$（物理）。棱佛克勒斯的悲剧对话中包藏的 $\eta\theta o\varsigma$（伦理），如果配得上来作这种比较的话，就比亚里士多德关于"伦理学"的讲演更加深远。赫拉克利特的只由三个字组成的一句话说出这样简单的深义来，伦理的本质从此简单的深义中就直接表露无遗了。

赫拉克利特的这句话原文是（残篇 119）：ηθos áνθρωπω δαιμων。人们一般往往译为："人的德性就是他的守护神。"这种译法是现代的想法，却不是希腊的想法。ηθos 的意思是居留、住所。这个字是指称人住于其中的敞开的范围的。他的居留的敞开的东西让来归于人的本质而又在来到时居留于其近处的东西表现出来。人的居留包含并保卫人在其本质中所从属的东西之到来。这就是赫拉克利特的话中的 δα ιμων，神。这句话是说：只要人是人的话，人就住在神的近处。赫拉克利特的这句话和亚里士多德报告的一段历史①相合。这段历史是："人们叙述着赫拉克利特的一句话，这句话是他向一些想来接近他的外来人说的。他们迎面而来看见他正在烘炉旁烤火。他们大惊停步，而其所以如此，主要是因为他还鼓励他们这些踌躇不前的人们并用这句话叫他们进来：'这里诸神也在场'"。

这段叙述固然本身就说得很明白，然而有些东西要提出来说说。

这一堆外来的访客在他们好奇地闯到这位思想家这里来的时候乍一看他的居留情况就失望而手足无措了。他们相信必定是在这样一些情况中碰到这位思想家，这些情况一反人们普通的生活情况而带有许多例外的，罕有的因而令人激动的特点。这一堆人希望通过对这位思想家的访问获得一些至少在一定时期内成为谈资的事物。这些想访问这些思想家的外来人期待着也许恰恰在他沉入深思中正思着的时刻看见他。这些访问者想"体验"这回事，并不是为了为思所照，而只是为了他们据此可以说已经看到并听到过一个人说话，关于这个人，人们又只能说，他是一个思想家。

这些好奇的人们没有达到目的，却发现赫拉克利特在烘炉旁边。这是一个很平常而不耸动视听的处所。当然此地是烤面包的。但赫拉克利特在烘炉旁边甚至连面包也没有烤。他停留在这里只是为了烤火。于是他在这个平常之至的处所把他的生活的全部平凡情况都暴露出来了。一眼看到一个冷得发抖的思想家实在没有什么趣味。这些好奇的人们在看到这幅令人失望的景象的时候也立即丧失了再

---

① 《论灵魂》，第 5 章，645a 页，第 17 行。

去接近他的兴趣。他们在此要干什么呢？一个人冷得发抖并站在炉子旁边，这种平常而毫无引诱力的景况任何人任何时候都可以在家自己找到。他们要找到一个思想家这里来干什么呢？这些访问者准备走开。赫拉克利特从这些人的面孔中察觉到失望了的好奇心。他认识到，在人群中，只消所期待的轰动事件没有出现这一点已经足够使刚才来到的人们立刻又抢着往回跑了。因此他鼓励他们。他特意邀请他们进来，用的是这句话："这里诸神也在场。"

这句话把这个思想家的居留(ηθos)和他的行为放在另一种眼光之下了。这些访问者是否立即懂了以及他们根本是否懂了这句话然后以另外的这种眼光去另外地看到了一切，这段故事就没有叙述了。但这段历史之所以被叙述下来而且还流传给我们今天的人，是由于这段历史所报告的东西是从这个思想家的气氛中产生出来而且是标志着此种气氛的。"这里"，在烘炉旁边，在这个普通的地方，任何事物与任何环境，任何行动与思想都是熟悉的，习见的，也就是妥当的，"也就是在此"在妥当的范围之内，情况是"诸神在场"。

赫拉克利特自己说：ηθos ανθρωπω δαιμων"居留对人说来就是为神的在场而敞开的东西。"

如果按照ηθos这个字的基本意思讲来伦理学这个名字是讲：伦理学深思人的居留，那么把存在的真理作为一个生存着的人的原始的基本成分来思的那个思本身已经是原始的伦理学。但这个思也不是因为它是存在论才是伦理学。因为存在论总是只在存在者的存在中思存在者。然而只要存在的真理没有被思，一切存在论就都仍旧没有根基。因此在《存在与时间》中力图思入存在的真理中去的那个思自称为基本存在论。基本存在论追溯到对存在的真理进行的思所从出的本质根据中去。此种思由于另一种追问之发动已从形而上学（也连康德的形而上学）的"存在论"中被取出来了。但无论是先验的存在论也罢，或是先于批判时期的存在论也罢，总之"存在论"之所以要经过批判，并不是因为它思存在者的存在并且还强逼存在去迁就概念，而是因为它不思存在的真理且即见识不到有一种比概念的东西还更严格的思。力图思入存在的真理中的那个思，在第一次穿越险阻的苦难中，只使完全不同的一度中很少的东西形成语言。这种语言还自己使自己失真了，因为这种语言还没有得心应手地做到坚持现象学的眼光的重要帮助并让那不合适的要搞"科学"与"研究"的目的束之高阁。然而为了使思在现存哲学范围之内进行的尝试为人所知同时为人所了解，暂时只能从现存事物的地平线以及从应用那些就思看来还流行的名称这一办法来形诸语言。

在此期间我又已见到，正是这些名称不得不直接而又无可避免地引入迷误。因为这些名称以及和它们附和在一起的那些概念语言已被读者们不是从现在才有待于思的事情出发重新想过，而是这种事情被读者们从坚持其习惯上的意思的这些名称出发来设想了。思追问存在的真理，同时又从存在方面来规定人的本质居留而且把人的本质居留规定到存在方面去；这个思，既不是伦理学也不是存在论。因此追究二者彼此间的关系的问题在这个范围之内没有提出的余地。然而从更加原始的意义着想，您的问题还保持着意义而且有相当大的分量。

不能不问：如果深思着存在的真理的思从生存对存在的从属关系来把人道的本质规定为生存的话，那么这个思仍然只是对存在与对人的一种理论的意象呢，还是从这样的知识中同时就有德行生活的指示可得而取并即可交付生活应用呢？

答案是：这个思既不是理论的也不是实践的。这种思发生于有此区别之前。这个思只要是这种思的话，就是对存在而非对此外任何物的思念。这种思属于存在，因为它被存在抛入存在的真理的真的境界中而且为此境界而被存在起用的；这个思所思的是存在。这样的思没有结果。它没有作用。当它在的时候，它就使它的本质满足了。但当它说它的事情的时候，它就在。从历史意义讲来，属于思的事情的总是只有一种传说，即符合于其为思的事情的传说。思的事情的充实的约束力在本质上比各种科学的效力更高，因为此种约束力更自由些。因为此种约束力让存在去存在。

思从事于存在的家之建立，存在的家起存在的组合的作用，存在的组合总是按照天命把人的本质处理到在存在的真理中的居住中去。这个居住就是"在世"的本质。①《存在与时间》指出"在中"就是

---

① 参见《存在与时间》，54 页。

"居住"，这并不是在字义上变戏法。在 1936 年对于荷尔德林的"劳苦功高，'然而有诗意地居住'在这个地球上的人"这句话所作的讲演中所指出的并不是一种对把自身从科学中救渡到诗歌中去的思的润色。谈到存在的家，这并不是作形象的引申而把"家"引申到存在上去，而是从按照事情来被思过的存在的本质出发，我们终有一天将会先来思"家"和"居住"是什么。

　　然而思从来不创造存在的家。思把有历史性的生存，亦即人道的人的人道带到美妙事物上升的范围中去。

　　和美妙事物一道在存在的澄明中出现的更有恶劣事物。恶劣事物的本质不在于单纯的人类行为之恶劣中，而在于牢骚之乖张中。然而美妙的与牢骚的两者都只有因存在本身就是有争执的东西才会在存在中成为本质。在存在中就隐藏着不的本质来历。凡能不的东西，都自行澄明为有所不的东西。这个有所不的东西可以在"否"中被接谈到。这个"不"绝不是从否定之说否中产生的。"否"不应把自身误解为对主观性的设定力量的固执己见的坚持，而应仍然是一个让生存存在起来的"否"；每一个这样的"否"都回答着已澄明的不的要求。一切否都只是对不的肯定。任何肯定都基于承认。承认让所承认者到达自身。人们认为，不是在存在者本身中怎么也找不到的。只要人们把不作为一种存在者，作为一种在存在者身上的存在的状态去找的话这就说对了。但这样地去找时，人们就找不到不。存在也不是可以在存在者身上判明的存在的状态。然而存在比任何存在者都更在一些。因为这个不是在存在者本身中成其本质，所以我们绝不能在存在者身上把这个不作为一种存在者来察觉到。指出此事之不可能，这却还是绝不证明不乃源出于说否的说。只有当人们把存在者认为是主观性的客观的东西的时候，这种证明才似乎是可接受的。此时人们从此一抉择而推断任何不都因其从来不是作为一种客观的东西出现，故不能不是一种主体动作的产物。然而究竟是说否的说才把这个不作为单纯的所思来设定的呢，这是这个不才要求把这个"否"作为在让存在者去存在的这回事中有待于说的东西说出来呢？这就当然绝不能通过对已经被认定为主观性的思作主观反省这一过程来加以判定。在这样的反省中，人们还完全没有达到对事情很合适的问题的提法所需的那一度。此时仍然需要问，假定思属于生存，那么是否一切"是"与"否"都已经是生存入人存在的真理中去的呢？如果是这样，那么，"是"与"否"本身已经是属于存在的了？作为从属的东西，"是"与"否"就绝不能倒来设定它们自身所从属的东西。

只要人的此在被设想为我思的我的主观性的话，这个不就是在存在本身中而绝不是在人的此在中成其本质。在人作为主体而实行在拒绝的意义之下的不的时候，生存就根本不不，而是此在才不，此时的此在是作为人生存于其中的本质而本身就属于存在的本质的。存在不——作为存在来不。因此不就在黑格尔与谢林的绝对唯心主义中作为在存在的本质中的否定的否定性出现。但这个不在他两人的绝对唯心主义中是在绝对现实性的意义之下被思为无条件的意志，这个意志意愿着自己本身，而且是作为知的意志与爱的意志来意愿自己本身的。在这个意志中，存在还作为权力的意志隐藏着。然而绝对主观性的否定性何以是"辩证的"否定性以及这个不何以通过辩证法固然是形于外了，但同时却被掩盖在本质中了，在此却不能加以讨论。

在存在中的能不者就是我称叫无的那个东西的本质。因为思思存在，所以思就是思无。

存在才促使美妙事物在恩宠中上升并促使牢骚趋于不妙之境。

只有当人生存入存在的真理中去并从属于存在的时候，来自存在本身的那些指示之分发才会来到，而这些指示必须成为人所需的律令与规则。指示的分发是指希腊文的 νεμειν。这个字的名词形态 νόμυς 的意思不仅是律令，而且更原始地是隐藏在存在的打发活动中的指示的分发。只有这种指示的分发能够把人调配到存在中去。只有这样的配置才能够担待与约束。此外一切律令始终不过是人类理性的滥造之品。比一切订定规则的工作都更重要的事情是，人找到居留到存在的真理中去的处所。这个居留才容许有可维护的东西的经验。存在的真理赠送一切行为的支点。"支点"在我们的语言中的意思是"守护"。存在就是这种守护；存在的真理使生存在语言中住家，而这种守护就如此这般地把在自己的生存的本质中的人守护到存在的真理中去。因此语言特别是存在的家而且是人的本质的住家之所。只因为语言是人的本质的住家之所，历史上的人类与人们就可以在他们的语言中并不在家，以至他们把语言变成了他们的阴谋之窝。

但存在的思对理论的与实践的行为又处于什么样的关系中呢？存在的思超过一切思考，因为存在的思所关心的是光明，而希腊文的理论这个字本有看的意思的这种看在此种光明中才能停留与活动。当思把自己说存在的说放到语言中去作为放在生存的住家之所的时候，思注视着存在的澄明。所以思是一种行为。但却是一种同时超过一切实践的行为。思突出于行动与制造之上，并不是靠一种功劳的伟大性也不是靠一种作用的成果来突出的，而是靠它的毫无成就的完成工作之渺小来突出的。

思在其说中只把存在的没有说的话形诸语言。

在此用的"形诸语言"的讲法现在要完全照着字面来掌握。存在恬然澄明地来到语言。存在总是在来到语言的途中。这个来到的东西把生存着的思从它那方面在它的说中形诸语言。于是这个语言本身被举入存在的澄明中，于是语言才以那种十分神秘而却完全支配着我们的方式**存在**。当如此充实了本质的语言有历史性地存在着的时候，存在就被保持到思念中去了。生存一面思一面就住着存在的家。在这一切中，事情是这样，仿佛通过思着的说，什么事也没有发生似的。

刚才在我们面前却已出现过一个思的这种朴实的行为的例子。当我们特意思着"形诸语言"这个说明语言的讲法，只思着这个而不思其他任何东西的时候，当我们把此所思作为将来总有待于思的东西保持在说的注意中的时候，我们已把存在的某种成为本质的东西形诸语言了。

在存在的思身上的使人惊异的东西是简单的东西。恰恰是这个东西使我们不与思接触。因为我们寻找在"哲学"的名义下有其世界历史性的威望的这个思，是在未习以为常的东西的形态中去找，而这种未习以为常的东西是只有得道者才能接触到的。我们是按照科学认识的方式以及科学认识的研究活动的方式来设想这种思的。我们是就实践的十分动人而又极其成功的成就来衡量行为的。但思的行为既不是理论的也不是实践的，也不是这两种活动方式的结合。

存在的思由于其简单的本质而使自身难于被我们认知了。然而如果我们和这个简单东西的未习以为常的东西娴熟了，那么立即就有另外一种急迫之情侵袭我们。疑心又会生起，这种存在的思会陷入任意作为之境吧；因为这种思是不能执著在存在者身上的。这种思从什么地方取得它的尺度呢？它的行为的规律是什么呢？

在此不能不听一听您的信中的第三个问题：Comment sanver l'element d'aventure que comporte toute recherche sans faire de la philosophie une simple aventuriere?（如何保全容许一切探寻的冒险的因素而又不至于使哲学成为简单的冒险?）只在路过的时候才在现在来提到诗的创作。诗的创作和思一样以同一方式面对着同一问题。但亚里士多德在他的诗学中讲的一句几乎未被深思过的话仍然还适用，他说作诗比存在者的探究更真。

但思不仅作为探寻与深问入未被思者中时是一种冒险。思在其本质中作为存在的思是存在所需要的。思和作为到达者的存在发生关系。思被联系到存在的到达中去，被联系到作为到达的存在中去了。存在已把自身送达思中。存在作为思的天命而存在。但天命是自有历史性的。天命的历史已在思想家们的说中形成语言了。

存在的到达总是持续着的，而在存在的到达的持续中总是等待着人的，把这样的存在的到达时时形诸语言，这就是思的唯一的事情。因此重要的思想家们总是说同一事情。但这却不叫做同样的东西。当然他们只对让自己去追思他们的思的人说此同一事情。当思有历史性地思念着而又注意存在的天命的时候，思已把自身联系到命定的东西上去了。逃到同样的东西中去是不危险的。敢于分歧，以求说同一事情，这是危险。模棱两可威胁着，还有赤裸裸的决裂。

把存在作为真理的天命来说，而要说得适合天命，这是思的第一规律，此第一规律并非逻辑的诸规则，逻辑的诸规则要从存在的规律才能变成规则。注意思着的说之适合天命的东西，这就不仅包括这件事：我们每一次都要深思要说存在的什么以及要**如何**说存在。同样重要的是仍然要细思，**是否**可以说此有待于思的东西，在什么情况下可以说，在存在的历史的什么时刻可以说，在什么对话里可以说，从什么需要可以说。前一封信提到的那三样东西，从存在的历史的思之适合天命的情况中的规律看来，是确定要相属相需的：悟的严格，说的细心，字的节约。

现在是人们切忌把哲学估计过高因而对哲学要求过高的时候了。在现在的世界灾难中必需的是：少谈些哲学，多注意去思；少写些文章，多保护文字。

将来的思不再是哲学了，因为将来的思思得比形而上学更原始些，形而上学这个名称说的是同样的东西。将来的思也不会再像黑格尔所要求的那样放弃"爱智"这个名称而自身变成绝对的知这样形态的智慧。这个思正下降到它的前行的本质的赤贫状态中去。这个思正凝聚语言以成简单的说。语言是存在的语言，正如云是天上的云一样。这个思正以它的说把不显眼的沟犁到语言中去。这些沟比农夫用缓慢的步子犁在地里的那些沟还更不显眼。

选自孙周兴编：《海德格尔选集》（上卷），
上海，上海三联书店，1997。　熊伟译。

［法］萨特(Jean-Paul Sartre，1905—1980)

《存在主义是一种人道主义》(1946)

《伦理学笔记》(1992)（节选）

《存在主义是一种人道主义》（1946）

本文的目的是针对几种对存在主义的责难为它进行辩护。

首先，存在主义曾被指责为鼓励人们对人生采取无所作为的绝望态度。因为解决的途径既然全部堵塞了，人们必然会认为任何行动都是完全无用的，而终于接受一种观望哲学。再者，由于观望是一种奢侈品，所以它只是另一种资产阶级哲学。共产党人特别指责这一点。

我们受到的另一方面责难是，我们强调了人类处境的阴暗一面，描绘卑鄙、肮脏、下流的事情，而忽视某些具有魅力和美并属于人性光明一面的事情；例如，在天主教批评家梅昔埃小姐看来，我们就忘掉婴儿是怎样笑的。不论从左的方面或者右的方面，我们都被指责为抹杀了人类的一致性，而孤立地看待人类。其所以如此，共产党人说，是因为我们的理论是建立在纯粹主观性上——建立在笛卡儿的"我思"①上：这就是孤立的人找到自己的时刻；在这样的处境，人是无法同存在于自我之外的他人取得一致的。这个我是无法通过我思接触到人的。

基督教方面则责备我们否认人类事业的真实性和严肃性。因为既然我们不承认上帝立下的那些戒条和一切规定的永恒价值，那么

---

① 16世纪法国哲学家笛卡儿的名言："我思故我在。"

剩下来的就只有自愿行动可言了。谁喜欢怎样做就可以怎样做，而且根据这种观点，我们将无法申斥任何人的观点或者行动。

今天我就是准备答复这些责难；也是为了这个缘故，我把这篇短文称为"存在主义是一种人道主义"。不少人看见我在这个问题上提到人道主义也许感到诧异，但是我们将试行说明我们是怎样理解人道主义的。不管怎样，我们首先可以这样说，存在主义，根据我们对这个名词的理解，是一种使人生成为可能的学说；这种学说还肯定任何真理和任何行动既包含客观环境，又包含人的主观性在内。人家加给我们的主要罪名当然是指我们过分强调了人生的恶的一面。最近有人告诉我，说有一位太太只要在神经紧张的时刻嘴里滑出一句下流话，就为自己开脱说，"我敢说我成了个存在主义者了。"所以，看来丑恶和存在主义被视为同一回事了。这就是为什么有些人说我们是"自然主义者"的缘故，但是果真如此的话，他们这样对我们大惊小怪又为着何来，因为目前人们对所谓真正的自然主义好像并不怎样害怕或者引以为耻。有些人完全吃得下一本左拉的小说，例如《大地》，然而一读到一本存在主义小说就感到恶心。有些人把希望寄托在人类的智慧上——那是一种悲惨的智慧——但是发现我们的智慧更加悲惨。然而还有比"施舍先及亲友"①或"提拔一个坏蛋，他要控诉你赔偿损失；打倒他，他反而奉承你"，这类的格言更加使人丧气的呢？我们全都知道有许许多多类似这样的格言；它们全都是一个意思——就是对当权者切不可以反对；绝不要反抗当权派；要安分，不要以下犯上。再不然就是这样：任何不符合某些传统的行为只是浪漫主义；或者任何没有为成功经验所证实的行为必然招致挫折，而且由于经验证明人类毫无例外地都倾向于作恶，因此一定要有严厉的法规来约束他们，否则的话，就会出现无政府主义。然而，就是这些人嘴里一直讲着这些丧气的格言，而且一听见人们谈到某些相当令人可恨的行为时，就说"人性都是一样的"——恰恰就是这些嘴里一直唠叨着现实主义的人，偏要埋怨存在主义对事物的看法太阴暗了。说实在话，他们的过分责难使我不得不怀疑，

---

① 以此作为不肯施舍的借口。

使我们着恼的很可能不是我们的悲观主义，而是我们的乐观主义。因为归根结底，我即将试图向你们阐明的这门学说，其所以令人感到恐慌——可不是吗——就是它为人类打开了选择的可能性。为了证明这一点，让我们把整个问题按照严格的哲学标准来论述一下。那么，我们叫做的这个存在主义究竟是什么呢？

多数使用这个名词的人，要他解释存在主义是什么意思时，都会弄得糊里糊涂。因为自从存在主义变得时髦以来，人们常常欣然宣称这个音乐家或那个画家是"存在主义者"。《光明》杂志的一位专栏作家就自己署名为"存在主义者"；的确，这个名词目前被人们随便用来指许许多多事情，几乎弄得毫无意义可言了。看来，所有那些急切想在晚近最招摇的事情或者运动中插一手的人，由于缺乏诸如超现实主义之类的新奇学说，就抓着这个哲学不放了，但是从这里面他们是找不到合意的东西的。因为，说实在话，在所有的教导中，这是最不招摇，最最严峻的：它完全是为专业人员和哲学家们提出的。尽管如此，它还是很容易讲清楚。

问题之所以变得复杂，是因为有两种存在主义。一方面是基督教的存在主义，这些人里面可以举雅斯贝斯①和加布里埃尔·马塞尔(Gabriel Marcel)，两个人都自称是天主教徒；另一方面是存在主义的无神论者，这些人里面得包括海德格尔②以及法国的那些存在主义者和我。他们的共同点只是认为存在先于本质——或者不妨说，哲学必须从主观开始。这话究竟是什么意思呢？

试拿一件工艺品——例如一本书或者一把裁纸刀③——来说，它是一个对此已有一个概念的匠人制造的；他对裁纸刀的概念，以及制造裁纸刀的前此已有的工艺(这也是概念的一部分，说到底，即一个公式)同样已心中有数。因此裁纸刀既是一件可以按照固定方式制造出来的物件，又是一个达到某一固定目的的东西，因为人们无法想象一个人会制造一把裁纸刀而不知道它派什么用场。所以我们说，裁纸刀的本质，也就是使它的制作和定义成为可能的许多公式

---

①　雅斯贝斯(Karl Jaspers，1883—1969)，德国哲学家，精神病学家。

②　海德格尔(Martin Hei degger，1889—1976)，德国哲学家。

③　一种骨制或象牙制的钝口刀，用以拆信或裁书页。

和质地的总和，先于它的存在。一把这个样式的裁纸刀或者书籍就是靠这样在我眼前出现的。我们这样说是从技术角度来看世界，而且我们可以说制作先于存在。

当我们想到上帝是造物主时，我们在大部分时间里都把他想象为一个超凡的工匠。我们考虑哲学问题时，不管是笛卡儿那样的学说，或者莱布尼茨的学说，多少总含有这样的意思，就是意志跟在理性后面，至多是随理性一同出现，所以当上帝创造时，他完全明白自己在创造什么。由于这个缘故，人的概念在上帝的脑子里就和裁纸刀的概念在工匠的脑子里相仿佛：上帝按照一定程序和一种概念造人，完全像工匠按照定义和公式制造裁纸刀一样。所以每一个人都是藏在神圣理性中某种概念的体现。在 18 世纪的无神论哲学里，上帝的观念被禁止了，但是尽管如此，本质先于存在的思想仍然没有碰；这种思想到处都碰得见，在狄德罗的著作里，在伏尔泰的著作里，甚至在康德的著作里。人具有一种人性；这种"人性"，也即人的概念，是人身上都有的；它意味着每一个人都是这个普遍概念——人的概念——的特殊例子。在康德的哲学里，这种普遍性被推向极端，以至森林中的野人，处于原始状态的人和资产阶级全都包括在同一定义里，并且具有同样的基本特征。在这里，人的本质又一次先于我们在经验中看见的人在历史上的出现。①

无神论存在主义——我也是其代表人之一——则比较能自圆其说；它宣称如果上帝并不存在，那么至少总有一个东西先于其本质就已经存在了；先要有这个东西的存在，然后才能用什么概念来说明它。这个东西就是人，或者按照海德格尔的说法，人的实在（human reality）。我们说存在先于本质的意思指什么呢？意思就是说首先有人，人碰上自己，在世界上涌现出来——然后才给自己下定义。如果人在存在主义者眼中是不能下定义的，那是因为在一开头人是什么都说不上的。他所以说得上是往后的事，那时候他就会是他认为的那种人了。所以，人性是没有的，因为没有上帝提供一个人的概念。人就是人。这不仅说他是自己认为的那样，而且也是他愿意

———————————

① 原文直译为"先于人的历史性存在"，其真实意义即是根据进化论从猿到人来的。

成为的那样——是他（从无到有）从不存在到存在之后愿意成为的那样。人除了自己认为的那样以外，什么都不是。这就是存在主义的第一原则。而且这也就是人们称做它的"主观性"所在；他们用主观性这个字眼是为了责难我们。但是我们讲主观性的意思除了说人比一块石头或者一张桌子具有更大的尊严外，还能指什么呢？我们的意思是说，人首先是存在——人在谈得上别的一切之前，首先是一个把自己推向未来的东西，并且感觉到自己在这样做。人确实是一个拥有主观生命的规划，而不是一种苔藓或者一种真菌，或者一棵花椰菜。在把自己投向未来之前，什么都不存在；连理性的天堂里也没有他；人只是在企图成为什么时才取得存在。可并不是他想要成为的那样。因为我们一般理解的"想要"或者"意图"，往往是在我们使自己成为现在这样时所作的自觉决定。我可以想参加一次宴会，写一本书，或者结婚——但是碰到这种情形时，一般称为"我的意志"的，很可能体现了一个先前的而且更为自发的决定。不过，如果存在真是先于本质的话，人就要对自己是怎样的人负责。所以存在主义的第一个后果是使人明白自己的本来面目，并且把自己存在的责任完全由自己担负起来。还有，当我们说人对自己负责时，我们并不是指他仅仅对自己的个性负责，而是对所有的人负责。"主观主义"这个词有双重意义，而我们的论敌只在其中一个意义上做文章。主观主义一方面指个人的自由，另一方面也指人越不出人的主观性。这后一层意义在存在主义哲学里是比较深奥的。当我们说人自己作选择时，我们的确指我们每一个人必须亲自作出选择；但是我们这样说也意味着，人在为自己作出选择时，也为所有的人作出选择。因为实际上，人为了把自己造成他愿意成为的那种人而可能采取的一切行动中，没有一个行动不是同时在创造一个他认为自己应当如此人的形象。在这一形象或那一形象之间作出选择的同时，他也就肯定了所选择的形象的价值；因为我们不能选择更坏的。我们选择的总是更好的；而且对我们说来，如果不是对大家都是更好的，那还有什么是更好的呢？再者，如果存在先于本质，而且在模铸自己形象的同时我们要存在下去，那么这个形象就是对所有的人以及我们所处的整个时代都是适用的。我们的责任因此要比先前设想的重大得多，因为它牵涉到整个人类。举例说，如果我是个工人，我可以决定参加一个基督教的工会，而不参加共产党的工会。而如果我以一个会员的资格，宣称安分守己毕竟是最好的处世之道，因为人的王国不是在这个世界上，这就不仅仅是我一个人承担责任①的问题。我要人人都安分守己，因此我的行动是代表全人类承担责任。再举一个比较属于个人的例子，我决定结婚并且生男育女；尽管这一决定只是根据我的处境、我的情感或者欲望作出的，我这一来却不仅为我自己承担责任，而且号召全人类奉行一夫一妻制。所以我这样既对自己负责，也对所有的人负责；我在创造一种我希望人人都如此的人的形象。在模铸自己时，我模铸了人。

　　这就使我们能够理解诸如痛苦、听任、绝望——也许有点夸大了的——一类名词。下面你们就会看到，这原是很简单的。首先，我们说痛苦是什么意思呢？存在主义者坦然说人是痛苦的。他的意思是这样——当一个人对一件事情承担责任时，他完全意识到不但为自己的将来作了抉择，而且通过这一行动同时成了为全人类作出抉择的立法者——在这样一个时刻，人是无法摆脱那种整个的和重大的责任感的。诚然，有许多人并不表现有这种内疚。但是我们肯定他们只是掩盖或者逃避这种痛苦。的确，许多人认为他们的所作所为仅仅牵涉到他们本人，不关别人的事。而如果你问他们："若是人人都这样做，那怎么办？"他们将耸耸肩膀，并且回答说："并不是人人都这样做。"但是，说实话，一个人应当永远扪心自问，如果人人都照你这样去做，那将是什么情形；而且除了靠自我欺骗外，是无法逃避这种于心不安的心情的。那个说"并不是人人都这样做"从而为自己开脱的说谎者，在良心上一定很不好受，原因是他的这一说谎行为无形中就肯定了它所否定的事情的普遍价值。他的痛苦恰恰是欲盖弥彰。这种痛苦就是克尔凯郭尔叫做的"亚伯拉罕的痛苦"。你知道这故事吗？一个天使命令亚伯拉罕牺牲他的儿子；如果现身的真正是个天使并且说，"你，亚伯拉罕，应当牺牲你的儿子"，那当然非遵守不可。但是任何人碰到这种情形都会盘算，第一，是不

---

　　①　承担责任（Commit，Commitment）是存在主义哲学专门用的名词；在某些情况下，用我们现在常用的新词"表态"来译倒比较容易理解，但在哲学文章中，这类名词还是统一译名为好。

是真正的天使，第二，我是不是真正的亚伯拉罕。证据在哪里呢？一个为幻觉所苦的疯女人说有人打电话给她，并对她发命令。医生问她：“跟你说话的是谁？”她回答：“他说是上帝。”的确，有什么能向她证明是上帝呢？如果一个天使出现在我面前，有什么证据表明它是天使呢？再说，如果我听见声音，谁能够证明它是来自天堂，还是来自地狱，还是来自我自己的潜意识，还是某种病态引起的呢？谁能够证明这些声音确是对我说的呢？

那么谁能够证明我有资格，根据我自己的选择，把我关于人的概念强行加给人类呢？我将永远找不到任何证据，没有任何迹象会使我相信是如此。如果有个声音向我说话，它是否天使的声音还得由我自己来决定。如果我认为某一行动是好的，只有我有资格说它是好的而不是坏的。没有什么证据表明我是亚伯拉罕；虽说如此，我仍旧时时刻刻在行动上作出示范。不管什么人，也不管碰上什么事情，总好像全人类的眼睛都落在他的行动上，并且按照这种情况约束他的行动。所以任何人都应该说：“难道我真有这样的资格吗，使我的所作所为能成为人类的表率？”如果有人不这样问，他就是掩饰自己的痛苦。显然，我们在这里谈的痛苦是不会导致无所作为的。它是一种很单纯的痛苦，是所有那些承担过责任的人全都熟悉的那种痛苦。例如，一个军事领袖负责组织进攻，并使若干士兵送掉性命；在这样做时，他是作了选择的，而且压根是他一人作出选择。当然，他是执行上级的命令，但是上级的命令比较笼统，要他自己来领会，而10个人或者14个人或者20个人的生命就系在他的领会上。在作出这项决定时，他是没法不感到痛苦的。所有的领袖都懂得这种痛苦。它阻止不了他们采取行动；相反，它是他们行动的真正条件，因为这个行动先就假定有多种可能性，而选择其中之一时，他们懂得其价值只是由于被挑选上了。所以，存在主义形容的痛苦就是这种痛苦，而且下面我们将会看到，通过对别的有关人员负有直接责任这件事，存在主义使这种痛苦变得明确了。它根本不是一幅把我们与行动隔开的屏障，而是行动本身的一个条件。

而当我们谈到“听任”——这是海德格尔最爱用的字眼——时，我们的意思只是说上帝不存在，并且必须把上帝不存在的后果一直推衍到底。存在主义者强烈反对某种类型的世俗道德论，因为它企图花最少的气力将上帝压抑下去。在将近 1880 年时，法国有一批教授竭力想创立一种世俗的道德哲学；他们的话是这样说的："上帝是一个无用而且很花钱的假设，因此我们不需要他。"可是如果我们要有道德，要一个社会和一个遵守法律的世界，那就必须认真对待某些价值；这些价值必须赋予先天的存在。如人要诚实，不打谎语，不打老婆，抚养儿女，等等，都必须认为是先天的义务；因此在这个问题上，我们还得做一点工作，使我们能够指给人看，这些价值照样是存在的；当然上帝是没有的，但是这些价值仍然写在一个理性天堂上。换一句话说——而且我相信这是我们在法国叫做过激派的中心思想——上帝虽然不存在，但是一切照旧；我们将重新发现同样的诚实准则，进步准则，人道准则，而且我们将会把上帝作为一个过时的假设处理掉，让他不声不响地死掉。存在主义者则与此相反；他认为上帝不存在是一个极端尴尬的事情，因为随着上帝的消失，一切能在理性天堂内找到价值的可能性都消失了。任何先天的价值都不再存在了，原因是没有一个无限的和十全十美的心灵去思索它了。"善"是有的，人必须诚实，人不能说谎，这些事迹哪儿也看不见，因为我们现在是处在仅仅有人的阶段。陀斯妥耶夫斯基有一次写道："如果上帝不存在，什么事情都将是容许的。"这对存在主义说来，就是起点。的确，如果上帝不存在，一切都是容许的，因此人就变得孤苦伶仃了，因为他不论在自己的内心里或者在自身以外，都找不到可以依靠的东西。他会随即发现他是找不到借口的。因为如果存在确是先于本质，人就永远不能参照一个已知的或特定的人性来解释自己的行动，换言之，决定论是没有的——人是自由的，人就是自由。另一方面，如果上帝不存在，也就没有人能够提供价值或者命令，使我们的行为成为合法化。这一来，我不论在过去或者未来，都不是处在一个有价值照耀的光明世界里，都找不到任何为自己辩解或者推卸责任的办法。我们只是孤零零一个人，无法自解。当我说人是被逼得自由的，我的意思就是这样。人的确是被逼处此的，因为人并没有创造自己，然而仍旧自由自在，并且从他被投进这个世界的那一刻起，就要对自己的一切行为负责。存在主义者不相信热情有什么力量。他从不把伟大的热情看作一种毁灭性的洪流，能够像命运一样把人卷进一系列的行动，从而把这些行动归之于热情的推动。存在主义者也不相信人在地球上能找到什么天降的标志为他指明方向；因为他认为人对这些标志愿意怎样解释就怎样解释。他认为任何人，没有任何支持或者帮助，却逼得要随时随刻发明(invent)①人。正如庞杰(ponge)在一篇精彩的文章中讲的，"人是人的未来"。这话说得完全对。只不过，如果我们把这句话理解为未来是摊在天上的，认为上帝知道这个未来是什么，那就错了，因为这样一来，那就连未来都谈不上了。可是如果他这话的意思是说，不管人现在看上去是什么样子，他总有个未来要形成，总有个童贞②的未来在等待他——那么这话就说得对了。但是在目前，他却是无依无靠的。

为了使你更加理解"听任"这个说法的意思，让我举我的一个学生为例。他是在下述的情况下来找我的。他的父亲正和他的母亲吵架，而且打算当"法奸"③；他的哥哥在 1940 年德军大举进攻时阵亡，这个年轻人怀着一种相当天真但是崇高的感情，发誓要替哥哥报仇。他母亲单独和他住在一起，对他父亲的半卖国行径和长子的阵亡感到极端痛苦；她唯一的安慰就在这个年轻儿子身上。但是她儿子这时却面临着一个抉择，那就是或者去英国参加自由法国军队，或者和母亲在一起，帮助她生活下去。他完全懂得他母亲就是为他活着；他走掉——或者可能死掉——就会使她了无生趣。他也懂得，具体说来而且实际上也是如此，他为了母亲所采取的任何行动，肯定会取得帮助他母亲活下去的效果，而他为了出走和从军所采取的任何行动将是一种非常没有把握的行动，说不定会像水消失在沙里一样，毫无结果可言。比如说，要去英国他先得通过西班牙，并且得在一个西班牙的帐篷里无限期地等待下去；还有，在到达英国或者阿尔及尔之后，他说不定会被派在办公室里填填表格，因此，他发现自己面临着两种形态非常不同的行动：一种行动很具体，很直截了当，

---

① 这也是作者故意用的字眼，只能直译；它的含义是在"创造"和"杜撰"之间，总之是强调从无到有。

② virgin，意为清白或未经染指，也可能卖弄文采，说有个处女在等待这里的"他"；译文试图照应其双关意义。

③ 指第二次世界大战时同占领法国的纳粹德军合作的人。

但是只为一个人着想；另一种行动的目标要远大得多，是为全国人民的，但是正因为如此，这个行动变得没有把握了——它说不定会中途夭折。与此同时，他也在两种道德之间踌躇莫决；一方面是同情，是对个人的忠诚，另一方面，忠诚的对象要广泛得多，但是其正确性也比较有争议。他得在这两者之间作出抉择。有什么能帮助他选择呢？没有。基督教的教义说：对人要慈善，要爱你的邻人，要为别人克制你自己，选择最艰苦的道路，等等。但是什么是最艰苦的道路？谁应当承受这种兄弟般的爱呢？是爱国者，还是那个母亲？哪一个目的比较有用呢？是参加整个社会斗争这个一般性的目的，还是帮助某一特定的人生活下去的具体目的？谁能够先天地回答这个问题？没有人。而且任何伦理学文献里也没有规定过。康德的伦理学说，永远不要把另一个人当作手段，而要当作目的。很好嘛；如果我和我母亲呆在一起，我就是把她当作一个目的，而不是当作一个手段；但是根据同样理由，那些为我战斗的人就有被我当作手段的危险；反过来也是一样，如果我去帮助那些战士，我将是把他们当作目的，而犯了把我母亲当作手段的危险。

如果价值是没有把握的，如果价值太抽象了，没法用它来决定我们目前所考虑的特殊的、具体的事情，那就只有倚仗本能一法了。这就是那个青年人试行做的。当我看见他时，他说："归根到底，起作用的还是情感；情感真正把我推向哪个方向，那就是我应当选择的道路。如果我觉得非常爱我的母亲，愿意为她牺牲一切——诸如报仇的意志，以及一切立功立业的渴望——那么我就同她呆在一起。如果相反地，我觉得对她的感情不够深，我就走。"但是人怎样估计感情的深浅呢？他对母亲的感情恰恰就是以他站在母亲这一边来衡量的。我可以说我爱我的某个朋友爱到可以为他牺牲，或者牺牲一笔钱的程度，但是除非我这样做了，我是无法证明我爱他到这样程度的。我可以说，"我爱我的母亲爱到同她呆在一起的程度，"但只有我真正同她呆在一起时才能这样说。我要估量这种感情的深浅，只有付诸行动，以行动来说明和肯定我的感情的深浅。但是如果我再援引这种感情来为我的行动辩护，那我就是卷进一种恶性循环。

再者，正如纪德①说得好，一种伪装的情感，一种真挚的情感，两者是很难区别的。决定爱自己母亲而同她呆在一起，和演一出喜剧其结果是同母亲呆在一起，这两者差不多是一样的。换句话说，情感是由人的行为形成的；所以我不能参照我的情感来指导行动。而这就是说我既不能从内心里找到一个真正的行动冲力，也不能指望从什么伦理学里找到什么能帮助我行动的公式。你可以说那个青年至少还找上一位教授向他请教。但是如果你向人请教——例如向牧师请教——你已经选上那个牧师了；归根结底，你多多少少已经知道他将会给你什么忠告了。换句话说，在你选择一个人向他请教时，你作这项选择就已经承担责任了。如果你是个基督教徒，你会说，去请教一位牧师；但是牧师里面有法奸，有参加抵抗者，有等待时机者；你选择哪一个呢？这个青年如果选择一个参加抵抗的牧师，或者选择一个法奸牧师，他事先就得决定他将会得到什么忠告。同样，在来找我之前，他也知道我将会给他什么忠告，而且我只有一个回答。你是自由的，所以你选择吧——这就是说，去发明吧。没有任何普遍的道德准则能指点你应当怎样做：世界上没有任何的天降标志。天主教徒会说："啊，可是标志是有的！"很好嘛；但是尽管有，不管是什么情形，总还得我自己去理解这些标志。我坐监牢时，认识了一个相当有学问的人，他是耶稣会会士。他参加耶稣会的经过是这样的：他一生中遭到一连串的沉重打击：幼年丧父，生活贫苦，一个宗教团体给他一笔助学金，这使他一直觉得自己是慈善事业的收容对象；由于这个缘故，有好几次对儿童的表扬和奖励都没有他的份。后来，大约在他十八岁时，他遭到一次情场失意；最后，在二十二岁时——事情本来是无足轻重的，但却是他的最后希望——他在军事学院的考试上落第了。所以这个青年可以把自己看作彻底失败：这是一个标志，但是这个标志说明了什么呢？他很可以变得愤世嫉俗或者绝望。但是他认为——这在他是聪明的——这是一种标志，表明世俗的成就没他的份，他能够走的一条路，他能取得的成就是在宗教方面，神职方面，信仰方面。他把自己的经

---

① 纪德(Andrè Gide，1869—1951)，法国小说家。

历看作上帝的启示，所以加入了耶稣会。他这样看待自己的遭遇，把它看成是上帝启示的标志，谁都会认为这是他的理解，而且是他个人的理解。人们可以从这一系列的厄运得出完全不同的结论——比如，他还是去当木匠，或者参加革命的好。不过，就解释标志这一点来说，他是承担全部责任的。这就是"听任"的含义，即决定我们存在的是我们自己。而随同这种听任俱来的就是痛苦。

至于"绝望"，这个名词的意思是极其简单的。它只是指，我们只能把自己所有的依靠限制在自己意志的范围之内，或者在我们的行为行得通的许多可能性之内。一个人不论指望什么，这种可能性的因素总是存在的。如果我指望一个朋友会来看我，他可以坐火车来，也可以坐电车来，我总预计火车将准时到达，或者电车不会出轨。我这就是处在可能性的范围里；但是我并不依靠那些与我的行动没有密切关系的可能性。超过这个限制，那些被认为不再影响我的行动的可能性，我就应当不去感觉兴趣。因为没有一个上帝或者什么先天的规划能使世界和它所有的可能性去适应我的意志。当笛卡儿说"征服你自己，而不要征服世界"，他基本上也是这个意思——即我们应当不怀着希望行动。

我跟马克思主义者谈到这一点时，他们曾经回答说："你的行动显然是以你的死亡为限的；但是你可以倚仗别人的帮助。这就是说，你既可以指望别人在别处的所作所为，如在中国和俄国，给你帮助，也可以指望他们以后的所作所为，即在你死后，继承你的事业继续前进，直到最后实现，也即革命的胜利。不仅如此，你必须依靠这一点；不这样做是不道德的。"对于这番话，我的反驳是，第一，我在斗争中将永远依赖我的战友，只要他们和我一样对一个具体的共同主张承担责任；并且依赖党或者我能够多多少少控制的集体的团结——这就是说，依赖那个我报名参加战斗并且随时知道其动向的党。在这方面，依赖党的团结和党的意志完全像依赖火车将准时到达和电车不会出轨一样。但是我不能够依赖我不认识的人，我不能把我的信心建立在人类的善良或者人对社会改善的兴趣上，因为人是自由的，而且没有什么人性可以认为是基本的。我不知道俄国革命将会导致什么结果。今天，无产阶级在俄国起的作用是它在任何别的国家都没有能达到的；只要这样，我可以钦佩它，并且认为它是个好的例子。但是我无法肯定这会必然导致无产阶级的胜利：我只能把我限制在我见到的一切里。我也不能肯定那些战友在我死后将会继承我的事业，并把工作做得尽善尽美，因为那些人都是有自由意志的，他们到了明天将自由决定那时候的人将会怎样。明天，在我死后，有些人可能决定建立法西斯主义，而别的人可能变得很懦弱，或者松松垮垮，听任他们为所欲为。这样的话，法西斯主义那时就会成为人类的真理，而我们就更加倒霉了。说实在话，事情是由人们决定要怎样就怎样的。这是否意味着我将采取无所作为的态度呢？不。我首先应当承担责任，然后按照我的承担责任行事，根据那个古已有之的公式："从事一项工作但不必存在什么希望。"这也不等于说我不应参加政党，而只是说我不应当存在幻想，只应当尽力而为。比方说，如果我问自己："这样的社会理想有没有可能成为现实呢？"我没法说，我只知道凡是我力所能及的，我都去做；除此以外，什么都没有把握。

　　无作为论是那些说"让别人做我不能做的"的人的态度。我给你们陈述的这种学术恰恰和这种态度相反，因为它宣称除掉行动外，没有真实。确实，它还进一步补充说："人只是他企图成为的那样，他只是在实现自己意图上方才存在，所以他除掉自己的行动总和外，什么都不是；除掉他的生命外，什么都不是。"正因为如此，所以我们不难理解为什么有些人听到我们的教导感到骇异。因为许多人郁郁不得志时只有一个给自己打气的办法，那就是这样跟自己说："我这人碰见的事情总是不顺手，否则我的成就要比过去大得多。诚然，我从来没有碰到过一个我真正爱的女人，或者结识过一个真正要好的朋友；不过那是因为我从来没有碰到过一个值得我结识的男人，或者一个真正值得我爱的女人；如果我没有写过什么好书，那是因为我过去抽不出时间来写；还有，如果过去我没什么心爱的孩子，那是因为我没有能找到可以同我一起生活的男人。所以我的能力、兴趣和能够发挥的潜力，是多方面的，虽然没有用上但是完全可以培养的；因此绝不可以仅仅根据我过去做的事情对我进行估价；实际上，我不是一个等闲的人。"但是实际上，而且在存在主义者看来，离开爱的行动是没有爱的；离开了爱的那些表现，是没有爱的潜力的；天才，除掉艺术作品中所表现的之外，是没有的。普鲁斯特的天才就表现在他的全部作品中；拉辛的天才就表现在他的一系列悲剧中，此外什么都没有。为什么我们要说拉辛有能力再写一部悲剧，而这部悲剧恰恰是他没有写的呢？一个人投入生活，给自己画了像，除了这个画像外，什么都没有。当然，这种思想对于那些一生中没有取得成就的人是有点不好受的。另一方面，这却使人人都容易理解到只有实际情况是可靠的；梦、期望、希望只能作为幻灭的梦、夭折的希望、没有实现的期望来解释人；这就是说，只能从反面，而不是从正面来解释。虽说如此，当一个人说，"你除掉你的生活之外，更无别的，"这并不意味着说一个画家只能就他的作品来估计他，因为还有千百件其他的事情同样有助于解释他的为人。这话的意思就是说，一个人不多不少就是他的一系列行径；他是构成这些行径的总和、组织和一套关系。

鉴于这一切，人们对我们的责难，归根结底，并不是我们的悲观主义，而是我们的严峻的乐观主义。如果有人攻击我们写的小说，说里面描绘的人物都是卑鄙的、懦弱的，有时甚至是肆无忌惮的作恶者，那是因为这些人物都是卑鄙的、懦弱的、恶的。因为假如像左拉一样，我们把这些人物的行为写成是由于遗传，或者是环境的影响，或者是精神因素或者是生理因素决定的，人们就会放心了；他们会说："你看，我们就是这样的，谁也无能为力。"但是存在主义者在为一个懦夫画像时，他写得这人是对自己的懦弱行为负责的。他并不是因为有一个懦弱的心，或者懦弱的肺，或者懦弱的大脑，而变得懦弱的；他并不是通过自己的生理机体而变成这样的；他所以如此，是因为他通过自己的行动成为一个懦夫的。世界上没有懦弱的气质这样东西。有的人的气质容易紧张；有的人贫血；有的人感情丰富。但是贫血的人并不因此而是个懦夫，因为使人成为懦夫的是放弃或者让步的行为；而气质并不是一种行动。一个人成为懦夫是根据他做的事情决定的。人们无形中感觉到，而且感到骇异的，是因为我们笔下的那种懦夫被描绘成因为是懦夫而有罪。人们喜欢的是，一个人天生就是懦夫或者英雄。《自由之路》那本书受到最多的责难大致上就是这样："可是，归根到底，这些人是非常卑鄙的，你怎么能够把他们写成英雄呢？"这条反对理由的确相当可笑，因为它暗示英雄是天生的；然而，这些人老老实实就是这样一厢情愿。

如果你天生是个懦夫，你就可以安安分分地活下去，因为你对此毫无办法可想，而且不管你怎样努力，你将终身是个懦夫；而如果你天生是个英雄，你也可以安安分分地活下去，你将终身是个英雄，像一个英雄那样吃吃喝喝。而存在主义者却说，是懦夫把自己变成懦夫，是英雄把自己变成英雄；而且这种可能性是永远存在的，即懦夫可以振作起来，不再成为懦夫，而英雄也可以不再成为英雄。要紧的是整个承担责任，而不是通过某一特殊事例或者某一特殊行动就作为你整个承担责任。

我想，对于若干对存在主义的责难我们已经回答了。你会看出它不能被视为一种无作为论的哲学，因为它是用行动说明人的性质的；它也不是一种对人类的悲观主义描绘，因为它把人类的命运交在他自己手里，所以没有一种学说比它更乐观。它也不是向人类的行动泼冷水，因为它告诉人除掉采取行动外没有任何希望，而唯一容许人有生活的就是靠行动。所以在这个水准上，我们所考虑的是一种行动的和自我承担责任的伦理学。可是，根据这点资料，仍旧有人责难我们把人限制在个人主观性上面。在这里，我们又遭到许多误解。

的确，我们的出发点是个人的主观性，而所以这样说是根据严格的哲学理由。这并不是因为我们是资产阶级，而是因为我们要把自己的教导建立在真理上，而不是建立在一套漂亮的理论上，看上去充满希望，但是根基一点不扎实。作为出发点来说，更没有什么真理能比得上我思故我在了，因为它是意识本身找到的绝对真理。任何从人出发的理论，只要一脱离这个找到自我的状态，就是压制这种真理，原因是脱离了笛卡儿的我思，一切东西至多只具有可能性或概率性，而任何关于概率性的理论，不附在一个真理上，就会垮得无影无踪。为了说明可能性，人必须掌握真理。在能找到任何真理之前，人必须有一个绝对真理，而这种简单的、容易找到的、人人都能抓住的真理是有的，它就是人能够直接感到自己。

其次是只有这个理论配得上人类的尊严，它是唯一不使人成为物的理论。所有的唯物主义理论都使人把所有的人，包括他自己，当作物——也就是说，当作一套预先决定了的反应，与构成一张桌子，或者一把椅子，或者一块石头的那些质地和现象的模式并无二致。我们的目的恰恰是建立一个价值模式的人的王国，有别于物质的世界。但是我们这样假定为真理标准的主观性并不是什么狭隘的个人主观主义，因为正如我们表明过的，我们从我思中发现的并不仅仅是我自己，也发现了别人。与笛卡儿的哲学相反，也与康德的哲学相反，当我们说"我思"时，我们是当着别人找到我们自己的，所以我们对于别人和对我们自己同样肯定。因此，那个直接从我思中找到自己的人，也发现所有别的人，并且发现他们是自己存在的条件。他认识到除非别人承认他如此（诸如说一个人高尚，或者说一个人欺诈或者妒忌），他是不可能成为什么的。除非通过另一个人的介入，我是无法获得关于自己的任何真情实况的。对于我的存在，别人是少不了的；对于我所能获得的关于自己的任何知识，别人也是同样少不了的。在这些情况下，关于我自己的亲切发现同时也揭示了别人的存在；面对着我的自由是他的自由；他有思想，有意志，而他这样做时，是不可能不牵涉到我的，必然是或者为我，或者反对我。这一来，我们立刻就发现自己处在一个不妨说是"主观性林立"的世界里。人就得在这个世界里决定自己是什么和别人是什么。

再者，虽然我们无法在每一个人以及任何人身上找到可以称为人性的普遍本质，然而一种人类处境的普遍性仍然是有的。今天的思想家们大都倾向于谈人的处境，而不愿意谈人性，这并不是偶然的。对所谓人的处境，他们的理解是相当清楚的，即一切早先就规定了人在宇宙中基本处境的一切限制。人的历史处境是各不相同的：人生下来可以是异教社会里的一个奴隶，也可以是一个封建贵族，也可以是一个无产阶级。但是永远不变的是生存在世界上所少不了的，如不得不劳动和死。这些限制既不是主观的，也不是客观的，或者说，既有其主观的一面，又有其客观的一面。客观是因为我们到处都碰得见这些限制，而且到处都被人看出来；主观是因为有人在这些限制下生活，而如果没有人在这些限制下生活，也就是说，如果人不联系这些限制而自由地决定自己和自己的存在。这些限制就是毫不足道的。还有，虽然人的意图可以各不相同，但至少没有一个对我是完全陌生的，原因是任何一个人类意图都表现为企图超过这些限制，或者扩大这些限制，不然就是否定这些限制，或是使自己适应这些限制。其结果是，任何一个意图，不管会是多么个别的，都具有普遍价值。任何意图，即使是一个中国人的，或者一个印度人的，或者一个黑人的，都能为一个欧洲人所理解，说它能够被理解，就是说这个 1945 年的欧洲人会挣扎出某种处境而以同样方式对付同样的那些限制，并且可以在自己心里重新形成那个中国人，或者那个印度人，或者那个非洲人的意图。任何意图都有其普遍性；在这个意义上，任何意图都是任何人所理解得了的。并不是说这个意图或者那个意图能够永远解释人，而是说它可以反复用来参照。一个白痴，一个孩子，一个原始人类，或者一个外国人，只要有足够的资料，总是有法子了解的。在这个意义上，我们可以说有一种人类的普遍性，但是它不是已知的东西；它在一直被制造出来。在选择我自己时，我制造了这种普遍性；在理解任何别的人、任何别的时代的意图时，我也在制造这种普遍性。这种选择行为的绝对性并不改变每一个时代的相对性。

存在主义的核心思想是什么呢？是自由承担责任的绝对性质；通过自由承担责任，任何人在体现一种人类类型时，也体现了自己——这样的承担责任，不论对什么人，也不管在任何时代，始终是可理解的——以及因这种绝对承担责任而产生的对文化模式的相对性影响。我们必须同样看到笛卡儿哲学的相对性和笛卡儿式承担责任的绝对性。在这个意义上，你不妨说，如果你愿意的话，我们每个人通过呼吸、吃喝、睡觉或者用随便什么方式行动，都在创造绝对。在自由存在（free being）①——作为自我承担责任，作为存在选择其本质——与绝对存在之间，没有什么区别。在作为绝对的、暂时局部化了的——局限在历史上——存在与普遍可理解的存在之间，也没有任何区别。

这样说并不能完全驳倒说我们是主观主义的责难。事实上，他们的责难可以有好几种形式；第一种是这样的。他们对我们说，"那么不管你做什么都没有关系了；"而且他们的这句话有不同说法。他们先是责备我们提倡无政府主义；然后又说，"你们不能判断别人，

———————————

①　从这里起到本节止，"存在"都译自 being，但是存在主义者把 being 一词用得很广；在有些人的笔下，有 being，beings 和 Being 的用法；碰到那种情形时，我们就译为"有""众有"和"大有"。在本文里，我们还没有碰到要这样译的情况。

因为你们没有理由赞成一种意图，而不赞成另一种意图"；最后，他们会说，"你这样选择，什么都只是随便的了；因为你这只手放弃的，正是你另一只手要抓的"①。这三种责难都不是怎么了不起。先讲第一种：说不管我们怎样选择都没有关系，这是不对的。在某种意义上，选择是可能的，但是不选择却是不可能的，我是总能够选择的，但是我必须懂得如果我不选择，那也仍旧是一种选择。这看上去好像只是形式主义，但在限制想入非非或者随心所欲上却非常重要。因为当我亲自碰上时——例如，我是个可以有性生活的人，可以与异性发生关系，并且生孩子——我对这件事非得决定我的态度不可，而且从种种方面说来，我对自己的选择是负有责任的；在自己承担责任的同时，也使整个人类承担责任。即使我的选择不是由任何先天的价值决定的，它跟随心所欲总不相干；而如果有人认为这只是纪德的自由行动（acte gratuit）老调重弹，他就是没有看出这个理论与纪德的理论之间的巨大差别。纪德不懂得什么叫处境，他的"行动"纯粹是随心所欲。相反，我们的看法是，人发现自己处在一个有组织的处境中，他是摆脱不掉的：他的选择牵涉到整个人类，而且他没法避免选择。他或者仍旧独身，或者结婚而不生孩子，或者结婚并且生孩子。反正，不管他怎样选择，鉴于他现在的处境，他是不可能不担当全部责任的。当然，他选择时用不着参照任何既定的价值，但是责备他随心所欲是不公平的。我们不妨说，道德的抉择比较像一件艺术品的制作。

　　可是在这里我必须立即插进一句声明，就是我们并不是提倡一种美学的道德观，因为我们的论敌相当不够坦率，连这样说也会责难我们。我提到艺术作品只是作为一种比较。这话先说清楚；然后我们问，当一个画家作一张画时，可有人责备他不按照先前建立的法则作画的？可有人问过他应当画什么画呢？谁都知道，没有什么预先说清楚的画要他画的：画家自己从事作画，而他应当作出的画恰恰就是他将会画出来的那张画。谁都知道先天的艺术价值是没有的，但是在适当的时候，一张画在布局上，在创造的意图与成品之

————————
①　这第三点责难是参照后面对这项责难的答复译的，与原文字面稍有出入。

间，是有好坏可言的。谁也说不了明天的绘画将是怎么样；谁也不能在一张画完成之前对它说长道短。这和道德有什么关系呢？我们处在同样的创作环境。我们从来不说一张画是不负责任的；当我们讨论一张毕加索的油画时，我们很懂得这张画的构图是在他作画时变成这样的，而他的作品则是他的整个生命的一个组成部分。

在道德的水准上，情形也是一样。艺术和道德在这一点上是共同的，就是两者都涉及创造和发明。我们无法预先决定应当做些什么。我认为我举的那个学生来找我的例子相当能说明问题，就是不管他乞助于任何道德体系，康德的或者任何一个人的体系，他都找不到一点点可以作为向导的东西；他只有自己发明一法。当然，我们不能说这个人在选择同母亲待在一起时——就是说，把情感、个人忠诚和具体的爱作为他的道德基础——是作了一件不负责任的选择；同样，如果他牺牲母亲而去英国，我们也不能责备他不负责任。人是自己造就的；他不是做现成的；他通过自己的道德选择造就自己，而且他不能不作出一种道德选择，这就是环境对他的压力。我们只能联系人的承担责任来解释他，所以责备我们在选择上不负责任是荒谬的。

其次，有人对我们说："你们不能够判断别人。"这话在某种意义上是对的，在另一种意义上则是错的。说它对是有这样的意思，即不管人在什么时候清清楚楚、诚诚恳恳地选择他的目的和他的承担责任行为，不管他的目的是什么，他是不可能挑上另一个目的的。说它对，还因为我们不相信进步。进步意味着改善，但是人始终是一样的，面对着一个不断在变动着的形势，而选择始终只是针对形势作的选择。从人要在奴隶制与反奴隶制之间作出选择的时候起，从诸如王位继承战争的时候起，一直到目前人要在人民共和运动与共产主义之间作出选择的时候止，道德问题就没有变动过。

尽管如此，如我曾经说过的，我们是能判断的，因为人是参照别人进行选择的；而在参照别人时，人就选择了自己。首先，人能够判断——也许这不是一种价值判断，但是一种逻辑判断——在有些事情上，人的选择是根据一种错误，而在另外一些事情上，选择则是根据真实情况。我们可以判断一个人，说他欺骗自己。因为我们曾经解释人类的处境是一种自由选择的处境，没有借口也没有援助，所以任何人以自己的热情或者发明什么决定论学术作为借口，为自己开脱，就是自我欺骗。人们可以提出反对说："可是为什么他不可以选择自我欺骗呢？"我的回答是，我没有资格在道德上对他进行判断，但是我断定他的自我欺骗是一种错误。谈到这里，人们没法不作一项真伪的判断。自我欺骗显然是虚伪的，因为它掩盖了人有承担责任的完全自由。根据同样的标准，如果我宣称某些价值是我非接受不可的，这也是自我欺骗；我自愿挑上这些价值，同时说这些价值是逼着我接受的，这不是自相矛盾吗？如果有人对我说："如果我要欺骗自己，那又怎么样呢？"我回答说："我没有理由说你为什么不应当这样做，但是我要宣称你在自我欺骗，而且只有始终如一的态度才是诚实可靠的态度。"还有，我可以宣布一项道德判断。因为我宣称自由，就具体的情况而言，除掉其本身外，是不可能有其他目的的；而当人一旦看出价值是靠他自己决定的，他在这种无依无靠的情况下就只能决定一件事，即把自由作为一切价值的基础。这并不是说他凭空这样决定，这只是说一个诚实可靠的人的行动，其最终极的意义，就是对自由本身的追求。一个参加了共产党或者什么革命组织的人将追求某些具体目的，这也包括追求自由在内，但是这种自由是共同追求的。我们是为自由而追求自由，是在特殊的情况下和通过特殊的情况追求的。还有在这样追求自由时，我们发现它完全离不开别人的自由，而别人的自由也离不开我们的自由。显然，自由作为一个人的定义来理解，并不依靠别的人，但只要我承担责任，我就非得同时把别人的自由当作自己的自由追求不可。我不能把自由当作我的目的，除非我把别人的自由同样当作自己的目的。有这些缘故，当我看出人的存在先于本质的说法是完全可靠时，而且人是一个在任何情形下都不能不追求自己自由的自由人时，我就体会到我非同时追求别人的自由不可了。因此，按照自由本身所蕴含的追求自由的道理，我就可以对那些企图无视其自身存在的彻底自动性和十足自由的人，作出判断。那些躲避这种十足的自由，假装正经或者用决定论为自己开脱的人，我将称之为懦夫。另外一些人，企图证明他们的存在是必要的，而实际上地球上出现人类只是一种凑巧——这些我将称之为小人。但是不论是懦夫或者小人，

他们本人无关似的。这些人是他们自己的愿望的观众，就好像这些愿望是宇宙秩序中的一个事件。在这一点上，产生了他们的偏袒（partiality），他们对个人的罪恶毫不妥协，却通过美德原谅了其他一切事物。"

出处同上：

"罪人有他们的荣誉、他们作为一个罪人的要求，并且，在法律之外，存在一种罪恶的（sinning）法律——一种自发的、短暂的、相对的法律，但是所有——更切近于生活。"①

关于一个人自身充分性和一个人自身一致性的思想：宇宙缺乏罪恶的意义和生命。一个人必须从其愿望内部出发是合乎伦理的，而不是从外部出发是合乎伦理的。然而，另一方面，如果没有宇宙，还会存在任何道德吗？我们再一次发现了内部和外部的两难困境。

"不存在大写的美德②，只存在各种具体的美德③。"④反对严肃精神（the spirit of seriousness）的错误观念，显示儒汉窦关于美德和邪恶的辩证法，每个人都呼唤着他人并陷入他人之中。⑤

内部和外部：是否只有反思能够将自发性置于括弧中将其悬置，而不剥夺它的肯定性的力量，正如在现象学 εποχη 中一样——在那里，非附属性的反思一刻也没有阻止我们以自然的态度断定世界的现实。

道德生活的唯一基础必须是自发性，也即：当下性，非反思性。

反思的起源是自为（For-itself）为了达到一个会是它自身的自为而恢复其自身的努力。因此，这是有意义的：反思应该将非反思的自为当作其直接的和本质的目标。对它来说，除了自为，没有什么东西是重要的。在伴随着这一反思的伦理反思中，重要的东

---

① 萨特改写了儒汉窦的这一开放的句子："罪人有他们的荣誉，他们作为罪人的要求…"

② Virtue，指抽象的美德。

③ virtues，指具体的美德。

④ 这一引用不是来自于《道德价值的要素》。

⑤ 儒汉窦的书的第一部分的标题为"美德和罪恶：它们的相等性"。

西是被反思之物的道德的存在。这是一个为了合乎伦理而愿望善（在非反思的状态中）的问题。这一导致纯粹反思的修正修正了这一观点吗？

我已经说明过一个从属性的反思怎样可能从前反思开始。① 现在我不得不说明纯粹反思怎样可能从不纯粹的反思开始。这不是说明纯粹反思怎样从不纯粹的反思中出现的问题，而是说明它怎样可能做到这一点的问题。此个，我们将一直涉及辩证法，而不是伦理学。并且，以同样的方式，从前反思到反思的过程是人的一场自由的戏剧。

在大多数时候，选择当下就发生的事实②。

他们告诉我：你必须解释本性(nature)，因为对你来说，存在一个不确定的本性。存在与虚无是变换之前的一种本性，正是这一事实认为这是理所当然的：变换是必要的，并且，作为一个结果，存在一种本性的状态。由于人是自由的，那么我怎么解释本性呢？我不否认存在一个本性；也即，一个人开始于逃逸和不确定性。但是，问题是这一本性是否是普遍的或历史性的。存在、一直存在和将存在有限数目的人类，并且，戏剧已经和将要伴随着这些相同的人类发生。这一系统完全是封闭的，并且就是历史。因此，当我认为公元前 4 世纪对柏拉图的反驳和今天对存在主义的那些反驳没有发生变化，并且甚至没有论及这一特殊的哲学而只论及了变换的合法性的时候，我当然能够将这解释为人的普遍本性。像帕斯卡那样，也可解释为人的最初的堕落，也即，解释为社会地确立这一历史事件。③ 本性是这样一个历史事实：人类具有一种本性，在选择压迫以开始其历史潮流的过程中，人性选择开始于本性。在这一意义上，对反自然本性的永久梦想会是对另一选择的历史的和永久的乌托邦

---

① 参考附录Ⅰ。

② 可能丢失了一页或可能萨特没有擦掉从这里开始的句子。

③ "人类不知道他所应该占据的位置。他已明显地误入歧途了；他从他正确的位置上掉了下来，并且再也不能找到它。他在不可穿透的黑暗中到处搜寻，焦虑却徒劳无功。"参见布雷斯·帕斯卡(1623—1662)：《沉思录(Pensees)》，A. J. 克瑞尔莎末译，146 页，巴尔的摩，企鹅书店，1966。

式的可能性。本性是一个人面对他人的压迫性自由时对自身的选择。

在《启示录》中，没有品格（character）。① 在那里，一个人总是感到惊讶的。我不认为他能够那样。品格是稳定的——在外在于其自身之自由的压迫下的与他人、与工具、与世界的关系。如果它是稳定的，那是因为压迫是不变的，制度是稳定的。品格是一个制度化的和传统社会的产物。品格也即是本性。

存在主义的本体论自身就是历史性的。存在一个原初的事件，即自为通过否定存在而出现。伦理学必须是历史潮流性的；也即：它必须在历史中寻找普遍性，并且必须在历史中把握它。

如此多的人，如此多的椅子，如此多的房子——一个有限的数目。我们将人类当作一个无限的系列。亦即，有人会说，我们将具体的、有限系列的真实的人当作无限系列的可能的人的特殊情况。但是，可能的人来自于具体的人。我们是如此这般的：可能性从我们开始变得可能。因此，即使可能性，从而普遍性，是行为的必要构造，当我们争论存在的最深刻的目的时，我们也必须回到有限系列的"人"的个体的戏剧上来，回到可能有限的和历史性的源头上来，回到这一社会上来。伦理学是一项个体的、主体性的和历史性的事业。

伦理要求是针对谁而说的呢？针对抽象的普遍性吗？那么，它丧失了其全部意义，并且本身变成了抽象的和形式的，因为具体的——也即社会的——境况可能会改变。如果一个人说"在其他事情都相同的情况下，以这样的方式行为"，那么这一要求失去了其全部意义，因为它指向无穷的回答。通敌或抵抗的问题：存在一个具体的道德选择。康德主义在这一主题上没有任何教益。它要求：对一个人的国家概念的某种发展——政治团体的意识形态和国家的意识形态之间的某种联系，等等。我认为一个法国人在 1940

---

① 参见《辩证理性批判》，第一卷，《实践总体论》，艾伦·谢里登·史密斯译，357 页，伦敦，NLB 1976 年或 Verso 1982 年；法文原版 1960 年。该书中，萨特将天启会（the Apocalypse）——当时这个组织变成了一个融合团体——与安德烈·马尔罗关于西班牙内战的小说《人类的希望》（斯图亚特·吉尔伯特和埃拉斯代·麦当劳译，纽约，丛林出版社，1966），第一部分第二节的标题《天启的序幕》联系起来。

年时应该拒绝与敌合作。对于 13 世纪的一个贵族来说，我就要不确定得多。一个人的国家概念是不清楚的，并且，这个贵族毕竟还忠实于神权的规则，他并不承认推翻了神权的人所建立的政府的权利（因为这确实是有疑问的事情）。如果我们假设一场俄国和美国之间的战争，并且法国再一次被入侵，那么我在 1940 年会选择的解答不再有效，因为它预先假设了少数通敌合作者，然而在这一冲突中，一半人会选择这一边或那一边。确实，我们不得不选择具体的普遍性。也即，那些在相同的历史境况中找到其自身的人们。并且，我们要求，通过一种思维的综合形式将其自身放入我们的境况中和使其自己接受历史的运动的历史学家赞同我们的原则。

发展具体的普遍性的概念：如果伦理学不得不处理一个更大的群体，那么它将更广阔和更深奥。在 12 世纪：绅士。一小群有特权的人。一个人能离于他的阶级吗？确实，一个人不得不创造具体的普遍性。

朝向一种具体的伦理学（普遍性和历史性的综合）。

将普遍性（理解）从其无限的扩展中分离出来。

不包括产生于社会整体的品格：无知呼唤愤怒（在解决其理性的意义不可思议地逃离了我们的冲突的意义上。但是，如果所采用的解答超出了境况的包容力又怎样呢？）。配偶的愤怒：女人的劣等性。男人不能发现女人的基本需要，并且变得烦恼，等等。或者，领导者的愤怒、胁迫。

童年创造了不可解决的境况。

"我们不想理解世界，我们想改变它。"①哲学的概念本身就是实现。在改变世界的过程中，哲学没有从人类中区分出来。行动着的人类的总体就是哲学。

---

① "哲学仅以各种方式解释了世界；但重要的是改变世界。"卡尔·马克思(1818—1883)：《关于费尔巴哈的十一条论纲》(1845 年)，见洛伊德·D. 伊斯顿和库特·H. 顾达特编：《青年马克思关于哲学和社会的著作》，400 页，纽约州加登城，达波德，1967。

强硬的①思想家（海德格尔②）和柔弱的思想家（雅斯贝斯③）。不要等待充满希望的伦理学。人类是卑贱的。我们不得不为了他们可能会是的东西去爱他们，而不是为了他们现在所是的东西去爱他们。概要地叙述一种强硬的伦理学。

计划：

（1）一种伦理学的荒谬性和必需性。

（2）伦理学的不道德：价值被想象为客体性。抽象和形式主义：普遍性。一种不完善的伦理学和伦理学的不完善性。在内省的伦理学（最后：无故地，价值转化成了爱好）和超越的伦理学（最后：人类认识了善。认识了它就是去实行它）之间摇摆不定。在主体性伦理学（意图与行为分离）与客体性伦理学（后果与意图分离）之间摇摆不定。

（3）注意这一原初的错误：客体性是压迫的标志并且就是压迫。客体性等于掌握了世界的钥匙的另一人所看见的世界。严肃精神的价值：同前所述。价值不是为了严肃精神的柏拉图式的自在之物（In-themselves）。一种不属于我的、并且压迫我的意识假定了它们。我的本性是作为对另一个人的被超越的客体性的我自己。我永远不能经历我的本性，这一点是自明的。因此，他人通过压迫我而将我转化成一个客体性，并且我的最初的境况就具有一种命定/本性以及面对客体化的价值而存在。变换在理论上是可能的，这一点是自明的，但是，它将不仅暗示我的内在变化，而且也暗示他人的真实变化。缺乏这种历史性的变化，就不存在绝对的道德变换。正如对战争的拒绝——无论它可能完成什么其他东西——并没有遏制战争一样。

---

① 在法文本中是用英文写的。

② 马丁·海德格尔（1889—1976），德国哲学家，其《存在与时间》（1927）大大地影响了萨特的《存在与虚无》。

③ 卡尔·雅斯贝斯（1883—1969），德国存在主义哲学家。当萨特还是一个学生时，他就与他的朋友和研究生保罗·奈赞合作校对雅斯贝斯的《全身性的精神病理学：普通精神病理学》（A. 卡斯特勒和 J. 曼德斯译，巴黎，埃尔肯，1928）。其英文本，《普通精神病理学》，J. 侯宁和玛丽恩·W. 汉密尔顿译，芝加哥，芝加哥大学出版社，1963。参见米歇尔·肯塔特和米歇尔·瑞伯卡：《让-保罗·萨特的著作》，第一卷，理查德·C. 麦克利瑞译，40 页，埃文斯顿，美国西北大学出版社，1974。

（4）伦理学家的特权地位。他是一个历史性的形象，是这样一个人：其历史性的地位将他最大限度地与被压迫者隔开。然而，他仍然是一个压迫者，并且充分被迫地去构想没有压迫的伦理学的必要性，从而构想变换。

一个人不可能独自被变换。换句话说，如果不是每个人都是合乎伦理的，那么伦理学就是不可能的。

方法：价值展现了自由，同时它们也让其任人摆布。任何价值排序都必须导向自由。将价值划分等级以使自由在其中逐渐显现。在顶端是：慷慨。

交流不存在——它必须被产生。正如在一个反犹太分子的身上，你不可能想象局部的忠诚一样①，在一个暴力的世界中，你也不可能想象纯粹的爱。

除非那种爱包含结束暴力世界的意愿。两个人之间的交流贯穿了整个宇宙。

交流：爱是在一个人自身中去拥有对方。将一个人自己对于对方每一个姿势(gesture)的自由当作一种开始，以及当作一种从对方的姿势出发的绝对的开始。但是不要忘记：与另一个人的关系总是在一个第三观察者的存在中，并且在压迫的标志之下。有害的。②

交流的另一种形式：

恳求。

对方是去总体化的(detotalized)总体。两个错误：追求统一（精神的实体主义，法西斯主义）——追求多元（个人主义）。事实上：我们必须愿望去总体化的总体。将我自身中的对方当作一个他人，并

---

① "这一点已经变得很明显了：没有外部的因素能够在反犹太分子中引起反犹太主义。反犹太主义是一个人自己自由的和总体的选择，是一个人所采取的不仅仅是对犹太人而且也是对一般的人、对历史和社会的复杂态度；同时，它是对世界的一种激情和构想。毫无疑问，在一个被给定的反犹太分子的情况中，某些特征将比在另一个被给定的反犹太分子的情况中被更多地留下印记。但同时，它们总是完全当下的，并且，它们互相影响。"让-保罗·萨特：《反犹太分子和犹太人》，乔治·J.贝克译，17页，纽约，斯各肯书店，1948；最初以《反思犹太人问题》出版（巴黎：保罗·摩瑞亨，1946年）。摘录在早一年出现：《反闪米特人画像》，载《现代》，1945-11-01，420～470页。

② 参见《存在与虚无》，366～377页（关于爱），415～423页（我们-客体）。

且仍然当作我行为的一个自由的源泉。

变换：承认我自身是出神的自为这一行为导致了对精神是去总体化的总体的承认。

注意客体性：我的思想和行为进入了客体，并且我对此负有责任。在目的王国中，没有问题。因为，如果愿望自由的自由承认我的行为产生于我的自由，并且自由地采取自由的行动的话，那么，我愿望我的行为既具有我的自由也具有他人的自由。客体性消失了。我的行为具有一种令人焦虑的客体性，仅因为使它成为客体和在与它的关系中，使其自身成为客体的意识占有了它。我对它负有责任是因为我不能忽视它将以这种方式被赋予伪因果关系。例如，米勒的一本书的丑名。① 它会影响孩子，等等。这一责任的模棱两可性：在一种意义上，它不应该存在（因为人们是自由的），在另一种意义上，它应该存在于我们的社会中这一情况是正常的。

（5）对一个例子的分析。领导者和他的价值。遵循主奴的辩证法②，（分析）领导者和其下属的辩证法。下属被想象为非本质的自由，在工作和领导者的反复无常之间摇摆不定。工作（家和国）是反复无常的正当化。结果是：将其自身视作非本质的自由——领导者的同谋。然而，在今天的社会中，领导者是必要的。因此……——领导者是超越的实在论。在非本质的自由之外，他起决定作用。并

---

① “1946 年 3 月，社会道德联合会主席，丹尼尔·帕克尔在预备反色情文学的法规时，表露出对橡树出版社（因《南回归线》）和德诺尔出版社（因《北回归线》）的不满。官方成立了一个委员会以裁决这件事。令每个人都感到惊讶的是，它做出了不利于米勒的裁决，确定他是一个色情作品的作者，提议禁止他的作品的发行。然而，以他的立场来看，克劳德-埃德蒙·马格尼和莫里斯·讷迪欧，然后是《战斗》的文学编辑，呼吁法国作家抗议这一对言论自由的限制，并且为亨利·米勒辩护。因此，一个亨利·米勒辩护的委员会成立了，它包括安德烈·布勒东、阿尔伯特·加缪、保罗·埃鲁瓦德和让-保罗·萨特。甚至安德烈·纪德，他在第一次读了米勒的《黑色的春天》之后，也加入了。”杰伊·马丁：《总是愉快的和明亮：亨利·米勒的生活》，430 页，加利福尼亚州圣巴巴拉，卡普拉出版社，1978。肯塔特和瑞伯卡确定萨特加入这一委员会的时间是 1947 年 2 月（《萨特的著作》，14 页）。

② 参见 G. W. F. 黑格尔（1770—1831）：《自我意识的独立性和依赖性：主人与奴隶》，《精神现象学》，11～119 页，A. V. 米勒译，牛津，克莱伦登出版社，1977。另参见《辩证理性批判》，158 页，注释 370。

且，一种神秘的魅力使他的决定成为本质的东西。

(6)罪恶。或主体性的客体性。试着解释罪恶。罪恶总是一个对象，在与意志的关系中总是边缘性的。

罪恶：主体性的客体性

或

主体性的客体化

错误不是反复无常的。存在用来否定自身以进入自为的历史性行为是一种堕落(fall)和对失乐园的追忆。这一错误的神话存在于每一种宗教中和民间传说中。在这里，这样一种情况是必然的：要么，如同黑格尔那样，看一种辩证法的必要性，在黑格尔那里，最初的个体关系必定是主奴的关系①，要么看一种完全不可理解的反复无常。更准确地是一种原初的错误，一个人能够通过考察原初事件而澄清这一原初的错误。自为的出现恰当地说明历史闯入了世界。自为作为一种缺乏（在非反思的层面上）的自发运动是要寻求自在自为(in-itself-for-itself)。反思最初作为这自在自为的一个附属性而出现，因为它在对恢复的努力尝试中造成了新的发散。但是，即使是那时，正如我们所知道的，它也失去了其自身。因此，在这里，纯粹反思的可能性以承认错失这一标志在它面前表明态度而出现。因此，如果不纯粹的反思的出现使纯粹反思——必定后于不纯粹的反思——成为可能，那么它为什么不至少在时间的半程中发生？因为，在这里另一个要素发生了干扰，这就是他人。它是否是一种新的分离的努力？这一问题是未定的。在任何情况下，我们都可能将这当作神话来使用：新的恢复的努力不再将意识作为一种准对象而是作为对象提出。在这一点上，产生了完全的分离。此时，所有的事都发生了：似乎他人是一个第二位的否定，这一否定以其基本意思是作为对我的主体性的客体化否定而存在的主体性作用于我的主体性。这就是原初的错误。因为，当纯粹反思介入时，已经太晚了；它极可能驱散我因我的不纯粹的反思而具有的准客体的特征，而不是驱散我因他人而所是的客体的特征。因此，它永远不会是完全有效的。

---

① 参见黑格尔：《精神现象学》，115～117 页。

并且，在纯粹反思中，已经存在了一种将他人转化成纯粹的、自由的主体性的召唤，以便分裂能被遏制。只有要求他人也这样做，但这一点从来不是被给定的，而只能是机会（chance）的结果。因为他的恶意是我的命运（fate），而他的善意是我的可能性，因为他是自由的。

注意：与我的前反思主体性相联系的他人作为反思与我处在相同的位置上。并且，他永远不能直按照亮我的反思——只不过是与我的反思所做的一样，这本身就是对自我的非武断意识。

动机：(1)反思首先不是纯粹的，不是在它的结果上，而是在它的意图上，它分享了非反思的不纯粹性，因为它从非反思中出现。(2)不纯粹的反思是纯粹反思的动机，它最初是不诚，因为它不想看到它自己的失败。但是，只有不诚才能是真诚的源泉。纯粹反思是真诚，并且本身是一种对他人的真诚的诉求。

伦理学的氛围：

1. 失败。

2. 神秘。我们不需要对此笃信不疑。但是，这是一个事实：没有任何东西被阐明，世界不仅作为需要被改变的东西而且作为需要被发现的东西被给定。当它被改变时，它就被发现了。并且，最玄妙的神秘是：可能正是我们创造了它。总而言之：它是无知中的合乎伦理的事物。这就是为什么知性论者的道德哲学是正确的和错误的：当然，知识帮助了伦理学（这一点是值得想望的：在这个世纪，任何人都不该再忽视知识），但是它只减少了神秘性：因为绝对的知识是不可能的，我们不得不将伦理学大体上想象为发生在无知当中。

乐观主义：认为伦理是人的本性，并且，一种合乎伦理的态度总是可能的。悲观主义：认为伦理是完全不可能的。确实，伦理最初在失败的氛围中开始，它不得不失败，因为对它来说，时间总是太晚或太早。但是，正是在这一失败中和通过这一失败，我们每个人都必须承担起他的伦理责任。

通向纯粹反思的道路必须激发一种转变。

我与我的身体的关系的转变。对偶然性的接受和申认（claim）。偶然性被想象为一种可能性。

我与世界的关系的转变。在其自身中的澄清。我们的任务：使存在存在。自在自为的真正意义。

我与我自身的关系的转变。主体性被想象为本我(ego)的缺席。因为本我是本性(精神)。①

我与他人的关系的转变。

我们可能将超越的伦理和内省的伦理都置之一旁。前者使价值成为客体，并且使我们服从客体性。内省将我们本身转变成客体，并且拒绝超越的价值客体。但是，它使得每一种特殊的价值成为一种偏好，并且这一偏好是客体的主体性倾向，而它对这一客体不负有责任。偏好是某种一个人不用争辩的东西。但是它们被写入本性，就好像价值客体在天空中一样。不存在真正的区别。重要的事情是：对价值超越性/客体方面的拒绝必定不能阻止我们将它们看作我们不得不是的要求，以及我们对其负有责任的要求。

世界反对伦理就像自然本性反对科学一样。一个人应该谈论世界的隐蔽的不道德，就好像一个人谈论本性的隐蔽的非理性一样。境况最初是不能化解的(unsolvable)。它们是如此决定于他人。在每一种情况下，伦理解答的意图与科学假说的意图一样，将冲突的爆发推迟到稍后。

被客体化的主体性的例子：理念是主体性的，因为我们头脑能够浸透它，并且因为我们能够用根源(root)和在它的运动中把握它；它是客体性的，因为我们已经从外部来看待它。将它置于我们自身之内，再一次把握它，这一行动就是将客体性置于我们自身之内，在我们创造性的主体性的中心地带客体化我们自身。

今天的伦理学必须是革命的社会主义的伦理学。

历史的运动：有两个方面：自由的意识把握着每一个理念——每一个理念都成为了一种事物。客体化的主体性的独特行为。随后世代所把握的理念变形了，但仍保留了主体性。它是动机。但是同时，由于它的对手超越了它，所以它变成了一个对象并且通过因果关系起作用。因此，理念具有双重功效。从那里，不诚在这两者之间得以确立。由于因果关系，理念穿过决定论的重压跑向最简单的

---

① "我们通过精神了解本我(the Ego)，它的状态、它的性质、它的行为"(《存在与虚无》，162页)。

东西、最低的东西，在末端——正好到达历史的目的，同时，只要它是主体性，它就变得更优雅、更高尚。

客体性的诱惑：斯宾诺莎①和斯大林主义者：为了遏制他人的意识从而最后遏制一个人自己的意识而将一切事物都客体化。

经济学可能被简化到吃的必要性——从主体性的身体的观点来看，吃是什么？

我们有满脑子（一半）石头般的思想。它们不能帮助我们解放我们自身。

同每一个人一样——同任何人都不一样：将这些并排放着。错误在于动词"是（to be）"。

不诚的理念或诡计。一个不采用一种理念，一个偷偷滑入理念。我们要了解：理念不是一个人将之放入袋子里的球，而是思想、行为和感觉的一个巨大的复合体，是关于我的未来的假说，和对我的过去的说明。理念在远处首先以一个对象出现：社会主义、理想主义，等等。但是，当一个人接近这一理念时，这一表象消失了。当我们力图将我们自身置于它的中心地带和力图回溯本质性的步骤时，这一表象消失了。当我们力图将我们自身置于它的中心地带和力图回溯本质性的步骤时，这一保护它的客体性的釉彩裂开了。这时理念再一次成为了主体性的谋划；我的自由的谋划。我成为了这一理念。只有在这时，这一理念才迫近了我。它因他人而被客体化，它是自在的一个方面：一致性、永久性、物质性。同时，这一理念表现了我的特征。我成为了一个共产主义者、社会主义者。这一理念有两层客体性：内在的客体性，即不仅我思考和经历着它，而且他人也思考和经历着它。错误在于想念这一理念是统一的。当然，它是统一的。但是有两个运动：认为同一理念将很多人统一起来。然而，相互地，多元同时也认为同一理念使它成为多元的，也即，它为内在的人提供了外部的方面，因为另一个人也如此认为。既是我的主体性又是我的客体性的理念在闪烁，在自在和自为之间的理念在闪烁。当它完全是自为时，它是我，当它完全是自在时，它是作

---

① 斯宾诺莎（1632—1677），荷兰籍犹太人，哲学家，17世纪理性主义的主要阐释者。

为我自身的，或与之相反，绝对之非我的客体的我，这依赖于它是否在其外化中拖累着(drag along)我。然而，理念也有第二层外在性：它因那些不赞同它的他人、对手、新手、中立者而存在。在这一层面上，理念完全是一个事物，因为它是不透明的。一个人从外部观察它，一个人拒绝做出进入它的努力。一个人用心理决定论解释它。或者，相反(或同时)，它是值得尊敬的。没有掌握其是谋划的要素之间的深层的相互联系，它越来越倾向于是纯粹外在性的本性。存在要素的并列。我以这种方式，在不知不觉地陷入关于外在性之外壳的理念的过程中，将自身给予了我自身。我变成了一个共产主义者，一个社会主义者，也即，当我具有内部的正当理由去寻求经历社会主义时，我被冻结成了外在性。自在自为。从这一刻起，我通过本性拥有了所有我应该以摸索的方式和在再创造它们的过程中实行的社会主义的公认的特征。"共产主义者是我们时代永远的英雄"。这是我的品格，我的本性。

看看在理念中是否可能存在主体性之间的交流。

也适用于：

具有职业和荣誉(它们也具有内在性质；一个人活动于它们两者之上)

集体的代表(它们怎样成为价值)

人的概念(模棱两可性：在一种意义上，我只能是人，在另一种意义上，"成为一个人是困难的")

错误的客体性，我们每个人人性的基本主体性。

(a)没有后退，如此以至我们能够以马或上帝的眼光来判断人。

(b)更精确地是去总体化的总体：与他人相联系的我们每个人的后退。他和他一起冻结成一个客体和人性。因此，他客体化了他的人性。但是，它是一种不可观察的客体性，一种幻想的客体性。

(c)一个人使自己成为人所必须是的东西的伦理理想(共产主义、基督教，等等)充满了被如此看待的客体性。自然地，人成为了自然本性。自在自为。

事实上，我们不能把人性作为对象。它是绝对主体性的深层基础，我们的知识在此之上被决定。无知是对我们的准人性知识的一个既定的限制。

我看着经过的人们：我说："人"。同时，我也是一个人。但是，如果我客体化了我的主体性，那么同时我就在它们之上谋划我全部的主体性。

用真实的集体主体性取代伪客体性"人类"。假设去总体化的总体。我们构成了一个个体，然而我们不是可统一的。

权利。解释。没有权利地活着。丧失了确证自身的全部希望。不可确证地活着。

孩子首先是一个客体。"我们在成为成人之前开始于孩子"，这意味着：我们开始于客体。我们开始于没有我们自己的可能性的存在。被逮住，被携带，我们拥有他人的未来。我们是一个被倒空、又被装满的花瓶。

刚才我说"不可确证地"是错误的。我们不是不可确证的，因为这会要求一个我们在其中不具有我们的位置的确证系统。既不是可确证的，也不是不可确证的。同时有两个极端：作为偶然性，人就在那儿，没有任何原因或理由。作为谋划，他为所有部分的系统创造正当的理由，但是由于这一事实永远不能确证他自身。因此，好的良心的诡计：一个人创造了一个他作为一种手段进入其中的部分的系统，并且确证其自身是这一系统的一个手段。这是忘记了：一个人同时也是这一系统的创造者，因而忘记了：在一个人是这一系统的基础的意义上，他外在于任何确证。人是所有确证基础的不可确证之基础。

只有对人来说，人才是重要的。无论是否在人，在其自身中存在没有包含任何更多的恶。因此，想望人是必然的。不是去发现他，而是去发明他。

正常的过程：首先，童年：客体性和确证。从这些事物中，被神秘化的孩子为他自身选择品质对象（quality-objects）。其次，青少年时期：通过削弱父母，不可确证性和主体性出现了。但经常是太晚了：阶层的形成——一个人滑入另一种客体性中。最后，有其客体性的层次、有其壳的成年人。

人想成为上帝或自然：摇摆不定。通常地，想同时成为两者。

领导者的伦理（遵循主奴说）：人与人之间的封建关系。下属在与领导者——他是本质的——的关系中发现他自身是非本质的。但是，他的工作确证了他。只要他完成了他的工作，他就是普遍性的（可交换性），但是，只要领导者的注视落在他身上和他被承认以一种唯一的态度完成他的工作，他就恢复了他的特殊性。站在他一边的领导者被认为和认为他自身是道德的源泉。因此，他高于一切道德，并且，在这一点上，如果他没有将所有的他人都判断为非本质的，那么他就会是主体性的和存在的。更甚者，他发明了一种相对的道德和将对这一目标(法兰西的伟大，等等)的确证当作某种久远的东西来保护。下属的超越性以一种超越性／客体出现。一种自然地受限制的超越性。

奴隶被确证了(年老的黑奴)。①

从对奴隶的确证到无产阶级的不可确证性的通道。②

宗教是：为了绝对不是客体的自由而将我们转化成一个绝对客体的他人的本质。但同时(也是)对绝对自由的预感和对他人的内在性的预感。然而，为了避免再一次落入完全的不可确证性，一个人假设他人被确证了。没有给出理由。

基督教：假设了一个全部被确证了的人类客体(humanity-object)。以上帝的眼光观察自身。

"人心是残忍的和险恶的。"③这是在谁的眼中如此？这只可能是在人的眼中，并且从一种伦理观点来看。人是一切善和一切恶的源泉，并且以他所创造的善和恶的名义来判断他自己。因此，既定的事物既不是善的，也不是恶的。

不存在抽象的伦理。只存在境况中的伦理，因此它是具体的。一种抽象的伦理是善的良知的伦理。它假设：在基础的非伦理的境况中，一个人能够是合乎伦理的。伦理是对这一境况的超越。但是，在超越这一境况的过程中，它保护了这一境况。伦理是这样一种思想：一个人能够不改变境况而是善的；简而言之，"其他的一切事物

---

① 参考后面第 74 页和西蒙·德·波夫娃(1908—1986)：《模棱两可的伦理学》，贝纳德·弗雷彻曼译，85 页，新泽西州西科克斯，希塔，1980。后一文本的法文原版于 1974 年 11 月出版，也就是说在这同一期间，萨特正在写作这些笔记。

② 见附录 2。

③ 帕斯卡：《沉思录》，72 页，注释 139。

者相同"。它是这样一种思想：一个人能够"为其自身而具有良知"。因此，当伦理是抽象的时，它是无利害牵涉的（disinterested）。它是一个人从火中抽回其火钳的方式。它也是这样一种假设：在绝对中，救助是可能的。

伦理学是行动的理论。但是，如果行动不是工作和斗争的话，它就是抽象的。例如，救一个溺水的婴儿。荒谬。具体的问题：在农民战争中，路德应该放弃农民吗？①

"每一个人在它所崇拜的神中尊敬他自身，在相信他认识到了神圣者的过程中，他逐渐认识了他自身。"科热夫：《黑格尔作品导读》。②

事实上，辩证法是一个非存在的术语。第一，对境况的谋划，处于神圣的注视形式中的他人的本质。第二，为了将它作为一个客体来确定，在活着的自我上回到本质化的自我。因此，共同体的双重代表。

第二种愚蠢：力量和行动。伦理学必须导致行动。区分力量和可能性。

与自我的关系

对宗教信徒的分析与（基督教）团体的关系

与世界的关系

---

① 马丁·路德（1483—1546），德国新教改革者，他在论文《反对谋杀和盗窃的农民大众》中谴责了 1525 年的农民起义。

② 亚历山大·科热夫（1902—1968）：《黑格尔作品导读：精神现象学》（瑞门德·科雷诺编，巴黎，伽里玛德，1947）；部分被翻译成英文：《黑格尔作品导读》（埃伦·布鲁门编，小詹姆士·尼科尔斯译，纽约，基础书店，1969）。这本书根据的是科热夫 1933 年到 1939 年在社会高等学校发表的演讲的笔记和纲要。关于它们对在法国对黑格尔兴趣的复苏的影响，参见朱迪斯·巴特勒：《愿望的主体：黑格尔对 20 世纪法国的影响》，纽约，哥伦比亚大学出版社，1987；麦克尔·S. 罗斯：《认知和历史：20 世纪法国对黑格尔的挪用》，伊萨卡，康奈尔大学出版社，1988；乔治·L. 克林：《存在主义者对黑格尔和马克思的重新发现》，载《现象学和存在主义》，爱德华·N. 李和莫里斯·曼德鲍姆译，113～138 页，巴尔的摩，约翰·霍普金斯大学出版社，1967。在这后一本书里，编者说"科热夫在作报告时说萨特和伊波利特都没有出席（attend）他的任何演讲"（7 页）。让·伊波利特（1907—1968）将黑格尔的《精神现象学》翻译成法文两卷本（1939—1941），并且随之发表了对它的一篇评论，萨特在下面参考了这篇评论。

作为不诚的信念

作为零的世界

对精神上的事物和不可能的事物的混淆

宗教的范畴

不诚对超越性的利用（一个人具有比一个人多得多的东西）

其自身对世界的主张。存在之上的存在，等等。

目的：在第四维中胜利。雅斯贝斯和失败。[1]

宗教的超越性：超越行为的本质。

基督教徒的虚假平等和虚假自由：所有人作为同一主人的奴隶都是平等的。在一种其原则是主人（上帝）的宗教中怎么可能存在自由？（我们）完全属于创造了我们的上帝。

灵魂：在我身内的我的超越性本质。我的客体性和我的超越都在我之内。

当境况发生进展时，一个人将这转变为一种策略，一个人说上帝不是我的主人，说他"无限尊敬"我。但是，这只是削弱了现实性。

"我的良心属于我"。为了在主体性中避难，在行动中保持其自身无利害牵涉。重要的是行动的实现。

人必须自豪，因为它使存在成为存在的。自豪是对自立和一个创造者的意识。但是，这是一种针对主体性本身的自豪，而不是针对品格或本性的自豪。由于是社会和他人将品格给予我们和将它们收回，所以，当我们要求它们时，使得我们是依赖性的。更甚者，它将我们插入一个实际上无限密集的系列中，从而在某处我们的确具有某些多于我们自身的东西。如果我以我的美丽或强壮而感到自豪，那么我同时就确信，在所有的可能性中，存在某个更美丽或更强壮的人。在任何情况下，都存在某个人。由此产生了冠军锦标，我们制定它以使良心获得平静。首要的是证明。

平庸（mediocrity）的伦理学。成为平庸的。平庸的（average）人。首先，平庸的人是人们所说的自我推进的人。他处在手段的层次上。

---

① 参见卡尔·雅斯贝斯：《世界定向的界限》，载《哲学》，第一卷，E. B. 艾希顿译，120～173 页，芝加哥，芝加哥大学出版社，1969。参见麦克尔·杜芬尼和保罗·瑞克伍：《卡尔·雅斯贝斯的存在哲学》，94～96 页，巴黎，斯瑞尔，1947。

他在手段的无限性中丧失了自身，以至于表面上没有看到目的。目的被理解了。而且，他是其自身成为了目的的手段的凝固的牺牲品。结果是：追寻存在的悲剧被转化成喜剧。

平庸的人是喜剧性的人。通过习惯或通过满意于被抛入一个无限的过程——在这一过程中，一个人永远都不必直面本质，平庸性（the average）扩展了。也通过迂腐：平庸的人是一个迂腐之人，因为它使原初的重要性与仅仅是预备性的东西一致。如果他绘画，那么本质性的东西就是对画笔的选择。要么他掩盖了目的，要么它变成了一个梦想或调整了的理想。其次，平庸的人想望成为平庸的。也即，他为了通过其自身实现精神的统一而想望"与其他的所有人都一样"。

这也适用于匿名的群众。如果他是平庸的，那么他就遗失在平庸的人群当中。因此，没有任何对他来说是命定的（fated）东西能触及他。不幸是可能的结果。在概率上不是必然的。群体的密集性总是挡在他前面。平庸的人是统计意义上的人。他拒绝宿命。同时，他将世界看作是平庸的。平庸者的世界观：平庸的性质的对象，对本性的平庸的看法（平庸的美学性制裁：温柔。慎重，等等）。

第三，他是被确证的和非本质的。他是被确证的，因为他是达到决然目的的手段（因为它们从来没有被怀疑过）；他是非本质的，因为他可与任一其他的手段互换则没有任何决定性的责任。他总是做着任何一个他人在他的位置上会做的事。如果他做得好，那么他就心满意足了，这意味着他是完全独特的，因为他实现了这样一个角色，即：是一个比他人好的工具角色。

不要将平庸与从属混淆。下属以一种疯狂的热诚服从领导者，他牺牲了他自己，他将本性、特质、焦虑置于领导者身上。人与人之间的一种封建的和具体的关系。平庸的人是抽象的，并且服从于抽象的法则。他总是从属的，但它是以一种平庸的（mediocre）方式而如此，并且他有他的平庸性。他总是想处在两极之间。他想望在他之上有将承担风险的优胜者，在他之下有他能对其做出判断的有罪的人。为了成为平庸的，他需要一种中庸（mean），他需要极端。但是，他认为极端是他成为平庸的手段。因此，最后所有的东西都成为了非本质的。

平庸的人是一种中间(一种中庸)。他的现实性是统计意义上的。他知道他是最大值，因为他想成为最大值。因此，正是他创造了社会支配性的品质。这个英国人，这个法国人是"平庸的人"。如果他们谈论他们自己，他们就将其自身看作平庸的，承认他们自己是平庸的。

同时，他也是一个调和者。对他来说，极端涉及了：领导者和罪人，天才和愚笨者。平庸的世界环状：一个汽车机械工打败了卡彭特尔。① 在扑克牌游戏中，一对7胜过一个A。平庸是对极端的综合(或想念他自己是一种综合)。劳伍瑞尔和埃格·鲍。② 第五，平庸的人——平庸的阶级。第六，美德和伦理：没有什么东西过度，一个人总是需要某个比他自身小的人。第七，平庸人的思想：老生常谈。

虐待狂和被虐狂是对他人的展现。③ 他们仅在变换之前是有意义的——顺便说一句，正如意识之间的斗争是有意义的一样。如果我们假设这一事实：他们是自由的，是他人的客体(例如：本真的犹

① 乔治·卡彭特尔(1894—1975)，法国的轻量级拳击手，在1921年的一场重量级冠军赛中被杰克·登普西击败；创下了第一个百万美元的门票收入。参见让-保罗·萨特：《辩证理性批判》，第二卷，见阿尔勒特·艾尔卡姆—萨特编：《历史的可理解性》，克文汀·霍尔译，6页，纽约，1991。再一次提及卡彭特尔和登普西。

② 艾米尔·劳伍瑞尔：《爱得加·爱伦·坡：传记与作品——精神病理研究》，巴黎，1904。参见《萨特的战争日记》，74页。

③ 参见《存在与虚无》，第三章"与他人的具体关系"，特别是377～379页和399～406页。

太人）^①，那么就不存在停留在斗争层面上的本体论上的理由。我承认我的客体性存在（being-an-object），并且我超越它。然而，仍然可能存在历史性的理由（犹太人承认他的客体性存在，这一点是不充分的）。

　　选译自［法］J-P. 萨特：《伦理学笔记》，大卫·佩劳尔英译本，笔记［1］，芝加哥，芝加哥大学出版社，1992。 汪琼译，万俊人校。

---

　　① "犹太人的一真性在于选择自身成为犹太人——也即，在于实现一个人的犹太状况。本真的犹太人放弃了普遍人的神话；他了解他自身，并且希望自身作为一个历史的和被诅咒的被造物进入历史；他不再逃离自身，不再为他自己的种类感到羞愧。它理解社会是恶的；非本真的犹太人以其天真的一元论取代了社会的多元论。他知道他是一个被隔离、不许接触、被轻视、被剥夺人权的人——并且，正是如此，他宣称了他的存在。同时，他放弃了他的理性主义的乐观；他看到非理性的区分粉碎了世界，并且在接受这一粉碎的过程中——至少在关涉他的事物中——在宣称自己是一个犹太人的过程中，他使一些这样的价值和这样的区分成为他的。他选择了他的兄弟和他的同辈；他们是其他的犹太人。他在人的庄严上支撑一切，因为他接受了生活在这样一种境况中的义务：不宜居住的事实准确地定义了这一境况；他从其屈辱中产生出他的骄傲。"（《反犹太分子和犹太人》，136～137 页）

[奥]弗洛伊德（Sigmund Freud，1856—1939）

《自我与本我》（1923）（节选）

《精神分析引论新编》（1933）（节选）

《自我与本我》（1923）（节选）

一、前　言

　　我在《超越唯乐原则》一文中已揭示了一系列思想，而这里的讨论则是这些思想的进一步发展。我对这些思想的态度，正如我已说过的①，是属于一种有几分仁慈的好奇心。在本书的一些章节中，这些思想同分析观察到的各种事实相联系，并且，我试图从这种联系中得出新的结论。但是，本书并没有从生物学那里借来新的东西，因此它比《超越唯乐原则》更接近精神分析学。在性质上，它的综合多于思辨，而且似乎怀有一个雄心勃勃的目标。但是，我意识到它只是最粗略的概述，而我也十分满足于这样的粗略概述。

　　书中论及了一些还未成为精神分析学研究课题的问题，并且不可避免地要触犯那些由非分析学者们或以前的分析学者们在他们退出分析学时所提出的一些理论。在别的地方，我总是准备承认我的某些成就应归功于其他一些工作者；但此刻我感到并没有这种感激的债务压在我身上。如果迄今为止，精神分析学还没有对某些事情作出正确评价，这绝不是因为它忽视了它们所达到的成

---

① 《标准版全集》，第 18 卷，59 页。

就，或者企图否认它们的重要性，而是因为它遵循着一条独特的道路，而这条道路还没有到达足以评价这些事情的地步。最后，当这条道路到达它们那里时，事情已经以截然不同于它们在别人看来所具有的面目出现在精神分析学面前了。

二、意识与什么是无意识

在这导言性的一章里并没有什么新东西要讲，而且不可能避免重复以前多次讲过的东西。

将心理区分为意识与无意识，这是精神分析学的基本前提；而且只有这个前提才使精神分析学有可能解释心理生活中的病理过程——这些病理过程的普遍性像它们的重要性那样值得重视——并把它们安置在科学的结构之中。换句话说，精神分析学不能把心理的主体置于意识中，但是必须把意识看作心理的一种性质，这种性质可能和其他性质一起出现，也可能不出现。

如果我可以设想所有对心理学感兴趣的人都阅读这本书的话，那我就应该准备好看到我的一些读者会在此停顿下来，不再读下去；因为在这里我们遇到了精神分析学的第一句行话。对于大多数受过哲学教育的人来说，关于有不是意识的心理的东西的思想是那么的不可思议，以至在他们看来这种思想是荒谬的，仅用逻辑就可驳倒的。我相信这只是因为他们从来就没有对使这种观念成为必要的催眠和梦的有关现象——除了病理现象以外——加以研究。他们的意识心理学在解释梦和催眠的各种问题时显得无能为力。

"被意识"（"being conscious"）①首先是一个纯粹描述性的术语，

---

① 原著为"Bewusst sein"（由两个词组成）。在《非专业的分析学》（1926）第二章中有类似的提法（《标准版全集》，第 20 卷，197 页）。"Bewu sstsein"是正规的德文单词，指"意识"，用二个字来指意识强调了"bewusst"的词形是一个被动分词这一事实——"被意识"（"being consciousned"）。英文中的"意识"可以是主动的又可以是被动的；但在这些讨论中它总是作为被动的被使用的。见弗洛伊德关于元心理学的文章《无意识》（The Unconscious，《标准版全集》，第 14 卷，165 页）中编者按语的结尾处的注释。

它基于具有最直接、最确定的性质的知觉(perception)。经验不断表明，一种精神要素(例如：一种观念)通常并不是在时间上延续了一定长度的意识。相反，一个意识状态在特性上是特别短暂的；此刻作为意识的观念不一会儿就变了样，虽然在某些容易出现的条件具备以后它还会恢复原样。在这间隔当中，我们并不知道这种观念是什么。我们可以说它是"潜伏的"(latent)，这样说是意味着它在任何时候都能变成意识。或者，如果我们说它是无意识(unconscious)，我们也应当对它作出正确的描述。这里，"无意识"与"潜伏的并且能够变成意识的"是一致的。毫无疑问，哲学家们会反对说："不对，'无意识'这个术语在这里不适用；只要观念处于潜伏状态，那它就全然不是任何心理的东西。"在这一点上反驳他们只会把我们引向无益的措词上的争辩。

　　但是，我们沿着另外一条途径得出无意识这个术语或概念，即在研究某些经验中发现心理动力学起了一部分作用。我们发现——也就是说，我们不得不这样想——有非常之强有力的心理过程或观念存在着[这里，数量的或经济的(economic)因素首次成为要考虑的问题]，虽然它们自己并不是意识的，但却能够在心理生活中产生普通观念所产生的一切结果(包括那些本身能够变成意识的观念所产生的结果)。这里不必再重复以前多次解释过的那些细节①，而只要指出这样一点就够了，即精神分析理论在这一点上断言：这样的观念之所以不能变成意识，是因为有某种力量与其对抗，否则它们就能够变成意识，随后必将显示出它们与其他为人们所公认的心理要素间的差异是多么微小。一个事实已使这个理论成为不可辩驳的，这个事实就是，在精神分析学的技术中，已经找到一种方法可以消除那种对抗力量从而能使前述那些观念成为意识。我们把观念在成为意识之前所处的状态称为压抑。在分析工作中，我们坚持把实行压抑和保持压抑的力理解为抗拒。

　　这样，我们从压抑的理论中获得了无意识概念。对我们来说，被压抑的东西(the repressed)是无意识的原型。但是，我们看到，我

---

　　①　例如，参考《精神分析中的无意识说明》(《标准版全集》，第 12 卷，262 页、264 页，1912)。

们有两种无意识——一种是潜伏的，但能够变成意识；另一种被压抑的，在实质上干脆说，是不能变成意识的。这一对心理动力学理解不能不影响到术语和描述。仅仅在描述性的意义上是无意识的而不是在动力意义上是无意识的那种潜伏，我们称之为前意识(preconscious)；我们把术语无意识限制在动力意义上无意识的被压抑上；这样，我们现在就有了三个术语了：意识(Cs)、前意识(Pcs)和无意识(Ucs)，它们的意义不再是纯粹描述性的了，与其说前意识接近无意识，大概不如说它更接近意识，并且，既然我们称无意识为心理的，那我们就应该更不犹豫地称潜伏的前意识为心理的。但是我们为什么不与哲学家们取得一致意见，循着习惯的道路，把前意识，也把无意识都与意识心理区别开来，以代替我们的说法呢？哲学家们会提议：应该把前意识和无意识描述为"类心理"(psychoid)的两个种类或两个阶段，这样也就可以达到协调一致。但是，随之而来的是无穷无尽的说明上的困难；而一个重要的事实——这两种"类心理"在几乎所有其他方面都与公认的心理相一致——就会由于某一时期(这个时期对这些类心理或它们之中的最重要的部分还一无所知)的偏见强而被置于不突出的地位。

现在我们就可以很自如地使用我们的三个术语——意识、前意识和无意识，只要我们不忘记在描述性的意义上有两种无意识，但在动力的意义上只有一种。[1] 就阐述问题上的不同目的而言，这个区别在某些情况下可以被忽视，但在另一些情况下当然是必不可少的。同时，我们或多或少已习惯于无意识这个模棱两可的词，并且运用得也不坏。就我看来，要避免这种模棱两可是不可能的；意识与无意识的区别最终是一个知觉的问题，对它必须回答"是"或"不是"，知觉行为本身并没有告诉我们为什么一件事物可以被知觉到或不被知觉到。谁也不能因为实际现象模棱两可地表现了动力的因素

---

① 对这句话的一些评论见于附录(一)(210 页)。

而有权发出抱怨。①

　　但是，在精神分析工作未来的过程中，甚至这些区别也会被证明是不恰当的，从实践角度来讲也是不够的。在许多方面，这一点已经变得很清楚了；但决定性的例证还在下面。我们已经形成了一个观念：每个个人都有一个心理过程的连贯组织；我们称之为他的自我。意识就隶属于这个自我；自我控制着活动的方法——就是说，控制着进入外部世界的兴奋发射；自我是管理着它自己所有的形成过程的心理力量，在夜间入睡，虽然它即使在入睡的时候也对梦进行稽查。压抑也是从这个自我发生的。通过压抑，自我试图把心理

----

　　①　迄今为止，这一点可以与我的《精神分析中的无意识说明》(1912)相比较。参照元心理学方面的论文《无意识》(1915)的第1章和第2章。对无意识的批评引起的一个新的转变这一点值得考虑。那些不拒绝认识精神分析学事实但又不愿意接受无意识的研究者在这个事实中找到了一条没有人会反驳的逃避困难的出路；在意识(作为一个现象)中强度或清晰度可能区分为许多不同的等级。正像有一些可以非常生动、鲜明和确实地意识到的过程一样，我们也同样经历了其他一些只是模糊地甚至很难意识到的过程。然而，人们争辩说：那些最模糊地意识到的过程是——精神分析学希望给它们一个不大合适的名字——"无意识"的过程；但是，它们也是有意识的或"在意识中的"，如果对这样的过程加以足够的注意，它们也能转变成充分而又强烈的意识。

　　至于争论可能影响对依靠惯例还是依靠感情因素这类问题的决定，我们可以作如下评论。对意识的清晰程度的参考意见绝不是结论性的，也并不比下面类似的论述有更明确的价值："在亮度中有这么众多的等级——从最明亮、最耀眼的闪电到最昏暗的微光——所以这里完全没有黑暗之类的事情"；或者说："有这么多活力的等级，所以完全没有死亡之类的事情。"这样的叙述在某种方式上可能具有意义，但对于一些实践的目的，它们毫无价值。如果有人试图从中得出特别的结论，如："所以，这里不需要打火。"或者，"所以所有的有机体都是不死的"。我们就可以看到这种叙述的毫无价值。进一步，把"不被注意的东西"归入"有意识的东西"这个概念之中，只是容易搞乱我们关于心理的直接、确切的唯一的一点知识。总之，还不为人所知的意识对我来说比无意识的一些心理现象更不合理。最后，把不被注意的东西和无意识的东西等同起来的企图显然不重视有关的动力条件，而这些动力条件又是构成精神分析思想的决定因素。因为这种企图忽视两个事实：一是集中足够的注意力在这类不引人注意的事情上是极端困难和需要作巨大努力的；二是当这一点达到了，先前不被注意的思想并不被意识认识到，它们反而常常对意识是完全异己和敌对的，并且被意识果断地拒绝。这样，在什么是很难被注意或不被注意到的问题上设法躲避无意识，终究仅是一个预想的信条的派生物，这个信条把精神和意识的同一性看作一劳永逸地解决了的事情。

中的某些倾向不仅从意识中排斥出去，而且从其他效应和活动的形式中排斥出去。在分析中，这些被排斥的倾向处在自我的对立面。分析面临着一个任务，就是去掉抗拒，自我正是用它来表示自己与被压抑的东西无关。现在我们在分析中发现，当我们把某些任务摆在一个病人的面前，他会陷入困境；在他的联想接近被压抑的东西时，联想就会消失。然后我们告诉他，他已经被某种抗拒所控制；但他对这一事实还是一无所知，即使他从不舒服的感觉中猜测那个抗拒现在还在他身上起作用，他仍不知道抗拒是什么或者如何来描绘它。但是，因为毫无疑问这个抗拒是来自他的自我并且属于这个自我，所以我们发现我们处在一个毫无预见的境地。我们接触到了自我本身中的一些事情，它们也是无意识，它们的行动像被压抑一样——就是说，它们在本身不被意识到的情况下产生了一些强大的影响，它们需要经过特殊的工作才能成为意识。从分析实践的观点来看，这一发现的结果是，如果我们坚持我们习惯的表达方式，例如，如果我们试图从意识和无意识的冲突中追溯神经症的根源，我们就会处于一片朦胧和无穷无尽的困难之中。我们将不得不用另一种对立——它来自我们对心理结构状态的洞察，即用现实清晰的自我与由自我分裂出来的被压抑的部分之间的对立来取代这个冲突。①

但是，对于我们的无意识概念，我们的发现结果尤为重要。动力学考察使我们做了第一个修正；我们对心理结构的洞察则引导我们做出第二个修正。我们认识了无意识与被压抑的东西并不一致；所有被压抑的东西都是无意识的，这仍然是正确的；但并不是所有的无意识都是被压抑的。自我的一个部分——多么重要的一个部分啊——也可能是无意识，毫无疑问是无意识。② 属于自我的这个无意识不像前意识那样是潜伏的；因为如果它是潜伏的话，那么它不变成意识就不能活动，而且使它成为意识的过程也不会遭到这样巨大的困难。当我们发现我们面对着假设第三个不是被压抑的无意识

---

① 参见《超越唯乐原则》，见《标准版全集》，第18卷，19页，1920。

② 这不仅在《超越唯乐原则》中已被表述过（部分引文），更早出现在《无意识》中（《标准版全集》，第14卷，192～193页，1915）。实际上在题为《防御机制的精神神经症》（1896年）的第二篇文章的开始的论述中已经透露了这一点。

的必要性时，我们必须承认"处于无意识中"这个特征对于我们开始丧失了意义。它变成一种能有许多意思的性质，我们无法像我们应该希望做的那样把这种性质作为一个影响深远的、不可避免的结论的基础。然而我们必须提防忽视掉这个特性，因为处于还是不处于意识中这个属性乃是我们在深蕴心理学的黑暗中最终依凭的一盏指路明灯。

三、自我和本我

病理学的探索使我们的兴趣全部集中于被压抑的东西上面。既然我们知道，就自我这个词的适当含义而言，它也可以是无意识的，那么我们就想对自我知道得更多一些。迄今，在我们的调查过程中，我们所具有的唯一的向导是意识或者无意识的区分标志；最终我们会看到这个区分标志的意义是多么含混不清。

现在我们所有的知识一律都与意识密切相关。只有通过使无意识成为意识，我们才能知道无意识。但是，等一等，这怎么可能呢？当我们说"使某物成为意识"，这意味着什么呢？这是怎么发生的呢？

我们已经知道了我们在这个关系中的出发点。我们已经说过，意识是心理结构的外表(surface)；这就是说，我们已经把它作为一个功能归于一个系统，这个系统在空间上是第一个被外部世界接触到的——所谓在空间上不仅仅指功能的意义，在这个场合，也指解剖结构的意义。① 我们的调查也必须以这个知觉外表为出发点。

所有知觉，不论从外部(感官知觉)还是内部——我们称之为感觉和感情——接受的知觉，一开始都是意识。但是那些我们能够(粗略地、不确切地)以思想过程的名称来概括的内心过程是怎么样的呢？它们代表了心理能量在通往行动的道路时，在器官内部某处发生的转移。它们是向着产生意识的表面前进的吗？或者是意识通向它们？当人们开始严肃地采用心理生活的空间的或"地域学的"观念时，很清楚，这就产生了一个困难。这两种可能性同样不可想象；

---

① 《超越唯乐原则》，见《标准版全集》，第18卷，26页，1920。

这里肯定存在着第三种选择。①

　　在另一个地方②，我已经提出过，一种无意识与一种前意识观念（思想 thought）之间的真正区别在于：前者靠一些未知的材料进行，而后者（前意识）另外还与词表象（word-presentations）有关。除了前意识和无意识与意识的关系外，这是表明这两个系统的区分标志的第一个企图。"某物怎样变成意识呢？"这个问题这样提出会更有利："某物怎样变成前意识？"回答将是："通过相应于该物的词表象而变成前意识。"

　　这些词表象是记忆的残余（residues of memories）；它们曾经一度是知觉，它们像所有的记忆残余（mnemic residues）一样还会再度变成意识。在我们进一步关心它们的本质之前，我们渐渐认识到一个似乎是新的发现：只有曾经一度是意识知觉的某物才能够变成意识，任何产生于内部的某物（除开感情）要想成为意识，必须试图把自身变成外部知觉——这只有依靠记忆痕迹（memory-traces），才有可能。

　　我们把记忆残余看作包含于那些直接与知觉意识系统（Pcpt. Cs.）毗邻的系统之中，所以，这些残余的精力贯注可以随时从内部延伸到知觉意识系统的要素中去。③ 这里，我们马上会想到幻觉（hallucination），想到最生动的记忆总是和来自幻觉与来自外部的知觉有区别这一事实④；但是，我们马上也会发现，当记忆复活时，精力贯注留在记忆系统中，当精力贯注不仅仅蔓过记忆痕迹通向知觉因素，而是全部穿过它时，那个与知觉无法区别的幻觉就能够产生。

---

① 这一点在《无意识》（1915）一书的第二节中有着较充分的论述（《标准版全集》，第18卷，173～176页，1920）。

② 《无意识》，见上书，201页。

③ 参见《释梦》，第七章（二），《标准版全集》，第5卷，538页，1900。

④ 布罗伊尔曾在他为《歇斯底里研究》所作的理论贡献中表述过这个观点（《标准版全集》，第2卷，188页，1895）。

词语的(verbal)残余首先从听知觉(auditory perception)中得到①，堆积所以前意识系统可以说有一个特别的感觉来源。词表象的视觉成分是第二位的，是通过阅读得到的，可以首先放在一边；同样，除聋哑人以外，语词(words)的运动印象(motorimages)也可以起辅助的指示作用。实质上，一个词毕竟是一个曾经听到过的词的记忆残余。

当视觉记忆残余是某些事物时，我们千万不要由于喜欢简单化而忘记这些视觉记忆残余的重要性，或者否认思想过程通过向视觉残余的回复而变成意识的可能性；否认在许多人看来，是一个优惠的方式。对梦和前意识幻想(phantasies)的研究就像在瓦伦东克(Varendonck)的观察中②显示的那样能为我们提供关于这个视觉思维(visual thinking)特性的观念。我们知道，在视觉思维中成为意识的东西通常仅是思想的具体题材(subjectmatter)。我们还知道，对这个题材的各种因素——它们乃是具体标志思想特征的东西——之间的关系不能提供视觉表达。因此，形象思维(thinking in pictures)只是一种变成意识的很不完全的形式。在某些方面，它也比语词思维(thinking in words)更接近无意识过程，也毫无疑问地在个体发生和种系发生方面早于语词思维。

再回到我们的争论上来：本身无意识的某物变成前意识——如果是这样的话，那么，我们怎样使被压抑的某物变成(前)意识的问题就应该这样回答：是由于在分析工作中提供了前意识中间环节。因此，意识留在原地；但另一方面，无意识不会上升为意识。

由于外部知觉与自我的关系说得非常清楚，内部知觉与自我的关系就需要特殊的调查研究。它再一次提出一个疑问：我们把整个意识归于单一的知觉意识表层系统是否真是正确的。

内部知觉产生了对各种各样的过程的感觉，当然也包括对来自心理器官的最深层的过程的感觉。对这些感觉和感情我们知道得

①　弗洛伊德在他关于失语症(aphasia)的专题著作中(1891)，在病理学发现的基础上得到了这个结论(同上书92~94页)。这一点在论文《无意识》附录三的重作的那部著作的图解中表述出来(《标准版全集》，第14卷，214页)。

②　参见瓦伦东克的著作(Varendonck，1921)；弗洛伊德为它写了一篇序言(1921)。

很少；那些属于愉快与不愉快系列的感觉和感情仍然可以被看作它们的最好的例子。它们比产生于外部的知觉更原始、更基本，而且，甚至当意识处于朦胧状态，它们也能够发生。我在其他地方①说明了我对它们的较大的经济意义和在这一点上的元心理学理由的观点。这些感觉是多室的(multilocular)，像外部知觉一样；它们可以同时来自不同的地方，因而可以有不同的、甚至互相对抗的性质。

具有愉快性质的感觉没有一点儿内在的推动力，而不愉快的感觉却高度地拥有这推动力。后面的这种推动力趋向变化，趋向发泄，这就是为什么我们把不愉快解释为精力贯注的增高，而把愉快解释为精力贯注的减弱。② 让我们把变成像愉快和不愉快那样的意识的东西叫做心理事件进程中量的和质的"某物"，于是问题变成：这个"某物"在它所在的地方是否能够变成意识，或者它是否首先必须被发送到知觉系统中去。

临床经验决定了后者。它显示给我们，这个"某物"的活动就像一个被压抑的冲动(impulse)。它能够在自我没注意到强迫时发挥出推动力。直到出现对强迫的抗拒，出现发泄反应(discharge-reaction)的阻滞，才使得这个"某物"立刻变成像不愉快那样的意识。同样，来自肉体需要的紧张可以处于无意识，处于外部知觉与内部知觉中间的事物——疼痛(pain)也能够这样，甚至当这个疼痛源自外部世界时，它的行为却好像是一个内部知觉。因此，感觉和感情也只有通过接触知觉系统才能变成意识，这是正确的；如果这条前进的道路受到阻碍，它们就不会变成感觉，尽管在兴奋过程中与它们相应的"某物"还是一样，就像它们会变成感觉那样。然后，我们以简约的、不完全恰当的方式来谈论"无意识感情"，将它与并非无懈可击的无意识观念相类比。实际上，区别在于与无意识观念相关的环节在无意识观念能够被带入意识之前必须被创造出来，而感情则自己直接发送。换句话说：意识与前意识之间的区别在涉及感情时便没有什么意义了。这里，前意识退出了——而感情或是有意识的，或

---

① 《超越唯乐原则》，《标准版全集》，第18卷，29页，1920。

② 《超越唯乐原则》，《标准版全集》，第18卷，8页、2页，1920。

是无意识的。甚至当感情依附于词表象时，它们变成意识也不是由于这个依附关系，它们是直接变成意识的。①

现在，词表象所起的那份作用变得非常清楚了。由于它们的插入，内部的思想过程进入了知觉。这就像所有的知识都来源于外部知觉这一原理所证明的那样。当思想进程的高度精力贯注发生时，思想实际上已被知觉到——好像它们来自外部一样——因而被认为是真实的。

澄清了外部知觉、内部知觉与知觉意识的表面系统之间的关系之后，我们就能够继续研究自我这一观念。正如我们所看到的，自我源自知觉系统，这个知觉系统是它的核心(nucleus)，自我由领悟到前意识开始，这个前意识与记忆的残余相毗邻。但是，正如我们已经知道的，自我也是无意识的。

现在我想我们遵从一位作家的提议将获得很大的成果，这位作家出于私人的动机徒劳地断言，他与纯科学的精确性毫不相干。我说的是乔治·格罗代克(Georg Groddeck)。他一直不懈地坚持说，我们称之为自我的那个东西在生命中基本上是被动地行动着的；他还坚持说，我们"活着"依靠的是未知的和无法控制的力。② 我们全都有过这一类的印象，即使它们不能强使我们排斥所有其他的印象。我们应该毫不犹豫地为格罗代克的发现在科学结构中找到一席地位。我建议重视这个发现，因此我们称呼出自知觉系统，并由前意识开始的统一体为"自我"，并且按照格罗代克的方法称呼心理的另一个部分为"本我"③，统一体会延伸到这个部分中去，这个部分的行为好像它曾是无意识的。

我们很快就将看到，为了描写或理解，我们是否能够从这个观点中获得一些好处。现在，我们将把一个个体看作未知的和无意识的心理的本我，自我依托在它的表层，知觉系统从它的内核中发展出来。如果我们努力对它进行形象化的描述，我们可以补充说自我

---

① 参见《无意识》，第三节(《标准版全集》，第14卷，177~178页，1915)。

② 参见格罗代克的著作(Groddeck, 1923)。

③ 毫无疑问，格罗代克以尼采为榜样，他习惯于使用这个语法术语表达我们本性中的非人格的以及——可以这么说——隶属于自然法则的东西。

并不全部包住本我，而只是包住了一个范围，在这个范围里知觉系统构成了它的（自我的）表层，多少有些像胚盘依托在卵细胞上一样。自我并不与本我明显地分开；它的较低级的部分并入本我。

但是被压抑的东西也并入本我，并且仅仅作为它的一个部分。被压抑的东西只是由于压抑的抗拒而与自我截然分开；它能够通过本我与自我相通。我们立刻了解到，几乎所有我们在病理学的教唆下所划定的分界线仅仅与心理器官的表层——我们唯一知道的那些部分——有关。我们已描述过了的这些东西的状态可以用图表述如下①；虽然必须承认我们选择的这个形式并不打算到处套用，它只不过是用来说明问题而已。

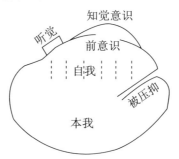

我们大概可以补充说——仅从一个方面——自我戴着一顶"听觉的帽子"②，就像我们从大脑解剖中知道的那样。人们可以说这顶帽子是歪戴着的。

很容易看到自我是通过知觉意识的中介而为外部世界的直接影响所改变的本我的一个部分；在某种意义上它是表面分化的扩展。而且，自我企图用外部世界的影响对本我和它的趋向施加压力，努力用现实原则代替在本我中自由地占支配地位的快乐原则。知觉在自我中所起的作用，在本我中由本能来承担。自我代表可以称作理性和常识的东西，它们与含有感情的本我形成对比。这个全都与我

---

①　此图与《引论新讲》（1933）第31讲将近结尾处的图仅有微小的区别。《释梦》（《标准版全集》，第5卷，541页，1900）中，有一个完全不同的图——它的前身出现于1896年12月6日给弗莱斯（Fliess）的一封信中（弗洛伊德，1950年第52封信）——这个图同样涉及了功能和结构。

②　"Hörkappe"（德文：听觉的帽子）即听叶（auditory lobe）。

们大家熟悉的普遍特征相符合；但是，这仅仅被认为适用于一般水平或"理想的情况"。

自我功能的重要性表现在下面这一事实上，即在正常情况下，对能动性的控制移归自我掌握。这样，在它与本我的关系中，它就像骑在马背上的人，他必须牵制着马的优势力量；所不同的是：骑手试图用自己的力量努力去牵制，而自我则使用借来的力量。这个类比还可以进一步引申。假如骑手没有被马甩掉，他常常是不得不引它走向它所要去的地方；① 同样，自我习惯于把本我的欲望转变为行动，好像这种欲望是它自己的欲望似的。

除了知觉系统的影响以外，另一个因素好像在形成自我和造成它从本我分化出来中起着作用。一个人自己的躯体，首先是它的外表，是一个可以产生外部知觉和内部知觉的地方。它像任何其他对象那样被看到，但是对于触觉，它产生两种感觉，其中一个可能与内部知觉相等。心理生理学已经充分讨论了一个人自己的躯体在知觉世界的其他对象中获得它特殊位置的方式。在这个过程中，疼痛好像也起了作用，在疼痛中我们获得我们器官的新知识，这个方式也许是一般我们得到我们躯体观念的典型方法。

自我首要地是躯体的自我(bodily ego)；它不仅仅是一个表面的实体，而且本身即是表面的投影。② 如果我们希望找出它在解剖上的类比，我们最好能使它和解剖学者们的"大脑皮层人象"(cortical homunculus)等同起来，这个"大脑皮层人象"倒立于皮质之中，脚踵上举，面孔朝后，就像我们所知道的，他的言语区域在左手那边。

自我与意识的关系已被再三讨论过了；在这一方面还有一些重要的事实需要在这里阐述。虽然我们无论到哪儿都带着我们的社会的或伦理的价值标准，但是，当听到较低级的感情的行动舞台是在

---

① 这个类比作为对弗洛伊德的一个梦的联想出现于《释梦》中(《标准版全集》，第4卷，231页)。

② 即自我最终来源于身体的感觉，主要来自身体表面发出的感觉。可以把自我看作身体表面的心理投影，另外，如我们在前面看到的，它代表心理结构的表面。——此注首次出现于1927年的英译本中，在该译本中还说此注是经弗洛伊德认可的。在德文版中没有这个注释。

无意识之中，我们并不感到惊讶；而且我们希望在我们的价值标准中排列得越高的心理功能，能够越容易地找到通向意识的道路，从而得到保证。但是，这里，精神分析的经验使我们失望。一方面我们确实发现：甚至通常要求强烈反思的微妙的和困难的智力操作同样能够前意识地进行而不进入意识。这类例子相当确凿；例如，它们可以在睡眠状态中发生，就像事实表明的，某人醒后立刻发现他知道了某个困难的数学题或其他问题的答案，对这个答案，他前一天苦苦思索而徒劳无效。[①]

但是，有另外一个现象，一个更为奇怪的现象。在分析中我们发现有一些人的自我批评和良心的官能——这是一些极高级的心理活动——是无意识的而且无意识地产生最重要的结果；因此在分析中抗拒属于无意识的例子并不是独一无二的。但是，这个新发现不顾我们良好的批评判断，迫使我们谈论一种"无意识罪恶感"[②]，它比其他发现更加使我们感到困惑，并给我们提出一些新问题，特别是当我们逐渐看到了在大量的神经症病例中这一类无意识罪恶感起了决定性的经济作用，并且在复原的道路上设置了最强有力的障碍。[③] 如果我们再次回到我们的价值标准上，我们将不得不说在自我中，不仅最低级的东西，而且最高级的东西都可以是无意识的。就像我们对我们刚刚说过的意识自我（conscious ego）拥有一种证据一样：自我首要地是一种躯体自我。

四、自我和超我（自我典范）

如果自我仅仅是受知觉系统的影响而改变了的本我的一个部分，即在心理中代表现实的外部世界，我们就应该论述一下事情的一般

---

① 我最近才听说这样的例子，实际上，对于我的"梦工作"的描述来说，这倒是一个异议。参见《释梦》，见《标准版全集》，第 4 卷，64 页；第 5 卷，564 页。

② 这个词语在弗洛伊德题为《强迫行为和宗教实践》的论文中出现过（《标准版全集》，第 9 卷，123 页，1907）。但是，这一概念的最早的前身在第一篇题为《防御性精神神经症》（1894）的论文的第二部分中就出现了。

③ 进一步的论述在 66～67 页。

状态。不过还有一个更复杂的问题。

在自我中存在着一个等级，在自我内部存在着不同的东西，可以把它称作"自我典范"或者"超我"。引导我们作出这个假说的考虑曾在别处叙述过。① 它们仍旧适用。② 自我的这个部分与意识的关系不太牢固这一事实十分新奇，需要解释。

在这一点上我们必须稍许扩大一下我们的范围。由于我们假定了(在那些受忧郁症折磨的人中)一个失去的对象被重新安置在自我之中——就是说一种向对象的精力贯注被一种自居作用代替了③，我们才成功地说明了忧郁症患者的痛苦。但是那时，我们没有正确评价这个过程的全部意义，也不知道它是多么普遍、多么典型。从那以后，我们开始理解这类替换在决定自我采取的形式中起了很大作用，并且这类替换在建立人们叫作自我的"性格"(character)上作出了必要的贡献。④

最初，在个人的原始性口欲阶段，向对象的精力贯注和自居作用毫无疑问是难以互相区别的。⑤ 我们只能假定以后向对象的精力贯注源自本我，本我感到性的需要。一开始还处于软弱状态的自我开始感觉到向对象的精力贯注，它或者默许它们，或者用压抑过程

---

① 参见《自恋导论》(1914)和《集体心理学和自我的分析》(1921)。

② 除非我错误地把"现实检验"的功能归于这个超我——这是需要纠正的一点。(参见《标准版全集》，第18卷，114页和注2，1921)。假如现实检验仍是自我本身的任务，它将完全适合于自我与知觉世界的关系。一些从来没有非常明确地阐述过的关于"自我的核心"的较早的建议也需要校正，因为单单知觉意识系统就能作为自我的核心。弗洛伊德在《超越唯乐原则》(1920)中谈到把自我的无意识部分作为它的核心(《标准版全集》，第18卷，19页)；在弗洛伊德以后写成的论文《幽默》(Humour，1927年)中，他提出超我作为自我的核心。

③ 《忧伤和忧郁症》，见《标准版全集》，第14卷，249页，1917。

④ 在论文《性格与肛欲》(1908)结尾的编者注释中(《标准版全集》，第9卷，175页)有对另一些段落的参考意见，其中弗洛伊德论述了性格的形成。

⑤ 参见《集体心理学》，第七章，见《标准版全集》，第18卷，105页，1921。

挡住它们。①

当一个人不得不放弃性对象时，他的自我常常发生一个变化，这个变化只能被描写为在自我内部的一个对象的建立，就像在忧郁症中所发生的一样；我们对于这个替换的确切的本质还一无所知。它可能是一种内向投射——这是一种向口欲阶段机制的退行——使对象更容易被抛弃，或者使这个过程成为可能。也可能是这样：这种自居作用是使本我能够放弃它的对象的唯一条件。至少这个过程，特别是在发展的早期阶段，是经常发生的，这就使我们有可能假设自我的性格是被放弃了的对象的精力贯注留下的，并且包含着选择这些对象的历史。当然，从一开始就必须承认抗拒有着程度不同的能力，它们决定着一个人的性格是挡住还是接受他的性对象选择（erotic object-choices）的历史影响的程度。在那些在爱的方面有着许多经历的妇女中寻找她们性格特征中的对象精力贯注的痕迹似乎并不困难。我们还必须考虑到同时发生对象精力贯注和自居作用的情况——就是说，在这些情况中，性格中的改变发生在对象被放弃以前。在这种情况下，性格中的改变已经能够超越对象关系，从某种意义上来说，改变已经能够保留对象关系。

从另一个观点来看，可以这样说，从性对象选择到自我改变的转变也是一种方法，用这方法自我能够获得对本我的控制，并加深与本我的关系。确实，这在很大程度上是以默认本我的经验为代价的。当自我采取对象的特征时，可以这样说，它是把自己作为一个爱对象（love-object）强加于本我，并用这样的说法试图赔偿本我的损失："瞧，你也能爱我——我是多么像那对象。"

这种从对象力比多（object-libido）向自恋力比多的转化明显地暗示了性目的的放弃，暗示了失去性欲——所以这是一种升华作用。

_____

①　自居作用代替对象选择的有趣的类似情况可以在原始人的信仰中和在信仰基础上建立起来的禁令中找到，变成了食物的动物的属性持续在以它们为食的动物的部分性格中。正如人们所知的，这个信仰是同类相食的根源之一，它还影响了一些图腾禁食习惯，以及在圣餐方面有所影响。（参见《图腾与禁忌》，见《标准版全集》，第13卷，82页、142页、154～155页，1912—1913）。这些结果可以认为是由口来主宰或控制对象的信念而产生的，事实上，这个结果确实是在后期性对象选择的情况中产生的。

确实，问题出现了，需要仔细地考虑：这个转化不是通往升华作用的一般道路吗？所有的升华作用不都是通过自我这一媒介而发生的吗？这些升华作用开始于性对象力比多改变为自恋力比多，之后，可能继续给自恋力比多另外一个目的。[①] 在后面我们将不得不考虑本能的其他变化是否也是这个转化的结果，例如，这个转化会不会造成熔合在一起的各种本能的解脱(defusion)。[②]

虽然这是题外话，但是暂时我们不能避免把注意力集中到自我的对象自居作用(object-identifications)上去。如果它们占了上风，变得数量很大，并且过分强大以至彼此不相容，那么一种病理上的结果就已经为期不远了。在不同的自居作用相互间被抵抗切断的情况下，自我的分裂也会到来；可能被描写为"多重人格"(multiple personality)的病例的秘密就是不同的自居作用依次占有意识。甚至在并非这样严重的时候，各种自居作用之间的矛盾冲突还是存在，在这些矛盾中使自我功能开始分离，但这矛盾毕竟不能全部被描写成病理性的。

但是不管性格抵抗被放弃的对象精力贯注的影响的新能力是什么样的，在最早的童年时期产生的第一个自居作用的影响将是普遍的和持久的。这一点把我们带回到了自我典范的起源；因为在它后面隐藏着个人的第一个、也是最重要的自居作用，即在他的个人的前历史中他与父亲的自居作用。[③] 首先，这个自居作用显然不是向

---

①　既然我们区分了自我和本我，我们就必须把本我看作力比多的大量储存器，如我在关于自恋的论文中表明的那样(《标准版全集》，第 14 卷，75，1914)。由上面描述过的自居作用引起而流入自我的力比多带来了自我的"继发性的自恋"。

②　在 195 页和 205 页，弗洛伊德又回到这段所谈的题目上来。本能结合和本能解脱的概念在 189~190 页中说明。这些术语在百科全书条目中已有介绍(《标准版全集》，第 18 卷，258 页，1923)。

③　也许说"与双亲"(with the parents)更保险一些；因为在孩子已经明确地知道了两性之间的不同，亦即有没有阴茎之前，他区分不了父母之间在价值上的区别。我最近遇到了一个少妇的例子，她的事例表明，当她发现自己没有阴茎后，她以为不是所有的妇女都没有阴茎，而仅是被她认为下等的妇女才没有，她仍以为她的母亲是有的。参见《婴儿性心理发展》的注释(《标准版全集》，第 19 卷，145 页，1923)。——为了使论述简明，我只讨论与父亲的自居作用。

对象精力贯注的结果或成果；它是一个直接和瞬间的自居作用，并且发生在任何对象精力投入之前。① 但是性爱对象选择属于第一个性阶段、并且与父母有关，好像完全正常地在一个这样的自居作用中寻找它们的结果，而且这样来加强最初的这个自居作用。

但是，整个题目是如此复杂以至于必须深入细节去探究它。问题纠缠在两个因素上：俄狄浦斯情结的三边特性和每个个人在结构上的双性倾向。

在这个问题的简化形式中，一个男性儿童的情况可以作如下描写。在他幼小的时候，小男孩发展对自己母亲的对象精力贯注，这个对象精力贯注最初是与母亲的乳房相关联的，并且在性欲依附的模型上是性爱对象选择的原型②；男孩用把自己与其父亲等同起来的方法来对待他的父亲。有一段时间，这两种关系并肩进行着，直到男孩对他母亲的性的欲望变得更强烈，并且发现他的父亲成为他们之间的障碍时为止；从这开始，俄狄浦斯情结才产生。③ 然后他与他父亲的自居作用染上了敌对的色彩，并且为了取代父亲在父母关系中的地位，这个自居作用变为一种摆脱其父亲的愿望。从此以后他与他父亲的关系就充满着矛盾冲突，看上去好像自居作用中固有的矛盾冲突从一开始就变得明显了。对父亲的态度充满矛盾冲突和对母亲专一的充满深情的对象关系在一个男婴身上构成了简单明确的俄狄浦斯情结的内容。

随着俄狄浦斯情结的破坏，男孩对他母亲的对象精力贯注必被抛弃。这个位置可能被以下两者之一所代替：或者是产生与他母亲的自居作用，或者是与他父亲的自居作用增强了。我们已习惯于认为后面的结果更为正常，它允许对母亲充满深情的关系在一个限度内保留下来。这样，俄狄浦斯情结的分解④就会加强男孩性格中的

---

① 参见《集体心理学》，第七章的开始部分（《标准版全集》，第 18 卷，105 页，1921）。

② 参见论自恋的文章（《标准版全集》，第 14 卷，87 页，1914）。

③ 《集体心理学》的部分引用（1921）。

④ 在这一题目的论文（1924）中弗洛伊德对这个问题作了更充分的说明。

男子气。与此完全相似①，一个小女孩的俄狄浦斯态度的结果可能是她与她母亲的自居作用的增强(或者首次建立起这样一个自居作用)——这个结果将会使小孩的女性性格固定下来。

这些自居作用不是我们本该期望的(来自上面第 177 页的理由)，因为它们没有把被抛弃的对象引进自我；但是这个可供选择的结果也会发生，这个结果在女孩身上比在男孩身上更容易观察到。分析常常表明一个女孩在她不得不放弃把父亲作为爱对象以后，她的男子气会变得显著突出，并用以父亲(也就是与已失去的对象)自居来代替与她母亲的自居作用。这将明显地取决于在她的性情——不管由什么组成——中的男子气是否足够强烈。

因此，显然在两性中，男性和女性的性倾向的相对力量决定了俄狄浦斯情结的结果是与其父亲起自居作用还是与其母亲起自居作用。这是许多方式中的一种，在这种方式中，双性倾向在以后的俄狄浦斯情结变化中起着作用。另外的一种方式更为重要。因为人们得到了一种印象：简单的俄狄浦斯情结绝不是它的最通常的形式，而是代表着它的简单化和系统化，确实，这种简单化和系统化常常在实践中被充分肯定。更进一步的研究通常能发现更完整的俄狄浦斯情结，这个俄狄浦斯情结具有双重性：肯定性和否定性，并归于最初在儿童身上呈现的双性倾向。这就是说，一个男孩不仅仅有一个对其父亲有矛盾冲突心理和对母亲深情的性爱对象选择，而且同时他的所作所为也像一个女孩，对其父亲表现出充满深情的女性态度和对其母亲表现出相应的妒忌和敌意。这就是双性倾向所引进的复杂因素，它使得要获得与最早的性爱对象选择和自居作用相联系的事实的清楚观念困难重重，要想明白易懂地描写它们就更加困难。甚至可能会是这样：在与父母的关系中展现出的矛盾冲突应该全部归因于双性倾向，正如我在上面阐述的那样，它并不是由作为竞争

---

①　关于俄狄浦斯情结的结果在女孩和男孩中"完全相似"的观点此后不久便被弗洛伊德抛弃了。请参见弗洛伊德著《两性结构特点引起的心理后果》(1925 年)。

结果的自居作用发展出来的。①

我认为，假定完整的俄狄浦斯情结的存在，一般来说是合理的，特别是在与神经症有关联的地方。分析的经验显示出，在许多情况中，除了一些仅能辨别出的痕迹，这个或那个组成成分消失了；所以，结果是一头是一个正常的、阳性的俄狄浦斯情结，另一头是一个反常的、阴性的俄狄浦斯情结的系列，同时它的中间部分用它的两个成分中的优势的一个来展现整个形式。在俄狄浦斯情结分解时，它所包含的四个趋向会在产生父亲自居作用和母亲自居作用的过程中集聚起来。父亲自居作用会保护属于阳性情结的与母亲的对象关系，并且将同时取代属于阴性情结的与父亲的对象关系；母亲自居作用也同样如此，但在细节上做必要的修正。任何个人的两个自居作用的相对强度会反映出他身上的两个性倾向中有一个占优势。

所以，被俄狄浦斯情结所控制的性阶段的十分普遍的结果可以被看作自我中一个沉淀物的形成，它包含着在某些方面互相结合的两个自居作用。这种自我的改变保留着它的特殊地位；它面对着作为自我典范或超我的自我的另一个内容。

但是，超我并不单单是本我最早的性爱对象选择的一个痕迹，它还代表一个反对这些选择的强有力的反相形成。它与自我的关系并未被以下这句格言把内容抽空："你应该像这个（像你父亲）。"它还包含了这个禁令："你不可以像这个（像你父亲）——这就是说，你不可以做所有他做过的做；有一些事情乃是他的特权。"自我典范的这种两重性来自于自我典范有压抑俄狄浦斯情结的任务这个事实；确实，这种情况之所以能存在正是应归因于这种革命的事件。很清楚，对俄狄浦斯情结的压抑并不是件容易的事情。对于实现孩子的俄狄

---

① 弗洛伊德关于双性倾向的重要性的信念有过一个漫长的过程。例如，在《性欲理论三讲》(1905)的第一版中，他写道："我以为不重视双性倾性，几乎就不可能理解在男人和女人身上真实地观察到的性现象"(《标准版全集》，第7卷，220页)。再早，我们在他致弗莱斯(在这个问题上，弗莱斯对弗洛伊德影响颇大)的信中看到一段文字，可以说是这个论述的前身(《弗洛伊德》，1950年，第113封信，1899年8月1日)："双性倾向！我相信在这一点上你是对的。我正在使自己习惯于把每一次性行为看作四个个体之间的事情。"

浦斯愿望来说，孩子的父母，特别是他的父亲，被视为一个障碍；所以为了实行压抑，他幼稚的自我用在自身建立起同样的障碍来增强自己。可以这么说，他从他父亲那里借来力量做这件事，这个借贷是特别重要的行为。超我保留了父亲的性格，同时俄狄浦斯情结越是强大，它屈服于压抑就越快（在权威、宗教教育、学校教育和阅读的影响之下），接着，超我支配自我会更严格——以良心的形式或可能以无意识罪恶感的形式。我不久将（参见 198 页）提出一个看法：超我这种统治权力的源泉带有强迫特点的专制命令形式。

如果我们再次考虑如前所述的超我的起源，我们会发现这是两个非常重要的因素的结果，一个是生物本性，另一个是历史本性，即：人类童年期无助和依赖的漫长过程，他的俄狄浦斯情结的事实（我们已经说明，对俄狄浦斯情结的压抑与潜伏阶段之前力比多发展的中断有关，同样也和一个人的性生活的双相性起源有关）。① 按照一个精神分析的假设②，最后所提到的好像为人所特有的这个现象是冰河时期必然引起的文化发展的遗产。因此我们看到超我从自我分化出来并非偶然；这种分化代表着个人发展和种系发展的最重要的特性；确实，通过把父母的影响看作永久性的东西，这种分化才使得上述那些因素——这些因素是这种分化的起源——能永久存在下去。

精神分析学曾多次被指责忽视了人性高级的、道德的、超个人方面。这种指责无论在历史上还是在方法上都是不公正的。首先，因为从一开始我们就把怂恿压抑的功能归于自我中的道德和美的趋势，其次，这种指责是对一种认识的总的否定，这种认识认为精神分析的研究不能像哲学体系一样产生一个完整的、现成的理论结构，而必须通过对正常和反常的现象进行分析的解剖来寻找逐步通向理

---

　　① 在德文版中，这个句子如下："如果我们再一次像我们对超我所描绘的那样来考虑超我的起源，我们会发现它是两个特别重要的生物学因素的结果：即童年的无助和依赖在男人身上的长期持续，他有俄狄浦斯情结——我们把这个俄狄浦斯情结上溯到潜伏期前力比多的发展的中断，一直到男人性生活的两性起源。"前面稍许不同的译文由于弗洛伊德的明确指示收入了 1927 年的英译本。由于某种理由，这个修正并未在稍后一些的德文版中出现。

　　② 这个观点是由费伦采提出的(1913)。在《抑制、症状和焦虑》(《标准版全集》，第 20 卷，155 页，1926)的第十章将近末尾的地方，弗洛伊德好像更明确地接受了它。

解复杂心理现象的道路。只要我们关心心理生活中被压抑东西的研究，我们就完全没有必要担心找不到人的高级方面的东西。但是，既然我们已经着手对自我进行分析，我们就能够回答所有那些道德感受到打击的人和那些抱怨说人确实必须有个高级本性的人："非常正确，"我们可以说，"正是在这个自我典范或超我中，我们具有那个高级本性，它是我们与父母关系的代表。当我们还是小孩时，我们就知道那些高级本性，我们羡慕它们，也害怕它们；之后我们就把它们纳为己有。"

因此，自我典范是俄狄浦斯情结的继承者，这样，它也是本我的最强大的冲动和最重要的力比多变化的表现。通过自我典范的建立，自我已控制了俄狄浦斯情结，同时还使自己掌握了对本我的统治权。自我基本上是外部世界的代表、现实的代表，超我则作为内部世界和本我的代表与自我形成对照。正如我们即将看到的，自我与超我之间的冲突最终将反映为现实的东西和心理的东西、外部世界和内部世界之间的悬殊差别。

通过理想的形成，生物学以及人种的变迁在本我中所建立起来的、并且遗留在本我之中的东西被自我所接管并在与自我的关系中作为个体被自我再次体验。由于自我典范形成的方式，自我典范与每个个人的种系发生的获得物——他的古代遗产——有着最丰富的联系。通过理想形成，属于我们每个人的心理生活的最低级部分的东西发生了改变，根据我们的价值尺度变为人类心理的最高级部分的东西。但是，甚至在我们确定了自我位置的意义上，企图来确定自我典范的位置仍将是徒劳的，或者利用描绘自我与本能之间关系的方法来作类比，也是徒劳的。①

表明自我典范适应人们所期望的人的任何高级本性是容易的。作为一个渴望成为父亲的代替物，它包含着萌发了所有宗教的胚芽。表明自我达不到它的理想的自我鉴定，产生了谦卑的宗教感，信徒在这种宗教感中提出他渴望的申求。当一个孩子成长起来，父亲的角色由教师或其他权威人士担任下去；他们的禁令和禁律在自我典

---

①　因此，超我没有包括在172页的图中。不过，在《引论新讲》(1933)第31章的图中却给它一个位置。

范中仍然强大，且继续发展，并形成良心，履行道德的稽查。良心的要求和自我的现实行为之间的紧张状态被体验成一种罪恶感。社会感情在自我典范的基础上通过与他人的自居作用而建立起来。

宗教、道德和社会感情——人的高级方面的主要因素①——原来完全是同一件事。按照我在《图腾与禁忌》②中所提出的假说，它们是从父亲情结中以种系发生的方式获得的：宗教和道德强制通过掌握俄狄浦斯情结本身获得，社会感情通过对克服存在于青年一代人之间的竞争的需要而获得。男性看来在所有这些道德的获得物中处于领先地位；这些道德的获得物好像通过交叉遗传被传递给女性。甚至今天，社会感情是作为建立在与兄弟姐妹的妒忌竞争的冲动上面的上层建筑而出现在个人身上。因为敌意得不到满足，与以前的竞争者的自居作用便发展着。对同性恋的适当案例的研究证实了这个猜想：在这个情况中对于一个深情爱的对象经过替代与自居作用而转变成攻击与敌视的态度。③

但是，提到种系发生，新的问题又产生了，人们很想谨慎地避开这个问题。但是毫无办法，必须作出这种努力——不顾对暴露出我们整个努力不足的恐惧。问题是：是原始人的自我还是原始人的本我在他们的幼年从父亲情结中获得了宗教和道德？如果是他的自我，那为什么我们不能简单地说这些东西是被自我所继承的？如果它是本我，那宗教和道德又如何与本我的性格相一致呢？或者是我们错误地把自我、超我和本我之间的分化上溯到这么早的时期？或者我们不应该坦率地承认我们全部关于自我变化过程的概念无助于理解种系发生，也不能适用于它？

让我们首先来回答最容易回答的问题吧。自我和本我之间的分化不仅仅应归于原始人，甚至应归于更简单的机体，因为它是外部世界的影响的不可避免的表现。按照我们的假说，超我实际上来源于导向图腾崇拜的经验。是自我还是本我经验了和获得了这些东西

---

① 我暂且把科学与艺术放在一边。

② 弗洛伊德的著作（《标准版全集》，第 13 卷，146 页，1912—1913）。

③ 参见弗洛伊德：《集体心理学》（1921）（《标准版全集》，第 18 卷，120 页）及《嫉妒、偏执狂和同性恋的心理机制》（1922）（《标准版全集》，第 18 卷，23 页）。

的问题很快化为乌有。认真的思考立刻就使我们知道除了通过自我——对本我来说，自我是外部世界的代表——任何外部的变化都不能被本我经验过或经受过，而且不可能说在自我中有直接的继承。这里，一个现实的个人和一个种属的概念之间的鸿沟变得明显了。此外，人们不能把自我和本我之间的区别看得太严格。也不能忘记自我是由本我特别分化出来的部分（173 页）。自我的经验起先好像不会遗传；但是，当它们在下一代许多个人身上被经常地、有力地重复，可以这样说，自我的经验就把自己改变为本我的经验，这个经验的印象经由遗传保存下来。这样，在本我中，那些能被继承的经验就聚藏了无数自我残余的存在；当自我从本我中形成它的超我时，自我也许只能恢复以前自我的形状，并且它也许只能使这些形状复活。

超我的出现解释了自我与本我向对象精力贯注的早期矛盾怎样会继续存在于它们的继承者——超我之中的。如果自我没有在适当地控制俄狄浦斯情结中获得成功，从本我涌出的俄狄浦斯情结的强有力的精力贯注会再一次在自我典范的反相形成中发挥作用。自我典范与那些无意识本能冲动之间的充分的交往解决了自我典范自身如何能在很大程度上保留无意识并难于达到自我的这个难题。曾经在心理的最深层激烈进行着的、没有被迅速的升华作用和自居作用结束掉的斗争，现在在更高级的区域中继续着，就像在考尔巴赫的油画中的汉斯战役一样。①

五、两类本能

我们已经说过，我们把心理区分为本我、自我和超我。如果这个区分代表了我们认识的某种进展，它就应该使我们更彻底地理解和更清楚地描述心理的动力关系。我们也已经得出结论（参见 173

---

① 这是一次战役，即通常人们所知的 451 年的沙隆战役（Battle of Châlons），阿提拉（Attila）被罗马人和西哥德人击败。维尔墨尔姆·冯·考尔巴赫（Wilhelm von Kaulbach，1804—1874 年）为柏林的内尤斯博物馆所作的一幅壁画取材于这个战役。依照来自于 15 世纪新柏拉图主义者达玛斯西尤斯（Damascius）的传奇，画中描绘了战死的战士在战场的上空继续他们的战斗。

页)，自我特别受知觉的影响，广义地说，可以说知觉对自我有着本能对本我所具有的同样意义。同时自我像本我一样也受本能的影响，如我们所知自我只不过是本我的一个特别改变过的部分。

最近我发展了本能的观点[1]，在这里我坚持这个观点并把它作为进一步讨论的基础。按照这个观点，我们把本能分为两种，一种是性本能或叫作爱的本能(Eros)，它是一个非常惹人注目和比较容易研究的本能。它不仅包括不受约束的性本能本身和目标受约束的本能冲动或发源于性本能的带升华性质的冲动，而且还包括了自我保存本能，自我保存本能必须分配给自我，并且在我们分析工作的开始，我们有足够的理由把它与性对象本能相对比。第二种本能不这么容易表明；最后我们把施虐狂看作它的代表。在理论考虑的基础上，并在生物学的支持下，我们提出了死的本能的假说，这种本能的任务就是把机体的生命带回到无生命的状态；另一方面，由于产生越来越广泛的微粒的结合——活着的实体分散成这些微粒——我们便设想爱的本能的目的在于复杂的生命，当然，同时也在于保护这个复杂的生命。这样做的结果，两种本能在词的最严格的意义中将是保守的，因为这两种本能都力图重建被生命的出现所扰乱了的事物的某种状态。生命的出现就这样成了生命继续的原因，同时也是努力趋向死亡的原因；生命本身就是存在于这两个趋向之间的一种冲突和妥协。生命的起源问题仍是个宇宙论的问题；而对生命的目的和目标这个问题的回答则具有二重性。[2]

从这个观点来看，一个特殊的生理过程(合成代谢的或分解代谢的)会与两种本能的每一种发生联系；两种本能会以不相等的比例活跃在活着的实体的每一个微粒之中，这就使某一个实体能够作为爱的本能的主要的代表。

无论如何，这个假说依然无助于理解两种本能相互熔化、混合和合铸在一起的方式；但这个有规律地、非常广泛地发生的事情对

---

[1]　《超越唯乐原则》(1920)。

[2]　弗洛伊德一贯持有本能二元的分类观点，这可以在《超越唯乐原则》(1920)第6章结尾的大段注释中看到。(《标准版全集》，第18卷，60页)另外，参见《本能及其变化》(1915)的编者按语中的历史概述((标准版全集》，第14卷，113～116页)。

我们的概念却是必不可少的一个设想。单细胞机体结合为生命的多细胞形式的结果显示出单细胞的死的本能能够成功地被抵消，并且破坏性冲动（destructive impulses）通过一个特殊器官的媒介被转向外部世界。这个特殊器官好像是肌肉器官；死的本能就会这样来表达自己——虽然可能只是部分地——它是一个针对外部世界和其他机体的破坏的本能。①

一旦我们承认了两种本能相互熔合的观点，它们的——或多或少完全的——"解脱"的可能性就会自己找上门来。② 性本能的施虐淫成分会成为有用的本能熔合的标准范例；虽然没有一种施虐狂能达到极点，但是使自己作为一个性反常行为而独立的施虐狂会成为解脱的典型。从这点出发，我们认识了大部分事实，这些事实在以前从未被清楚地考虑过。我们发觉为了发泄，破坏的本能习以为常地来为爱的本能服务；我们猜想癫痫的发作是一种本能解脱的产物和迹象③；我们开始懂得在一些严重的神经症——例如，强迫性神经症——的后果中，对本能解脱和死的本能的明显出现需要进行特别的考虑。匆匆地概括一下，我们能够猜测到力比多退行（如，从性器恋阶段到施虐性肛欲阶段）的本质存在于本能的解脱中，相反，从较早的阶段到确定的性器恋阶段的进程以性成分的增加为条件。④问题又出来了，是否那个在具有神经症倾向的气质中常常特别强烈的普通的矛盾心理不应被视为解脱的产物；但是，矛盾心理是这样一种基本现象以至它更有可能代表一种没有完成的本能结合。

很自然，我们的兴趣将转向调查在我们假设存在的结构——以自我、超我和本我为一方，而以两种本能为另一方——这两者之间是否可能有指导性的联系可供探寻。更进一步，控制心理过程的快

---

① 弗洛伊德在《受虐狂的心理经济问题》中又回到这个问题上来。（参见《标准版全集》，第 19 卷，163 页）。

② 关于施虐狂的结果，在《超越唯乐原则》（1920）中有所提示。（参见《标准版全集》第 18 卷，54 页）。

③ 见弗洛伊德论陀思妥耶夫斯基的癫痫发作的文章（1928）。

④ 弗洛伊德在《抑制、症状和焦虑》（《标准版全集》，第 20 卷，114 页，1926）中又提到这一点。

乐原则是否可以显示出与两种本能和我们在心理中所划出的那些区别有任何恒定不变的关系。但是在我们讨论这个以前，我们必须清除掉对有关阐明问题的术语的怀疑。确实，快乐原则是毫无疑问的，自我中的区别有很好的临床证明；但两种本能之间的区别好像没能得到足够的确证，并且有可能发现临床分析的事实使这个区别与它的权利一起废除。

　　一个这样的事实出现了。为了解释两种本能的对立，我们可以放上爱和恨的两极。① 要找一个爱的本能的例子是没有困难的；但我们必须庆幸我们在破坏的本能中能够找到难以理解的死的本能的例子——恨，指明了通向它的道路。现在，临床观察表明不仅仅爱被恨按着意外的规律性伴随着（矛盾心理），不仅仅在人类关系中，恨常常是爱的先驱，而且在许多情况中恨转化为爱，爱转化为恨。如果这个转化不仅限于时间上的继承——就是说，如果他们中的一个真正转化为另外一个——那么很清楚，这个话题就会从这个区别中消失了，这是一个如此基本的区别，正如爱的本能和死的本能之间的区别一样，其中的一个包含着进入相反方向的另一个生理过程。

　　现在，一个人对另一个人先爱后恨（或者相反）是因为那个人给了他这样做的理由，显而易见，这种情况与我们的问题没有丝毫关系。另一种情况也是如此：还不明确的爱的感情开始是用敌意和进攻趋势表达自己的；因为在这里可能是这样，在向对象精力贯注中的破坏成分匆忙前行，只是以后性爱成分才加入进来。但是我们知道在神经症心理学中的几个例子，似乎更有理由用来假设转化的确发生。在迫害妄想狂（persecutory paranoia）中，病人用特别的方法挡住了对某些特殊人物的过分强烈的同性恋的依恋；结果，他最爱的人成为一个迫害者，病人对他采取常常是危险的进攻。这里我们有权插入一个以前的阶段，这个阶段把爱转化为恨。在同性恋发源和非性欲社会感情发源的情况中，分析性的调查只是最近才告诉我

---

　　①　其后的论述见《本能及其变化》（《标准版全集》，第 14 卷，136～140 页，1915）中关于爱与恨的关系的较早的论述。较晚，在《文明及其不满》第 5 章、第 6 章中也有同样的论述（1930）。

们要认识竞争的狂暴感情是存在的，并会导致进攻倾向，只有在它们被克服以后，以前所恨的对象才能成为所爱的对象，或者引起一种自居作用。[①] 问题出现了，在这些例子中，我们是否要设想存在一个从恨到爱的直接转化。很清楚，在这里，这些变化是纯粹内部的，在对象行为中的一个改变在这些变化中不起作用。

但是，另外一个可能的机制是我们通过对妄想狂改变过程化的分析调查才开始知道的。矛盾心理的态度从一开始就有，由于精力贯注反相性转换的影响，精神能量从性冲动中被引出并加在敌意冲动上。

当导致同性恋的敌意竞争被克服了，不完全一样但有些相像的事发生了。敌意态度没有被满足的前景；结果——就是说，为了经济原因——它被一个更有满足前景（也就是发泄的可能性）的爱的态度所代替。所以我们知道在任何这类事情中我们不能满足于设想一种从恨到爱的直接转化，直接转化与两种本能之间的性质差别是不能共存的。

但是，人们会注意到通过介绍由爱转化为恨的这样的另外一种机制，我们不言而喻地提出了另一个值得进行清楚阐明的设想。我们认为在心理中——不管在自我中还是在本我中——好像存在着一个可转换的能量，这能量本身是中性的，它能被加在一个在性质上有区别的性冲动或破坏冲动上，增加它的整个精力贯注。不假设这种可转换能量的存在，我们就不能有所前进。唯一的问题是，这可转换能量是从什么地方来的，这属于什么，意味着什么？

本能冲动的性质和经过各种变化继续存在的问题仍然是很含糊的，至今几乎还未着手研究。在特别易于观察的有性成分的本能中有可能发现几个与我们正在讨论的同属一个类型的过程。例如，我们看到某种程度的交往存在于各组成成分的本能之间，来自一个特别性感的源泉的本能可以把它的强度转于加强源自另一个源泉的另一个本能的组成成分，一个本能的满足能代替另一个本能的满

---

① 参见 186 页注③。

足——这些事实，还有其他更多的性质相同的事实，必定激励我们敢于提出某些假设。

此外，在现在的讨论中我只提出了一个假设；我还没有证据可以提供。在自我和本我中，毫无疑问地积极行动着的这个可移换的和中性的能量从力比多——这是非性欲的爱的本能——的自恋储存中发展出来，这似乎是一个言之有理的观点。（爱的本能看来比破坏的本能更具有可塑性、更容易被移换和被转换。）从这个观点出发，我们很容易继续假设这个可以移换的力比多被用来为快乐原则排除障碍和促进发泄服务。在这种关系中很容易观察到对发泄发生的途径的某种冷淡，只要它以某种方式发生。我们知道这个特性；它是在本我中精力贯注过程的特性。在性欲精力贯注中我们发现这个特性表现出对对象的一种特别注意；它在分析中出现的移情里是特别明显的，它必然地发展着，不管它们的对象是些什么人。不久以前，兰克（Rank，1913）发表了这方面的一些很好的例子，说明了神经症性报复行为可以弄错对象。无意识部分中的这些行为使我想起了三个乡村裁缝的喜剧性故事，由于唯一的一个乡村铁匠犯了死罪，所以三个裁缝中的一个必须被吊死。[①] 即使不惩罚犯罪者，惩罚也是必要的。在梦的工作的研究中，我们首先碰到了由原始心理过程造成的移换中的这种松散现象。在这种情况中，对象被这样降到仅是第二重要的地位上，就像在我们正在讨论的情况中一样，这是发泄的一些途径。自我的特性在选择一个对象和一条发泄的途径时将更加特殊。

如果这种可移换的能量是非性欲的力比多，那么它也能被描写为升华的能量；因为就它帮助建立结合或结合的趋向——这趋向是自我的特殊性格——而言，这种可移换的能量将仍然保留着爱的本能的主要目的——组合和融合的目的。从广义上说，如果思想过程包括在这些移换之中，那么，思想的活动也从性动力的升华中得到补充。

这里我们又一次得出了已经讨论过的（参见 178 页）升华作用会

---

① 弗洛伊德在他关于戏谑的著作的最后一章中讲过这个故事（《标准版全集》，第 8 卷，206 页，1905）。

通过自我的调节而有规律地发生的可能性。另一个情况将被回忆起来，在这个情况中，由于自我从本我的第一个对象精力贯注中接管了力比多来加在自己身上，并把力比多结合起来促成靠着自居作用而产生的自我的改变，自我便处理了本我的第一个对象精力贯注（当然也处理以后的一些对象精力贯注）。[性力比多]向自我力比多的转化当然包括着一个性目标的放弃，一个非性欲化过程。在任何情况中，这一点都将使处在自我与爱的本能的关系中的自我的重要功能清楚地显示出来。自我由于从对象精力贯注中抓住了力比多，并把自己作为唯一的爱的对象树立起来，由于使本我力比多解除性欲或升华了，自我就反对了爱的本能的目的，并使自己为相反的本能冲动服务。它必然默认本我的其他一些对象精力贯注；可以这么说，它必须加入它们之中。后面我们将回到自我的这种活动的另一个可能的结果上去。

这个观点好像暗示着自恋理论的一个重要的扩充。从一开始，所有的力比多积聚在本我中，这里，自我仍在形成的过程中，或者还很弱。本我发送一部分力比多到性对象精力贯注中去，于是长得强壮了的自我试图抓住这个对象力比多，并且把自己作为爱的对象强加于本我。自我的自恋正是这样一种继发性的自恋，它是从对象中被抽出来的。①

当我们能够追溯本能冲动的时候，我们一次又一次地发现，它们作为爱的本能的派生物呈现出来。如果不是因为《超越唯乐原则》中提出的几点考虑，如果不是最终因为依附于爱的本能的施虐淫成分，我们坚持我们基本的二元观点是有困难的。② 但是因为我们不能避免这个观点，我们被迫下结论说，死的本能的本性是缄默的，生命的喧嚷大部分来自爱的本能。③

还有，来自反对爱的本能的斗争！很难怀疑快乐原则在它反对力比多——把干扰引进生命过程的力——的斗争中是作为一个指南

---

①　参见附录（二）（214 页）关于这一问题的论述。

②　参见 190 页注①。

③　实际上，在我们看来通过爱的本能的力量，直接朝向外部世界的破坏本能才从自己转开。

针来为本我服务的。如果费希纳(Fechner)的常性原则[①]控制着生命是正确的——这原则包括继续下降趋向死亡——那么，常性原则就是爱的本能的要求，性的本能的要求，在本能需要的形式中阻止下降的水平和引进新的紧张。本我，在快乐原则的指导下——就是说根据痛苦的知觉——用种种方法挡住这些紧张。它这样做首先是尽可能快地按照未解除性欲的力比多的要求——努力满足直接的性趋向。但是，它是以一个更全面的方式在与一个满足的特殊形式的关系中这样做的，在这个关系中所有的成分都需要汇集——通过性物质的发泄；可以这么说，这个性物质是性紧张饱和的媒介物。[②] 在性行为中，性物质的射出相当于躯体和种质分离的意思。这说明随着完全的性满足而来的状况活像消亡的状况，也说明死亡与一些低级动物的交配行为相一致的事实。这些造物在生殖的行为中死去，因为爱的本能通过满足的过程被排除以后，死的本能就可以为所欲为地达到它的目的。最后，正如我们看到的，自我为了它自己和它的目的依靠升华一部分力比多，在它对紧张作控制的工作中援助了本我。

六、自我的从属关系

我们的题材是错综复杂的，这该是下述事实的托辞：这本书中没有一章的标题与它们的内容非常相符，当我们转向题目的新的方面时，我们经常要回到那些已经论述过的事情上来。

这样，我们反复谈到：自我在很大程度上形成于自居作用，这个自居作用取代了被本我抛弃的精力贯注；在自我中，这些自居作用中的第一个总是作为一种特别的力量行动着，并以超我的形式从自我中分离出来，以后当这个超我逐渐强大起来时，自我对这样的自居作用的影响的抵抗就变得更厉害。超我把它在自我中的地位，或与自我的关系归于一个必须从两个方面考虑的因素：一方面，超

---

①　参见《超越唯乐原则》，见《标准版全集》，第 18 卷，8～10 页。

②　弗洛伊德关于"性物质"(sexual substances)的作用的观点在《性欲理论三讲》第三篇的第二部分中可看到(《标准版全集》，第 7 卷，212～216 页，1905)。

我是第一个自居作用也是当自我还很弱时所发生的自居作用；另一方面，超我是俄狄浦斯情结的继承者，这样它就把最重要的对象引进自我了。超我与后来改变了的自我的关系与童年最初性阶段和青春期以后的性生活的关系大略相同。虽然超我易受所有后来的影响，然而它通过生活保留着父亲情结的派生物所赋予它的特性——即与自我分离和控制自我的能力。它是自我以前的虚弱性和依赖性的纪念物，成熟的自我仍是超我支配的主要对象。自我服从于超我的强制规则，就像儿童曾被迫服从其父母那样。

但是从本我的第一个对象精力贯注和从俄狄浦斯情结而来的超我的派生物对超我来说更有意义。正如我们已说明过的，这个派生物使超我与本我的种系发生的获得物发生了关系，并使超我成为以前自我结构的再生物，这个再生物曾把它们的沉淀物遗留在本我之中。这样，超我始终很接近本我，并能够作为本我的代表面对自我而行动。超我深入本我之中，由于这个道理，它比自我离意识更远。①

由于我们转向某些临床病例，我们将会很好地审查这些关系，虽然这些临床病例失去新奇感已经很久了，但是还需要对它进行理论上的讨论。

在分析工作中，某些人的行为表现出一种非常奇怪的方式。当人们满怀希望地对他们讲话或表示对医疗进展的满意时，他们却流露出不满，他们的情况总是向坏的方向发展。人们开始把这种情况看作挑衅和证实他们比医生优越的企图，但是后来人们开始采取一个更深入、更公正的观点。人们开始确信，不仅这些人不能忍受任何表扬或赞赏，而且他们对治疗的进展作出相反的反应。每一个应该产生的并在其他人中已经产生了的局部结果，在症状有了好转或暂时中止发展的情况下，在他们身上却暂时导致病情恶化；他们在治疗中不仅没有好转，反而更加恶化。他们表现出人们所知的"负性治疗反应"。

无可怀疑，在这些人身上有某些东西坚决与恢复健康相抵触，

---

① 可以这么说，精神分析的或元心理学的自我和解剖学上的自我——"大脑皮层人象"——一样倒立着。

康复临近使他担心，好像它是一种危险。我们已经习惯于说在他们身上对病的需要较之恢复健康的愿望更占上风。如果我们按照常规来分析这种抗拒——甚至在容忍他对医生持挑衅态度和从病情中得到好处的种种形式的固着以后，抗拒的大部分仍会留下来；在所有恢复健康的障碍中它呈现为最强大者，比我们熟悉的那个自恋性无接触(narcissistic inacessibility)的障碍更强大，它表现为对医生的抵触态度并依恋着从病情中所得到的利益。

最后，我们开始发现我们所论述的东西可以称为"道德"因素，一种罪恶感，它在病情中寻求它的满足并且拒绝放弃痛苦的惩罚。我们把这个令人失望的解释当作最后定论是正确的。但是仅就病员而言，这罪恶感是沉默的；它没告诉他他是有罪的；他没有感觉到有罪，他只觉得有病。这个罪恶感只是把自己表现为对恢复健康的抵抗，这个抗拒非常难以克服。要使病人相信这个动机存在于他持续有病的背后也是特别困难的；他顽固地坚持这个更加明显的解释：分析的治疗不适合他的病情。①

我们已进行的描述适用于这种事态的最极端的例子，但是在许多病例中这个因素只在很小的程度上被计算在内，也许在所有相对

---

　　①　对分析者来说，与无意识罪恶感这一障碍的斗争不是容易的事情。没有直接反对它的事情可做，间接的也没有，除去了解无意识被压抑根源的缓慢程序和这样渐渐地把它变成意识罪恶感的缓慢程序。当这个无意识罪恶感是"借来的"——当它是一个对其他曾经作为性精力贯注对象的人发生自居作用的产物时，人们就有了把握它的特殊机会。这样来认识的罪恶感常常是被抛弃的爱关系(love-relation)遗留下来的唯一痕迹，因此根本不容易认出它是一种爱的关系。(这个进程与在忧郁症中所发生的事情的相似是十分清楚的。)如果人们能暴露无意识罪恶感后面的这个以前的对象精力贯注，那么疗效常常是十分显著的，否则一个人努力的结果就毫不确定。疗效主要取决于罪恶感的强烈程度；这里常常没有治疗措施能用来反对罪恶感的同等强度的对抗力量，也许疗效也取决于分析者的人格是否允许病人把分析者放在他的自我理想的位置上，这会诱惑分析者使他想当病人的先知、救世主和挽救者的角色。因为分析学的法则正好反对医生以任何这类方式运用他的人格，所以必须如实坦白承认我们在这里对分析学的效力又有一个限制；总之，分析学并不表明产生病理的反应是不可能的，但是却给病人的自我决定这种方法或另一种方法的自由。弗洛伊德在《受虐狂的心理经济问题》中又回到了这个论题(《标准版全集》，第19卷，166页，1924)，他在那里论述了无意识罪恶感与道德受虐狂之间的区别。《文明及其不满》(1930)中第7章和第8章中也有论述。

严重的神经症病例中也是如此。事实上，在这种情况里恰恰可能是，自我典范的态度和这个因素，决定着神经症的严重程度。因此，我们应毫不犹豫地更充分地讨论罪恶感在不同的条件下表现自己的方式。

对通常的有意识的罪恶感（良心）作出解释并不困难；它建立在自我和自我典范之间的紧张之上，它是自我用它的批评能力进行谴责的表现。在神经症中人们熟知的自卑感可能离这种罪恶感不远。在两种我们很熟悉的疾病中，罪恶感过分强烈地被意识到；在这两种疾病中，自我典范表现得特别严厉，经常以残酷的方式激烈地反对自我。自我典范的态度在这两种情况下，即在强迫性神经症和忧郁症的情况下，除了表现出这个共同点以外，还表现出很重要的区别。

在强迫性神经症的某些形式中，罪恶感太嘈杂，但又不能面对自我为自己辩护。因而病人的自我背叛了罪恶的污名并在与这污名断绝关系时寻求医生的支持。默认这污名是愚蠢的，因为这样做是没有结果的。分析最终表明超我受到了对自我来说是未知过程的影响。发现真正的罪恶感底层的被压抑的冲动是可能的。这样，在这种情况中，超我比自我更知道无意识的本我。

在忧郁症中，超我获得了对意识的控制这种印象更为强烈。但是在这里自我不敢反对；它承认它的罪恶并甘受惩罚。我们了解这个区别。在强迫性神经症中，所谈论的是存在于自我以外的反对的冲动，而在忧郁症中，超我的惩责对象通过自居作用被带到自我之中。

为什么罪恶感在这两种神经症中能具有这么强大的力量，这确实还不清楚；但是在这种事态中谈及的主要问题在于另一方面。等我们论述了罪恶感保持无意识的另一些病例之后，我们再进行这方面的讨论。

罪恶感的问题基本上是在歇斯底里和歇斯底里式的状况中发现的。这里，使罪恶感保持无意识的机制是容易发现的。歇斯底里自我挡住令人苦恼的知觉，它的超我的批评正是用这令人苦恼的知觉来威胁它，同样，在这个令人苦恼的知觉中歇斯底里自我习惯于挡住不可容忍的对象精力贯注——依靠压抑的行为。所以，正是自我才对保持无意识罪恶感负责。我们知道，一般来说，自我的职责是按照它的超我的命令执行压抑；但歇斯底里是一种自我调转同一个武器来对抗其严厉的监工的情况。正如我们所知，在强迫性神经症中，反相形成的机制占支配地位；但是这里（在歇斯底里中）自我只是成功地对罪恶感涉及的材料保持疏远。

有人会进一步大胆地提出假设：罪恶感的大部分一般必须保持无意识，因为良心的起源与属于无意识的俄狄浦斯情结有着密切的关系。如果有人喜欢提出自相矛盾的主张：一个正常人既比他所相信的更无道德，也比他所知道的更道德（这一主张的前半部分基于精神分析学的发现），那么，精神分析学是赞成人们起来反对后半部分的。①

无意识罪恶感的增长会使人们成为罪犯，这一发现是令人惊讶的。但这毫无疑问是一个事实。在许多的罪犯身上，特别是在年青罪犯的身上，人们可能发现在犯罪以前存在着非常强大的罪恶感，所以罪恶感不是犯罪的结果，而是它的动机。能够把这种无意识的罪恶感施加在一些真正的、直接的事情上，这好像是一个宽慰。②

在所有这些情况中，超我表现出它对意识自我的独立性和与无意识本我的密切关系。现在，由于我们注意在自我中前意识词语的残余的重要性，于是问题是否可以这样来提：超我，就它是无意识而言，存在于这些词表象之中，如果它不存在于这些词表象之中，那它又存在于其他什么东西之中。我们初步的回答将是，如同对超我来说是不可能的那样，自我也不可能从听到的事情那里否认它的起源：因为超我是自我的一部分，并且它通过这些词表象（概念，抽象观念）使自己容易接近意识。但是贯注的精神能量没有达到来自听知觉（教学和阅读）的超我的内容，而触及了来自本我源泉的超我的内容。

我们所推迟回答的问题（参见 201 页）如下：超我是如何表明它本身基本上是一种罪恶感（或者毋宁说，是批评——因为罪恶感是自

① 这个主张仅仅在表面上是一个反题；它只是说人的本性无论善、恶，都有一个比它所自以为的范围——即他的自我通过意识知觉所知道的范围远为广泛的范围。

② 弗洛伊德的论文《在精神分析工作中遇到的一些性格类型》的第三部分中有关于这一点的充分论述（及一些参考资料）(《标准版全集》，第 14 卷，332～333 页，1916)。

我回答这个批评的知觉），而且超我如何对自我变得特别的严厉和严格？如果我们首先着手研究忧郁症，我们就发现控制意识的过分强大的超我用残忍的暴力激烈地反对自我，好像它占有了人所具有的全部施虐性。按照我们的施虐狂观点，我们应该说破坏性成分在超我中牢固地盘踞着，并转向反对自我。现在在超我中处于摇摆状态的似乎是一种死的本能的纯粹文化。事实上，如果自我不及时地通过向躁狂症的转变来挡住它的暴君，死的本能在使自我走向死亡中经常获得成功。

在强迫性神经症的某种形式中良心谴责是作为苦恼和痛苦出现的，但是这里情况的表述不那么清楚。值得注意的是与忧郁症相对照的强迫性神经症事实上从不采取自我毁灭的做法；好像他可以避免自杀的危险，他远比歇斯底里患者能更好地防止自杀。我们能够看到对象被保留的事实保证了自我的安全。在强迫性神经症中，通过向前性器恋期心理退行，爱冲动有可能把它们自己转化为向对象攻击的冲动。这里破坏本能再次获得自由并企图摧毁对象，或者至少它表现出有这种意图。这些意图没有被自我采纳，自我用反相形成和预防措施来同这些意图进行斗争；这些意图存在于本我之中。但是，超我的行动表现，给人的印象好像自我对这些意图负责，同时由于超我惩罚这些破坏意图的严肃性而显示出这些破坏意图不仅仅是被退行引起的表面现象，而且是作为爱的实际代替物的恨。自我徒劳地保护自己，但在两个方面都是毫无办法的，就像反对嗜杀成性的本我的鼓动和反对惩罚良心的谴责一样。自我至少成功地控制着两方面的最残忍的行动；就它所能达到的范围而言，第一个结果是漫无止境的自我折磨，最终又引起对对象的有系统的折磨。

在个体中对危险的死的本能的处理有不同途径：它们的一部分由于与性成分相熔合而变得无害了；它们的一部分以攻击的形式转向外部世界，同时它们在很大程度上毫无疑问继续着它们没被阻碍的内部工作。那么在忧郁症中，超我是怎样成为一种死的本能的集合地点呢？

从本能控制的观点来说，从道德的观点来说，可以说本我是完全非道德的；自我力求是道德的；超我能成为超道德的，然后变得很残酷——如本我才能有的那种残酷。值得注意的是一个人越是控制他对外部的攻击性，他在自我典范中就变得越严厉——这就是越带有攻击性。普通的观点对这个情况的看法正好相反，自我典范树立起来的标准被视为抑制攻击的动机。可是，事实仍然像我们阐述的那样：一个人越是控制它的攻击性，自我典范对自我的攻击倾向就越强烈。① 这就像移换，向他自己的自我转去。但是甚至普遍正常的道德都有一种严厉遏制的、残酷阻止的性质。确实，无情地施行惩罚的概念正产生于此。

在没有引进新的假设时，我不能再进一步考虑这些问题。正如我们所知，超我来自与父亲的自居作用，我们把这个自居作用作为一个模型。每一个这样的自居作用都具有非性欲化的性质，甚至具有升华作用的性质。好像在这样的转化发生时，一个本能的解脱同时发生。在升华作用之后性成分不再具有力量来结合曾经与它结合在一起的整个破坏性，并且这是一个以攻击倾向和破坏倾向的形式进行的释放。这个解脱会成为超我所展示的严厉、残酷的一般性格(即那个专制武断的"你必须")的源泉。

让我们重新考虑一下强迫性神经症吧。这里的事态是不同的。爱向攻击的解脱并不是自我的工作引起的，而是在本我中发生的退行的结果。但是这个进程越出本我到达超我，超我现在对无罪的自我更加严厉。但是，看上去在这个情况中像在忧郁症的情况中一样，自我依靠自居作用控制着力比多，超我通过与力比多混合在一起的攻击手段惩罚了这样做的自我。

我们关于自我的观念开始澄清了，它的种种关系更明确了。现在我们看到了有力的自我和无力的自我。它被赋予重要的功能。凭借它与知觉系统的关系，它及时给予心理过程一个次序，使它们经受"现实检验"。② 通过居间的思维过程，它就保证了运动释放的延迟并控制了到达能动性的通路。③ 可以肯定，这最后的权力与其说是

---

① 弗洛伊德在《作为整体的释梦的补充说明》，第二章(1925年，《标准版全集》，第19卷，134页)和《受虐狂的心理经济问题》(1924年，同上书，170页)中又谈到了这个反题。在《文明及其不满》第7章里作了更充分的论述(1930)。

② 参见《无意识》，见《标准版全集》，第14卷，188页，1915。

③ 参见《详论心理功能的两个原则》，见《标准版全集》，第12卷，221页，1911。

事实问题，倒不如说是形式问题；在行动的问题上，自我的地位就像君主立宪制的地位，没有他的许可，任何法律都不能通过，但是在把他的否决权强加在议会提出的任何方法以前，他却犹豫了很长时间。所有源自外部的生活经验都丰富了自我；但是本我是自我的第二个外部世界，自我力求把这个外部世界隶属于它自己。它从本我那里提取力比多，把本我的对象精力贯注改变为自我结构。它在超我的帮助下，以我们还不清楚的方式利用贮藏在本我中的过去的经验。

本我的内容可以通过两条道路进入自我。一条是直接的，另一条是由自我典范带领的；自我的内容采取这两条道路中的哪一条，对于某些心理活动来说，可能具有决定性的重要性：自我从觉察到本能发展为控制它们，从服从本能发展为阻止它们。在这个收获中，自我典范占据了很大的一份，实际上自我典范部分地是对抗本我的本能过程的反相形成。精神分析学是一种使自我能够逐渐征服本我的工具。

但是，从另一个观点来看，我们把这同一个自我看成一个服侍三个主人的可怜的造物，它常常被三种危险所威胁：来自于外部世界的，来自于本我力比多的和来自于超我的严厉的。三种焦虑与这三种危险相符合，因为焦虑是退出危险的表示。自我作为一个边境上的造物，它试图在世界和本我之间进行调解，使本我服从世界，依靠它的肌肉活动，使得世界赞成本我的希望。从实际出发，它像一个在分析治疗中的医生一样地行动着：带着对真实世界的关注，自我把自己像一个力比多对象那样提供给本我，目的在于使本我的力比多隶属于它自己。它不仅是本我的一个助手；而且还是一个讨到主子欢喜的顺从的奴隶。它任何时候都尽可能力求与本我保持良好的关系；它给本我的无意识命令披上它的前意识文饰作用（rationalizations）的外衣；事实上甚至在本我顽固不屈的时候，它也借口说本我服从现实的劝告；它把本我与现实的冲突掩饰起来，如果可能，它也把它与超我的冲突掩饰起来。处于本我和现实中间，它竟然经常屈服于引诱而成为拍马者，机会主义者，以及像一个明白真理、但却想保持被大众拥戴的地位的政治家一样撒谎。

对两种本能，自我的态度是不公正的。通过它的自居作用和升华作用的工作，它援助本我中的死的本能以控制力比多，但是它这样做就冒着成为死的本能的对象的危险和自己死亡的危险。为了能够这样进行帮助，它必须使自己充满力比多；这样它自己才能成为爱的本能的代表，并且从此以后总是期望生活和被爱。

但是因为自我的升华作用的工作导致了本能的解脱和攻击本能在超我中的解放，自我反对力比多的斗争就使它陷入受虐待和死亡的危险。在超我的攻击中或者可能甚至在屈服于这些攻击的苦难中，自我碰到了原生动物一样的命运，这个原生动物被自行创造出来的分解产物所摧毁。① 从经济的观点来看，在超我中起作用的道德就好像是一个类似的分解产物。

在自我的从属关系中，它与超我的关系可能是最有趣的。

自我是焦虑的实际的所在地。② 在来自三个方面危险的恐吓下，它通过从威胁的知觉或从被同样看待的本我中的过程中回收它自己的精神能量来发展"逃脱反射"(flight-reflex)，并把这种精神能量当作焦虑放射出去。这个原始的反应以后由保护性精力贯注(恐怖症的机制)的实行所代替。我们还不能详细说明自我究竟害怕什么外部危险和什么力比多危险；我们知道这种害怕乃是属于对被颠覆或者被消灭的恐惧，但它不能通过分析来把握。③ 自我只不过服从快乐原则的劝告。另一方面，我们能够说出自我害怕超我、害怕良心的背后隐藏着的是什么。④ 进入自我典范的高级动物，曾经预示了阉割的危险，这个对阉割的恐惧可能就成了一个核心，在其周围聚集着随之而来的对良心的恐惧；就是这种阉割恐惧作为对良心的恐惧持续着。

"每一种恐惧最终都是对死亡的恐惧"，这个夸夸其谈的句子几

---

① 弗洛伊德在1920年讨论过这些微生物(《标准版全集》，第18卷，48页)，现在这些也许会被描写为"原生动物门"，而不是"原生生物"。

② 在焦虑的问题以后出现的问题必须与弗洛伊德在《抑制、症状和焦虑》(1926年)中表述的修正了的观点联系起来看，书中对这里提出的许多观点有了进一步论述。

③ 关于自我被"制服"(of an"Überwältigung")的概念出现在弗洛伊德早期的著作中。例如在他的《防御性精神神经症》(1894)的第一篇论文中的第二部分提到了这概念。但是，在致弗莱斯的信中的1896年1月1日草稿k中论述神经症的机制时，他才给它以显著的地位(弗洛伊德，1950年)。这里与《抑制、症状和焦虑》中提出的"创伤情境"(traumatic situation)有明显的联系(1920)。

④ "Gewissensangst"(良心谴责)。《抑制、症状和焦虑》的第7章有关于如何使用这个词的编者注(《标准版全集》，第20卷，128)。

乎没有任何意义，至少不能被证明。① 相反，对我来说，把对死亡的恐惧与对一个对象（现实的焦虑）的恐惧和对神经症力比多的焦虑的恐惧区分开来才是完全正确的。这就使精神分析学遇到一个困难的问题，因为死亡是一个含有否定内容的抽象概念，我们不能发现任何与这概念相关的无意识。死亡恐惧的机制似乎只能看作自我大部分放弃它的自恋力比多精神能量——这就是说，它放弃自己，正如在另一些使它感到焦虑的情况中放弃一些外部对象一样。我相信死亡恐惧是发生在自我和超我之间的某种东西。

我们知道死亡恐惧出现在两种条件下（并且这两种条件与其他种类的焦虑发生的条件完全相似），即出现在对外界危险的一种反应中，以及一种内部过程中（例如像在忧郁症中那样）。在这里神经症现象可以再一次帮助我们理解一种正常人的现象。

忧郁症中的死亡恐惧只能有一个解释：自我放弃自己，因为它觉得自己不是被超我所爱，而是被超我所憎恨和迫害。所以，对自我来说，生存与被爱——被超我所爱——是同义的，这里超我再一次作为本我的代表出现了。超我实现保护和拯救的功能，这同一件工作在早期是由父亲来完成的，以后由上帝或命运来完成。但是，当自我发现自己处于它认为单凭自己是无力克服的过分真实的危险之中时，它一定会得出同样的结论。它看到自己被所有保护力量所抛弃，只好一死了之。而且，这里再次出现相同的情况，就像处在诞生的第一个巨大的焦虑状态②和婴儿的渴望焦虑——由于与保护他的母亲分离而产生的焦虑③——的情况一样。

这些考虑使我们有可能把死亡恐惧，像良心恐惧一样，看作阉割恐惧的发展。在神经症中，罪恶感所具有的重大意义使得人们相信，在严重的病例中一般的神经症焦虑被自我和超我之间的焦虑生成（阉割恐惧，良心恐惧，死亡恐惧）所加强。

————————

① 见斯台珂尔的著作（Stekel，1908）5页。

② 《抑制、症状和焦虑》的编者序中有对这个概念的出现的论述（《标准版全集》，第20卷，85～86页）。

③ 这里预示了《抑制、症状和焦虑》（1926）中叙述的"分离焦虑"（separation anxiety）（《标准版全集》，第20卷，151页）。

我们最后回到本我上来，本我没有向自我表示爱或恨的方法。它不能说什么是它所需要的；它没有获得统一的意志。爱的本能与死的本能在本我中斗争着；我们已经看到了，一组本能使用什么武器保护自己、反对另一组本能。这就有可能把本我看作在沉默的但却强大的死的本能的控制下，死的本能的愿望是平静，（在快乐原则的促进下）使爱的本能——惹是生非者——安歇下来；不过，这样也许会低估了爱的本能的作用。

选自［奥］弗洛伊德：《弗洛伊德后期著作选》，上海，

上海译文出版社，1986。　林尘等译。

《精神分析引论新编》（1933）（节选）

人生哲学

（第 35 讲）

诸君——前次演讲日常琐事，好如将我们的小房子整理整理。现在想跨出大胆的一步，要答复那些未尝从事于精神分析的人所常提出的问题：就是，精神分析是否要导致一种世界观（Weltanschauung），或竟要导致何种世界观。

"Weltanschauung"①怕是德文所特有的一个名词，不易译成外国字。我若试为此词下一定义，你们也必将嫌它不合适。我的意思以为世界观是一个理智的结构——是一个包罗万有的假说，对我们的存在有关的一切问题作一个统一的解答，既不留有任何疑问，并使我们所注意的万事万物各在其内有相当的地位。因此我们不难知道，有了这样的一种世界观就是人类的一种思想的愿望。我们相信它，便觉得生命安全，知道什么是应努力的目标，并如何组织其情绪及兴趣以达成最优越的目的。

这倘为世界观的意义，那么精神分析便不难答复这个问题了。

---

① 为了排印方便，以下改用"世界观"一词。

精神分析作为一门特殊的科学，心理学的一个分支——即"深度心理学"或潜意识心理学——便不宜自创一个世界观；它必须接受一般科学的世界观。但是科学的世界观和我们所下的定义大异。宇宙解释的统一性虽为科学所承认，但只是将来才可完成的一个节目。除此之外，这个统一性更以消极性为特征，以一定时期内所可知的为限，无关的某些元素尽被抛弃。它主张宇宙的知识没有他种来源，只能得自探究，或细心的理智的观察，绝不能得自天启，直觉或灵感。这个观点在前世纪或两世纪前极为流行。只是到了本世纪，才有人抗议，以为这种世界观既嫌空虚，又难令人满意，因为它未曾顾及人之一切精神的要求，人之一切心灵的需要。

对于这个抗议，虽痛加驳斥，也不会过分，它是一刻也难以维持的，因为精神和心灵同一切不属于人的存在体一样都是科学研究的对象。精神分析于此尤有为科学的世界观辩护的特殊权利，因为无论何人绝不能责备精神分析。忽视心灵在宇宙中的地位。精神分析对于科学的贡献就在于把研究推广至心灵的区域。科学若没有这种心理学将必嫌太不完满了。但尽管我们将人（及动物）的理智和情绪机能的研究介入科学之内，却也没有变更科学之一般的位置，而知识或探究的方法也必没有什么新的来源。直觉及灵感存在如故；但只算是错觉和欲望的满足。而且我们也不难知道一个世界观的属性是可望有纯情绪的基础的。科学尽管考虑人的心灵产生这种要求，并准备追究其来源，但如认为它有理由，则是很少把握的。相反，它宁愿慎重区别错觉（即那种情绪要求的产物）和知识的不同。

这不是说，我们要轻易地抛弃这些欲望，或贬低其在人生中的价值。我们要注意这些欲望已在艺术的创造及宗教和哲学的体系内得到满足；然而我们也不能忽视这样一个事实：就是，把这些东西引进来放在知识的领域之内是错误的，是高度不利的，因为这会给个人的或团体的精神病开一方便之门的，而且本可用以应付现实而企求欲望和需要的实际满足的宝贵的精力也将会被引入这些趋势里去的。

由科学的观点看来，我们的批判力须应用于这个方向，敢于有所排斥和否认。我们不得宣称科学是人类理智活动的一个区域，宗教和哲学是它的另一区域至少是有相同的价值的，也不得宣称科学没有干涉其他二者的任务，或它们在真理上都有同等的权利，或每一个人都可自由选择从哪里找理由，在何处定信仰。人们认为这种态度是宽容的，可敬的，没有褊狭的成见的。但是不幸的很，这种态度是不可取的，它和非科学的世界观同属有害，在实施上是一丘之貉。事实是：真理是不能宽容的，也不能允许调和或有所限制的，科学的研究要抓住人类活动的全范围，对于侵入其任何部分的他种势力不能不采取不妥协的批判态度。

与科学争衡的三种力量之中，尤以宗教为最厉害的敌人。艺术几常为无害而有益的，它决不寻求错觉。除了那些为艺术所迷惑的少数人之外，从来未曾有人想反对现实的。哲学也不与科学相反抗，它似乎要效法科学，在一定程度上采用相同的方法；但当它迷信自己能为宇宙作成完全连贯的图景便得同科学分手了，尽管在事实上，这个图景不能不随知识的每一新的进步而被粉碎了。它的方法的错误在于过高估计逻辑思维的知识论价值，而又在一定范围内承认知识的他种源流，如直觉的有效。人们不止一次地感觉到诗人海涅对哲学家①做这样的描述是不无根据的。

> 戴一顶旧睡帽，穿一件旧睡衣，
> 他在笨拙地修补着世界结构上的漏洞。

然而哲学对于大多数人类没有直接的影响；只是知识分子的上层少数人对于哲学感有兴趣，其余大多数人都置身于哲学之外。宗教和哲学相反，它具有惊人的势力，可使人类的最强烈的情绪受其感动。我们已知道它在从前曾涉及人类的精神生活有关的一切事物，当科学尚未产生之前，也曾代替了科学，建设了一种无比连贯的世界观以至今日，虽然这种世界观已经发生过严重的动摇。

我们如果要对于宗教的伟大作正确的估计，须记得它对人类的劳绩。它给人类以关于宇宙起源的知识，它使他们在人事变迁之中感受着保护及最后的幸福，它又以有权威的格言指导人类的思想及

---

①　据德国卡尔·福尔伦德著《康德传》的介绍，康德日常在书斋中"披着睡衣，戴着睡帽"从事写作，这里的哲学家大约指的是康德。

行动。总之，它完成了三种职能。第一，它满足了人的求知欲；它在这里和科学用它特有的方法所欲完成的事业相同，从而与科学互相抗衡。宗教的较大部分的势力尤其是由于它所完成的第二种职能。宗教排除了人们对于危险灾难的畏惧，担保人们有幸福的结局，且安慰他们的不幸，这是科学无力与它相比的。科学原教人如何避免某种危险，如何卓有成效地消除痛苦；科学对于人生原也为一种有力的帮助，但是有许多时候，科学只能让我们受苦，只能劝我们屈服于不可避免的灾难。第三种职能为创立格言，禁令及规律，于是宗教和科学便越离越远了。因为科学以发见事实而加以说明为足。科学应用的结果虽也可为行为订立规程，而且有时此种规程或即与宗教订立的相同，然而二者所有理由仍彼此大异。

宗教何以须兼有此三种职能呢？我们却不甚明白。宇宙起源的解释何以须兼授伦理的戒律呢？它的保护及幸福的保证和这些戒律有较密切的关联。安全幸福乃为服从命令的报酬；只是服从戒律的人才有福利，至于不服从者则将受到惩罚。科学的奖惩也约略如此；因为科学也宣称不相信其推论者必受其灾难。

我们须采用发生法的分析，才可了解教训，安慰及戒律的这种结合。我们或可以此三者中的最引人注意的项目，即关于宇宙起源的教训为始——譬如为什么宇宙起源论为各种宗教系统的常规的成分呢？这个学说以为宇宙乃为一类似于人，但又较人为更有势力、聪明及热情者，也就是理想的超人所始创。创造宇宙者如果是动物，你便可见图腾主义的影响，这个影响，后文当略加记述。值得注意的是这个宇宙的创造者常为一独特的神，尽管人们相信有许多神。还值得注意的是这个创造者几乎常为男性，虽然也不无女神的存在，有许多种神话则称宇宙的创造始于男神征服女神的时候，女神往往沦为妖怪。这可引起了最有趣味的小问题，但是我们必须一笔带过，不能详述。其余部分的研究较属容易，因为这个创造的神常被称为神父。精神分析的结论以为他确是父亲，人之敬他正如小孩之敬其父。宗教家想象宇宙创造的图景也无异于他自己的创造。

因此，不难懂得可喜的保佑的诺言和严厉的道德的要求如何同见于宇宙创造论之内。因为孩子的生存托始于父亲（或较正确点说，托始于父母），做父亲的由于孩子柔弱无能，受外界一切的危险，故特加以保护和关怀；儿童受了父亲抚爱乃自觉其安全。成年的男子虽自知已有较大的能力，对于生命的危险也较为明了，但仍合理地感觉到自己像在儿童期内那样地柔弱无力，而就外界的关系说来，依旧是一个孩子。因此，尽管他已成年也不愿放弃做孩子时所享受的保护。但是他已早知道他自己的父亲的能力极端有限，不能有他所需要的一切属性。因此，他回忆他自己在儿童期内的被过高估价的父亲的忆象，把它提升为神，引入当前的现实。这个忆象的情绪的力量和需要保护的永久性乃为信仰上帝的两条支柱。

宗教纲领的第三要点，即道德的戒律，也不难和儿童期的情境发生关系。我在早期的演讲内曾征引哲学家康德的一段名言，他说星光灿烂的天空在我们头上，道德法律在我们心内，二者都是上帝伟大之最有力的证据。二者并举难免奇特——因为天体对于人类相爱或相杀究竟有什么关系呢？但是他这句话毕竟接触到一种心理学的真理。父亲（父职）既以生命给孩子，使他不遭受生活中的危难，同时也教他何事可为，何事不可为，使他对本能欲望加以某种限制，告诉他如果要在家庭及较大团体内作一受人喜爱和欢迎的成员，便须对于父母兄弟和姊妹有一种如人所期望的关心的表示。通过奖惩的制度培养儿童，教他懂得社会的职责，知道生命的安全有赖于父母（其后则并有赖于他人），对自己的爱护及自己对父母和他人的敬爱。凡此种种，都一成不变地由成年人引入宗教。父母的禁令活在他的心内，变成道德的良心；上帝统治人世，也借助于同样的赏罚制度。各人所享受的保护及幸福的程度便看他如何满足道德的要求而定；他有一种安全的感觉以抵御外界及人类环境的危险，而这个感觉即以其爱上帝及自觉上帝爱他的意识为基础。最后，他在祈祷时，想要直接影响神的意志，从而，确信自己分享神的万能。

我相信你们听我讲演时，心内必已发生许多问题，要求答复，我在此时此地却还不能作答，但是我很相信这些问题可无一能动摇我们的这个论断：就是，宗教的世界观决定于儿童时期的情境。尤其可以注意的是这个世界观虽有它的幼稚性，但仍有其先驱。无疑地，过去必定有一既无宗教，复无上帝的时期。这便叫做泛灵论时期（tha age of animism）。甚至在此时期，世界上已有许多具有人形的灵怪（叫做恶魔），外界一切物体都可成为它们的住处，或竟和它们同为一类事物，可没有一种至高无上的势力能够产生它们，统制它们，并可望保卫和帮助它们。泛灵论时期的恶魔常与人为敌。但人在那时似较后来有更大的自信心。他当然也常怕这些恶魔，但能用某种他认为有力量将它们赶走的行动保护自己。他在其他方面也未尝自认全无力量。他若有求于自然——例如，雨——便不祷告于气象神之前，但用一种符咒，以期对于自然施予直接的影响；他自制一些类似于雨之物。他和环境势力作斗争的第一种工具便为魔术，魔术就是近代工业技术的先河。我们以为这个对魔术的信任是由于个体过高估价他自己的理智活动，和相信思想的万能，与见于强迫性神经症者一样。我们也许可想象那个时代的人们特别夸大其语言的知识，因为既有语言，思想必远较便利。他们以为说出的字有魔术的力量。这个意见后乃为宗教所吸收。"上帝说：要有日光，便有了日光。"但魔术活动的事实，表明泛灵论时期的人也不完全信赖他自己欲望的势力。他欲求事之成，便实行一种动作，使自然仿效它。他需要雨，便亲自放出流水；他欲求泥土达到丰收，便在田野上作性交的行动以贡献于泥土。

你们要知道任何事物只须一旦有了心理的表示，便可永久存在。因此，若有人告诉你们，说泛灵论时期的许多信仰至今多半存在于宗教之内，成为我们所称的迷信，你们便可不必惊怪了。但不仅以此为止，我们尚不能不觉得我们的哲学仍留有泛灵论的思想的要质，如对于字的魔力的过高估价乃思想可以决定外界现实历程的信仰。总之，哲学是没有魔术措施的泛灵论。反过来说，我们当知道泛灵论时期之内，已有一种道德的规律统制人际的关系。但是这些规律是否和泛灵论的信仰相关甚切，还没有相当的证据。也许它们乃为权力及实际需要的分配的直接表示。

由泛灵论进为宗教的过渡究竟受何种因素的控制，我们当然很愿意知道；但是你们要明白人类心灵进化的经过，在这个远古时期内，还深埋在烟雾之中。似可设想，宗教表现的最早形式是图腾主义或对于动物崇拜的形式，在此种崇拜的过程中产生了第一种道德的要求，即种种禁忌(taboos)。我曾在《图腾与禁忌》(Totem und Tabu)一书中，认为这个过渡的变化可追溯到人类家庭关系的大变动。宗教的主要功绩，如果与泛灵论相比，便在于使人不再畏惧妖魔。但是恶魔在宗教的系统之内，仍有其地位，为古代的灵活论留一遗迹。

宗教世界观的史前期已略如上文所述。现在可讲述其后来的经过及我们亲历的现状。自然历程的观察既增加科学精神的力量，后来便将宗教看作人事，使它受批判的考察。可是宗教通不过这种考验。第一，神的奇绩的记载引起了惊异和怀疑，因为它们与清醒观察所教导的一切互相抵触，而又太暴露出人类想象的影响。第二，宗教对于宇宙性质的论述又须受到我们的驳斥，因为它缺乏古代历史的知识，同时由于自然的法则日益为人类所熟悉，宗教早已丧失其权威。宇宙的创造和人的出生都通过相同的创造活动的观念似不再为自明的假说了。因为生物和无生物的区别已为人人所知，乃足使原有的泛灵论没有留存的可能，此外，我们也不能不注意不同的宗教体系的比较研究的影响及互相排斥的现象。

科学作出了这种准备的努力以后，终乃敢于检验宗教世界观中的最重要而最有情绪色彩的原理。宗教断言只要人能完成某些伦理的义务，就能予以保护和幸福。其实，人们早已知道，这是不值得相信的，但只是到了许久之后才敢公然说出口。宇宙中似未尝有一种势力以父母亲的慈爱，关怀各人的幸福和快乐的结局。相反，人之遭遇和普遍仁爱或普遍公道的原则是互相抵触的。地震，大水和火灾，不分善人和恶人，也不分宗教家和无信仰者，都同受其害，我们纵使将无生命的自然暂置不论，单论各人相互的关系及其遭遇，则善人得福，恶人得祸之说也未必然，有时狡猾凶恶之人反能得到世上一切可欲之物，而圣洁贤士却两袖清风，一无所得。黑暗冷酷的势力决定了人之命运；而宗教所称的统治人世的赏罚制度则似不存在。宗教中的泛灵论所以复有一部分见弃于人，这也是一个原因。

对于宗教世界观的最后判断应归功于精神分析，精神分析以儿童期的无能为宗教的起源，以成人所有儿童期的欲望和需要为宗教的内容。这个见解非即意味着驳斥宗教，但也有必要缓和其说，至少在某一点上不免和宗教冲突，因为宗教自称有神圣的起源。我们对于上帝的诠释如果可信，则宗教的这种自夸当也是不谬的。

因此，科学对于宗教的世界观的最后的判断有如下文所述。各种不同的宗教虽都互相争夺其独具真理，但由我们的观点看来，宗

信仰者护佑，我却有一比喻，如汽车司机告诉我们说他开车，不受道路规程的约束，而仅凭想象的冲动，我想绝没有人敢坐他的汽车的。

宗教为求自己留存于世起见，而限制人的思想，结果必可使个人和社会同受其害。据分析的经验，这种禁令当初虽仅局限于某一方面，后来却即有扩大的趋势，成为人生严受压制的原因。妇女受了这种限制，甚至不敢思及人性的性的方面。古代名人的传记表明他们几乎都因宗教限制思想而受到可悲的结果。反之，理智(或用一个较为熟悉的名词理性)是属于这样一种势力，这种势力可望有统一人的思想的功效——可是人也是动物，只有经过最艰苦的努力才能联合起来，因此，也难有控制的可能。试想每人如果各有他个人的乘法表及度量衡的单位，人类的社会如何可能形成呢？我们对于未来的最大希望便在求理智——科学的精神或理性——终究能统制人类的心灵。真正的理性可必不至于不给人类的情绪及其有关事物以应有的地位。但这种理性统治所给大家的公压力将可为统一人类的最大的力量，且可为进一步的统一做好准备。无论何事，凡是反抗这种发展的如宗教对于思想的禁令，都可成为人类未来的危险。

我们也许会问宗教何以不将此失败的战斗作一结束而宣告于世，说："我确不能给你们以你们所称的真理：你们欲求这种真理，须转向于科学。但我要给你们的，比你所能得自科学的，要更美丽，更愉快，更高尚。因此，我告诉你们宗教的真理是种类不同，性质超越的真理。"宗教何以不如此宣告于世的原因不难推想而知。它若承认了这一点，将不免对于人民大众失去了一切力量。一般的人只知道一种真理——即一般人所称的真理。至于较高尚或最高尚的真理究有何种意义，便非他所能想象的了。由他看来，真理和死亡相同，不能有程度的差异，他可不能由美作必要的跳跃而至于真。也许你们跟我都同意认为他在这一点上是正确的。

因此，这个斗争尚未终结。赞成宗教世界观的人们，遵循着"最好的防御乃为进攻"的旧格言而行动。他们问："何物科学乃敢轻视我们数千年来普度众生的宗教吗？科学究曾有何种功绩吗？它能给我们以更好的希望吗？据它自称，它是不能给我们安慰，使我们高尚的。因此，这种利益虽极重要，现在可暂置不论，然而它所给我们的知识究竟还有何种价值呢？它能告诉我们，宇宙如何创始，如何结局吗？它能给我们一种一贯的宇宙观吗？它能指示我们，生命之未经解释的现象如何解释，或精神的力量如何感知无生物呢？假使它能如此，我们便向它致敬。然而它不能如此，这种问题它没有解决过一个。它只是给我们知识的不相协调的碎片，由事物的整体之中收集互相一致的观察，美其名为定律而予以任意的诠释。它的结论完全不确切。它所教导的都是仅有暂时性的真理；因此，今天以为是最高的智慧，明天便为他人的实验所推翻了。最晚出的错误便被定名为真理。却要我们为这种真理而牺牲最高的善！"

诸君——你们若自认为科学世界观的拥护者，想不至为这种批评家的攻击而动摇。在帝政的奥国时期，曾流行着一种传说，我愿在此一述。有一次老皇帝在接待他所不喜欢的政党代表时，他动了气，说："这不再是寻常的反抗，而是结党背叛的反抗。"同样，你们也可觉得由于科学不能解决宇宙之谜而对它的责备也是不公平的、恶意的夸大。科学没有太多的时间作出这个惊人的成就。它还很年轻，只是近来发展的人类活动。举几个历史日期来说吧。我们要记得自从开普勒发现行星运行的定律至今仅有三百年；将日光分析为光谱色而又提倡地心吸力说的牛顿卒于 1727 年，即二百余年之前；拉瓦锡发现氧气约稍前于法国革命。我现在可算是年纪很大的老人，但以之与人类发展的全时期相比，则个人的生命为时甚暂，查理·达尔文刊布其物种起源时，我已出世了。发现镭的比埃尔·居里生于同年，即 1859 年。你们若逆溯精密的自然科学的创始于希腊人，于阿基米德，或于哥白尼的先驱萨莫斯的阿里斯塔克（Aristarchus of Samos），约当纪元前 250 年，或竟逆溯至巴比伦人创始的天文学，也不过在人类学所规定的从猿进化为人类的十万余年的长时期中的一个小小的片段。我们还要记得前世纪的新发见如此之多，科学的进展如此迅速，便足使我们对于科学的未来抱有无限的希望。

他种抗议在某种限度内，我们得承认其有效。譬如科学的进行是缓慢的，是试探的，费力的，对此我们不能否认，也无法改变。无怪那些反抗科学的人深感不满；认为依靠他们的天启（revelation）反较从容安逸。科学研究的进展无异精神分析。分析者在工作时带着期望，但是他须将这些期望置于脑后。他凭观察而屡有新的发见，但在开始时不易将这些发见造成系统。他乃引用概念，提出假说，假说倘无从证实，便复根本取消，他须富有忍耐力，准备迎接种种可能，不急于作结论，以免忽略新的意外的因素。这整个努力终有成效，零散的发见有了系统，他乃得了解心理事实的全部线索；他既完成了一种工作，乃开始从事于其次。但分析者和其他科学研究者也有一点不同：就是他在探究时不能利用实验的帮助。

但是我所引的关于科学的批评，也有许多言过其实之处。科学不是盲目地由这种企图转变为他种企图，这一错误改换作另一错误。科学家的工作有如一个雕刻师，用一粘土模型，不断地更动其初次的样稿，或增或减，到了后来，乃得类似于看见的或想象的人物。至少较老年而较成熟的科学都仅就已有的基本知识加以改造、加工，而不是破坏。所以科学的前途绝不是那样黯淡的。

最后，贬斥科学究竟有何种目的呢？科学尽管现在有缺点及内在的困难，但它为我们所不可或缺，也非他物所能替代。它的可能进步绝无止境，至于宗教世界观则不然。它的要点完美无缺，如有错误，便永久不改。任何蔑视科学重要性的企图都无法改变这个事实：就是科学总要考虑我们对现实外界的依赖，反之，宗教则为错觉，它的势力来源于我们的本能欲望。

现在便须进而叙述与科学相反的他种世界观了；但是我这样做是违反意愿的，因为我自知没有判断它们的资格。因此，我希望你们听我所欲说的话时，须记得我这个自供，假使你有兴趣，请参考更可信赖的著作。

首先，我须于此举出几种讨论宇宙的哲学体系。但是我已对于哲学及其方法作一概括，我相信我之不配批评各种哲学体系，比任何人为甚。因此，我敢请你们注意于现在尤难忽视的两种现象。

第一种我想提起的是与政治的无政府主义相当的或者由这种主义产生的世界观。这种知识界的虚无主义者，虽说是前已有之，但是到了现在，则更受了物理学相对论的影响。他们虽然是由科学出发的，但似乎要推翻科学，逼它自杀；因为他们使科学否认自己的前提。我们常觉得这种虚无主义只是一种暂时的态度，保持到科学根本推翻时为止。科学既被推翻，则代之而起的当为某种神秘主义或旧的宗教的世界观。依据这个无政府主义，人世上便没有所谓真理或关于外界的正确的知识。所谓科学的真理也只是在各时期不同的外界情境中所形成的需要和欲望的产物；或者可以说，它又是错觉了。总之，我们只是求其所欲求，而见其所欲见，此外就别无可能了。真理的标准或与外界的相关性，既不存在，所以无论我们采用何种见解都毫无关系，都可能是真的，也都可能是伪的。谁也没有攻击谁的错误的权利。

对于认识论感有兴趣的学者也许要研究无政府主义者究竟用何种诡辩的方法从科学出发导致这种结论。谁都无疑地由于教养的结果，反对这样的情境，像大家熟悉的那个克利特岛的先知，他说，凡是克利特岛人都是说谎者①。但是我可不愿，也不能对此作更深奥的探索。我只要指出无政府主义学说仅就抽象事物的意见而言才可维持其尊严；和实际生活一有接触，即不免于崩溃了。人的行为受意见及知识的指导；同样的科学思想研究原子的构造或人类的起源，也从事于研究如何建造一条能载重的桥梁。假使信仰与实际无关，假使知识不因它符合现实而与意见有所区别，那么我们尽可造一纸桥而不造石桥，或为病人注射十分之一克的吗啡，而不注射百分之一克，或采用催泪毒气（tear-gas）为麻醉药而不采用以太。然而知识界的无政府主义者本人也必强烈反对他们的学说的这种实际的应用。

还有另一种相反的世界观，我们便须更慎重地加以讨论，不过我很抱歉，我在这方面的知识太不够了。我敢说你们对于这个问题都比我有更充分的知识，且已早决定拥护或反抗马克思主义。马克思研究社会的经济结构及各种经济组织的方式对于人类各方面生活的影响，到了现在已成为一种不能否认的权威了。他在细节上的正确与否的程度如何，自然非我所能知，我想即使知识更加丰富的学者对此也不易决定。马克思学说有几个命题在我看来，似觉费解，例如社会形式的进化是一种自然史的历程或社会阶层依照一种辩证法的历程而彼此转变。这些话有什么意义，我不敢说能了解；听起来不像唯物主义，而类似于晦涩难解的黑格尔哲学，因为马克思曾

_____

① 见《圣经·新约》提多书第 1 章。

有一个时期受过这种哲学的影响。我和一般人的见解相同，以为社会阶级的形成乃为有史以来的部落斗争的结果，我不知道如何能放弃这个见解。这些部落彼此略有差异；我的观点以为社会差异归因于部落或种族的这些原始的差异。心理的因素如部落中体质好斗和坚强团结的程度，物质的因素如优越的武器，便决定了谁胜谁败。他们既生活于同一土地之内，胜者为主，败者为奴。凡此一切都没有自然法则或概念变化的标记，反之，我们不能不承认对于自然力的进步的控制足以使人际的社会关系受其影响，因为人常以新获得的势力为侵略服务，借以彼此斗争。金属铜铁的引进结束了整个文化的时期及社会的制度。我确信火药，火器推翻了武士制度及贵族的统治；而俄国的专制政治在战争失败之前已早被宣告了死刑，因为不管欧洲的皇室如何盛行近亲繁殖也不能产生一族俄皇能抵抗革命的爆发动力。

　　大战后所有目前的经济危机或许只是给征服天空付出的代价。这句话，似不很可信，但至少其理由却不难明白。英伦的政策本以其四面环海的安全为基础。一旦布雷里奥的单翼飞机跨越英法海峡而过，这种环海的安全便完全失去了保证；在和平时的夜晚，一架德国齐柏林试飞伦敦的上空，便真个对德战争了。(作者附注："我在大战第一年由可靠的权威告以这个消息。")至于潜水艇的威胁在此也不应忘记。

　　我几乎很惭愧，对于这种重大复杂的问题只能作这样的轻描淡写，而且我还知道我所说的在你们听来都是明日黄花。我只要你们注意人类控制自然的结果既给他们以互相斗争的工具，自不能不使其经济的安排受其影响。我们离开世界观问题似已很远，但不久即可复言归正传。马克思主义的力量不在于它对历史的见解，也不在于它的以此见解而对未来的预测，而在于它深刻理解了人类的经济状况对于学术、伦理及艺术反应的影响。因此，它乃发见了从前完全为人忽略的整个因果关系。然而我们可不能假定经济的动机是决定社会中人的行为的唯一动机。不同的个人，种族及国家在相同的经济状况下而有不同的行为，足见经济的因素不是唯一的决定原因。我们可不能了解研究活人的行为如何能忽略心理的因素；不仅这种因素和经济基础的建设有关，而且即使人受这些条件控制时，也只能动员其原始的本能冲动——如自存本能，攻击本能，爱的需要，求乐避苦冲动等。前次演讲曾侧重超我的地位，因为超我代表古代的风尚及理想，并有时抵抗新的经济情境的压迫。我们还须记得一般人虽受经济需要的控制，但也受文化发展历程的影响，文化虽和其他一切因素有密切的关系，但其起源则不决定于这些因素；文化好如一种有机历程，能使其他因素受其影响。它代替了本能的目的，使人们反抗从前所能忍受之事；而科学精神的加强似为文化的一个要素。假使有人能详示这些不同的因素——如一般的人类的本能倾向，种族的变异，文化的改造——如何受各种社会组织，专业活动，生存方法的影响而有所变化，或这些因素如何相互制止或助长，那么他将不仅改进了马克思主义，而且使马克思主义变成了一种真正的社会科学。因为社会学讨论人在社会中的行为，也就是一种应用心理学。老实说，科学只有两种：即心理学，纯理的及应用的，和自然科学。

经济情况的深远重要性既终于开始为人所注意，就要以革命手段引起它们的改革，而不要听任历史的发展而导致变化。理论的马克思主义，既由俄国的布尔什维主义予以实施，乃得有一种世界观的力量，广泛性及独占性，同时却和它自己所反抗的对象非常类似。它本身原为科学的一部分，且也在它实现时，建立于科学及技术之上，然终不免给思想颁布禁令和从前宗教的禁令同其残酷。对马克思学说的任何批评均在禁止之列；对于它的真确性的怀疑都受惩罚，和旧教教会惩罚邪说正复相同。马克思的著作在俄国已代替了《圣经》和《古兰经》的地位，虽然这些著作中所有的矛盾和难度也不亚于古代的圣书。

实际的马克思主义虽扫荡了一切唯心主义的制度及错觉，毫不留情，但它本身也发展了错觉，其可怀疑及无从证实的程度正复相等。它希望以数代相传，即将人们改造，使能生活于社会的新秩序之中，无所抵触，且也能自愿工作。同时它又排除了社会所不能缺少的本能的障碍，使威胁人类社会的攻击趋势转向于外，得贫者的拥护以反对富者，得一向无权者的拥护以反对过去有权者。但这种人性的改造是很难实现的。当新秩序尚未完善而感受外力威胁时，群众对布尔什维克领导是拥护的，到了将来在完全建成而不再有外患危险时，便难以保证了。布尔什维主义正如宗教一样，不得不对其信仰者许诺未来的生活必较幸福，没有不满足的需要，以补偿其目前生活的苦痛和贫乏。这个天堂是会在这个世界实现的，是会在地球上建立的，且复在适当时间内落成的。但是让我们记起犹太人的宗教对死后生活本无所知，却也期望救世主降临人世，而基督教的中世纪也常相信天国的来临。

布尔什维主义对于这些批评，如何答复，是无可怀疑的。它将以为"人类如果未改其本性，我们便不得不用现在有效的方法。教育不能不强迫，思想不能不压制，甚至应用势力而至于流血；我们若不给人以你所称的'错觉'，便将无法使他们受此强制了。"它也许客气地问我们有何较好的办法。我们于此当然无力答复，不知道有何良策可以奉献。我可承认这个实验的情境足以使我及和我相类似的人们不敢尝试；但是我们还不是唯一有关的人。有些实行家，信仰坚定，绝无怀疑，更不感觉那些人走向他们的目标时的痛苦。因为有了这种人，所以建立社会新秩序的艰巨的尝试正在俄国进行着。当各大国宣称欲单靠信仰基督教以得救时，俄国的大变革似乎令人希望有较好的未来。不幸得很，我们自己的疑惧和他们的宏伟的信仰都无法使我们揣测这个实验有何结果。未来可以给我们教育。也许使我们知道这种尝试实行过早，我们如果没有新发现以增加我们对于自然力的控制，而使我们的需要满足较易，则社会秩序的基本的改造必少成功的希望。也许只是到了那时，才可有一种新的社会秩序，不仅消灭人群的物质的缺乏，且复满足个人文化的要求。但即属如此，我们仍须有一很长的时期，才能征服人之阻碍各种社会生活的不易抵抗的本性。

诸君——在结束时，我们可将关于精神分析和世界观问题的关系作一总结。由我看来，精神分析不能产生它自己所特有的世界观。它也无此需要，因为它是科学的一个分支，要赞助科学的世界观。但是科学的世界观几难配得上这种高尚的名称，因为它没有将一切都包举在内，它是不完全的，本没有包罗万象，造成一个体系的雄心。科学的思想还很幼稚；有许多大问题，它尚无法应付。科学的世界观除了要侧重现实的世界外，主要是消极性的，例如仅以真理为限而否认一切错觉。那些不满意于这种情况而为其心灵的暂时的安宁更有所求的人尽可求之于能有所得之处。他们这样做，我们不责备他们；但是我们不辅助他们，也不能因为他们的缘故，而改变我们的思想的方法。

选自［奥］弗洛伊德：《精神分析引论新编》，

北京，商务印书馆，1987。 高觉敷译。

［美］弗洛姆（Erich Fromm，1900—1980）

《自为的人》（1947）（节选）

《自为的人》（1947）（节选）

良心：人对自身的回忆

　　无论谁谈到和反思他所做的恶事，都会想到他所犯下的可耻，而他想到的事就会揪住他整个灵魂，他也就完全被他所想的事揪住；所以，他依旧困于这些可耻之中。而且，他肯定难以从这种状况中解脱出来，因为他的精神会因之颤抖，他的心也将因而憔悴不堪；除此之外，一种悲怆的心境也会萦绕心头。你咋哪？啊！污秽在心头搅动，无法平静。无论是有没有这种罪恶——它又能在天堂给我们什么好处？此时此刻，我忧悒地沉思着这一切，我会成为一串珍珠而享受天堂的快乐。这就是人们为什么写下："离开罪恶，积德行善"的理由所在——彻底摆脱罪恶罢，不再这样忧闷，积德行善。你所做的错吗？那么，就请用正当的行动来使它平衡吧。

——德国：艾萨克·迈耶①

　　人所能作出的最感自豪的申述莫过于说："我将凭我的良心行动。"通观历史，人们已建立了公正、爱和与一切形式的压迫相反对的真理原则，这些压迫使人们甘于忍受，以使他们放弃他们所认识和相信的东西。当先知们放弃他们的国家并预言它将由于堕落和不

---

① 《时间与永恒》，N. N. 格拉策编："肖肯丛书"，纽约，1946。

公正而没落的时候，他们是按照他们的良心来行动的。苏格拉底宁愿死也不选择损害真理背叛良心的道路。倘若没有良心存在，人类在艰险的征途上早已陷入泥淖之中了。

与这些人不同的另一些人也宣称他们是由良心驱动的：这些该受到审判的人用火刑焚烧有良心的人，却宣称是以**他们的**良心的名义这样做的；当那些掠夺成性的战争制造者们不顾一切地去实现他们对力量欲壑无底的野心时，他们也宣称这是凭他们的良心而行。事实上，几乎所有残忍的行动，或者对他人或自己的冷漠行动都被合理化为良心的吩咐，因而为了获得安抚的需要便表现出良心的力量。

良心在其各种不同的经验表现形式上确实是混乱不清的。这些各种各样的良心在形式上相同，区别仅在于它们的**内容**吗？它们是与仅有一般"良心"名称的东西不同的现象吗？或者说，当我们从经验上研究作为一种人的动机问题的现象时，关于良心存在的假设被证明是站不住脚的吗？

关于这些问题，有关良心的哲学文献给我们提供了丰富的线索。西塞罗和塞涅卡把良心说成是内在的声音，就其伦理性质而言，它控告或捍卫着我们的行为。斯多亚派的哲学把它与自我保存联系起来（对人自身的关心）；克利西卜斯把它描绘为人自身内部的和谐意识。在经院哲学中，良心被看作由上帝灌输到人身上的理性的法则。良心不同于"synderesis"，后者是一种判断的习惯（或能力），和意志权利的习惯（或能力），而前者却是把一般的原则应用于特殊的行动。尽管"synderesis"这个术语已经被现代作家所废弃，但"良心"却常常用来表示经院哲学用"synderesis"所表示的意思，即对道德原则的内在意识。英国作家强调这种意识中的情感因素。例如，沙甫慈伯利就假定人身上存在一种"道德感"，即一种正当与错误的感觉，一种情感的反应，它建立在这样一种事实的基础上，即人的心灵本身与宇宙的秩序是相和谐的。拔特勒提出，道德原则是人的构成的一部分，它尤其与对仁慈行为的固有欲望同一。根据亚当·斯密的观点，我们对他人的感情和我们对他们的赞同或反对的反应是良心的核心。康德把良心从所有特殊的内容中抽象出来，并使它与义务感之类的东西同一化。作为一位宗教"坏的良心"的激烈批判者，尼采看到了真正的良心根植于自我肯定，根植于"对人的自我说是"的能力之中。马克斯·舍勒坚信，良心是理性判断的表达，但判断是依据于感情而不是依据于思想的。

但是，他们仍然没有回答和触及最重要的问题：动机问题，而对此，精神分析研究的材料可能提供了某些更好的说明。在下面的讨论中，我们将区分"权力主义的"良心与"人道主义的"良心，这种区别仍遵循着权力主义伦理学与人道主义伦理学之间的区别那条一般的路线。

一、权力主义的良心

权力主义的良心是一种内在化的外在权力、父母、国家、或在一种文化中所发生的不论什么权力的声音。在人与权力的关系仍为外在性的情况下，没有伦理制裁，我们简直无法谈论良心；这样的行为仅仅是权宜之计的行为，它由对权力的恐惧和希望得到奖赏来调节，总是依赖于这些权力的实际存在，依赖于他们对人们正在做什么的知识，和他们的被说成或实际的惩罚与奖赏的能力。人们产生一种源于他们的良心而出现的罪恶感情这一经验，实际上常常只不过是他们对这样一些权利的恐惧而已。确切地说，这些人并不感到**有罪**，而是感到**害怕**。然而，在良心的形成中，人们有意识或无意识地把诸如父母、教会、国家、舆论之类的东西作为伦理的和道德的立法者来加以接受，人们采用了它们的法律和制裁，因而把它们内在化了。外在权力的法律和制裁仿佛成了人自身的一部分，而不是对人自身之外的某种东西的责任感；人们感觉到了对某种内在的东西、对他们的良心的责任。良心是一个比对外在权力的恐惧更为有效的行为调节器；因为，人们可以逃离后者，却无法逃避自身，因此，也无法逃避已经成为人自身之一部分的内在化的权力。权力主义的良心就是弗洛伊德所描述的超我；但是，正如我在后面将要表明的那样，这仅仅是一种良心的形式，或者说还只是良心发展的一个可能的预备步骤。

当权力主义的良心不同于对惩罚的恐惧和对奖赏的希望时，这种与权力的关系就成为内在化的了，但它并非在其他本质的方面与对惩罚的恐惧和对奖赏的希望非常不同。它们最重要的相似点在于这样一种事实，即权力主义良心的规定并不是由人自己的价值判断决定的，而只是由权力所宣布的要求与禁忌决定的。如果这些规范恰巧是好的，良心就将把人的行动引向善的方向。然而，它们并不是因为它们是好的而成为良心规范的，而是因为它们是权力所给定的规范才成为良心的规范的。如果它们是坏的，它们恰恰就是良心的大部分。比如说，一个希特勒的信仰者，当他犯下反叛人类的行为时，他还觉得他是在按照他的良心行动。

但是，即令与权力的关系成了内在化的关系，人们也切莫把这种内在化想象成是完全与外在权力分离开来的。我们可以在着迷的神经病例中研究这种完全的分离，它是一种例外，而不是一种规则；正常说来，具有权力主义良心的人必然会服从外在的权力，以及它们内在化了的回声。事实上，在这两者之间存在着一种持续的相互作用。为一个人所敬畏的外在权力的存在是不断供养着内在化的权力即良心的资源。如果实际上权力并不存在，这就是说，如果人没有理由去害怕权力；那么，权力主义的良心就将被削弱，并同时丧失其力量，这种良心影响着一个人对外在权力的想象。因为这种良心总是带有人对钦佩、拥有某种理想①和追求某种完善的需要色彩，而这种完善的想象是依外在权力来谋划的。结果，这些权力的图像便依次染上良心的"理想"方面的色彩。这一点非常重要，因为一个人所拥有关于权力性质的概念与权力的实际性质是不同的，它越来越成为理想化的，因而也就越容易被重新内在化。② 内在化与谋划的这种相互作用常常导致对权力的理想品格的坚定不移的确信，这种确信不受任何相互矛盾的经验证据的影响。

权力主义良心的内容是从权力的要求和禁忌中推导而来的，其力量根植于对权力的恐惧情感和对权力的仰慕。**善的良心是对令人满意的(外在的和内在化的)权力的意识；罪恶的良心则是对不中意权力的意识**。善的(权力主义的)良心产生了安宁和安全的感情，因

---

① 弗洛伊德在他早期的"自我理想"概念中强调了这一方面。

② 读者可以从我在《关于权力与家庭的研究》(M. 霍克海姆编，巴黎，菲力克斯·阿冈，1936)一书里对这一问题的讨论中找到关于良心和权力之关系的更为详尽的分析。

为它意味着为权力所赞同，与权力更为亲密；罪恶的良心则产生恐惧和不安全感，因为与权力意志相反对的行动意味着有遭受权力惩罚的危险——更糟糕的是——意味着有被权力抛弃的危险。

为了理解最后这种陈述的充分影响，我们必须记住权力主义者的品格结构。他通过象征性的成为一种他觉得比他自己更伟大更有力量的权力的一部分，找到了内心的安全。当他是这种权力的一部分时——以牺牲他自己的完整为代价——他感到他加入到了这种权力的力量之中。他的确定性与同一性的感情依赖于这种共生现象；为一种权力所否定意味着被抛入一种空无之中，面对着虚无的恐怖。对于权力主义者的品格来说，这是最糟不过的事情。可以肯定，对权力的爱和赞同给他以最大的满足；但即使是受惩罚也比被抛弃要好。这种惩罚他的权力仍伴随着他，如果他犯了"罪"，这种惩罚至少是权力仍然关心着他的证据。由于他接受了惩罚，他的罪恶便被消除，而归宿的安全感又得以恢复。

《圣经》中关于该隐①的罪行与惩罚的报告，给人最害怕的不是惩罚而是抛弃这一事实提供了一个经典性的说明。上帝接收了阿伯尔的礼物，但没有接受该隐的礼物。无须说明任何理由，上帝对该隐所做的乃是最糟糕的事情，对一个人来说，上帝这么做便使他无法生活，因为他没有被一种权力接受。上帝拒绝他的礼物，也就因此而抛弃了他。对于该隐来说，这种抛弃是无法忍受的，所以该隐杀死了剥夺他不可缺少的东西的敌手。对该隐的惩罚又如何呢？他没有被杀死，甚至也没有遭到伤害；事实上上帝禁止任何人去杀害他，（该隐的身世标志已使他免于被害）。他的惩罚是成为一个**被遗弃者**，在上帝抛弃他之后，他便与他的同类们分离开来了。这种惩罚的确如该隐所说的："对我的惩罚比我能够忍受的更大"。

迄此为止，我通过表明善的良心是对令人满意的(外在的和内在化的)权力的意识，而罪恶的良心则是对使他们不中意的权力的意识，谈论权力主义良心的形式结构。现在，我们要转到善的权力主义的良心和罪恶的权力主义的良心上来。很明显，任何对为权力所

---

① 该隐为亚当的长子，《圣经》中说，他杀死了他的弟弟阿伯尔，因此而受到惩罚。

主张的肯定规范的违背都会构成不从，因此也构成罪恶（不管这些规范本身是好的，还是坏的），对于任何权力主义的境况来说，各种冒犯都是本质性的。

在权力主义境况中，首要的冒犯是对权力统治的反抗。因此，不从就成了"主罪"；顺从则成了主德。顺从意味着对权力的优越力量和智慧的认识；权力者的权利是依据他自己的命令来要求和奖罚别人。权力之所以要求屈从不仅是由于对其力量的恐惧，而且也因为权力者对其道德优越性和权利的确信不疑。对权力的尊重就在于对它坚信无疑。权力者可以屈尊解释他的命令、禁令、他的奖罚；或者，他可以不这么做；但是，个体永远也没有**权利**对他提出疑问或批评。假如个体似乎有理由批评权力，那么，这位服从于权力的个体一定会感到不知所措；而且就这个个体敢于批评这一事实本身来看，他也是有罪的。

认识权力优越性的义务带来了好些禁令。最好理解的禁令之一便是对人自身所是的，或者能成为像权力者那样的人的感情的禁忌，因为，这会与权力的无限优越性与独特性发生矛盾。亚当和夏娃的真实罪恶如同前面所指出的就是想成为像上帝那样的企图，而把他们逐出伊甸园就是作为对这种挑战的惩罚，同时也是作为防止类似事情再次发生的威慑。① 在权力主义的体系中，人们把权力变成一种与其对象（subjects）根本不同的东西，权力者拥有任何他人所不能获得的各种力量：魔力、智慧、力量，这些都是他的统治对象永远无法与之匹敌的力量所在。无论权力者有什么天赋特权，也不管他是否就是这个宇宙的主人或命中注定的独一无二的领袖，他与人之间的基本不平等性就是权力主义良心的基本原则。权力独特性的一个特别重要的方面是：权力者是唯一不遵从另一个人的意志而只遵从他自己意志的人；他不是手段，而是自在的目的；他创造一切而不是被创造的。在权力主义的定向中，意志和创造的力量是权力的特权。那些屈从于他的人们则是他目的的手段，结果便成了他的财

---

① 人是按照"上帝的形象"创造出来的这一观念，超越了《旧约》这一部分的权威结构，而事实上，这种观念也是犹太基督教宗教得以发展，尤其是在其神秘的描述中得以发展的另一根支柱。

产，并被他作为实现他自己的目的的东西来利用。只有通过创造物不再是一种**东西**并成为一个创造者的努力，才能对权力的至上性提出质疑。

但是，人从来也没有停止对生产和创造的追求，因为生产性是力量、自由和幸福的源泉。然而，在他感到要依赖于超越他的力量的情况下，他的生产性本身、他对其意志的维护本身都使他产生罪恶感。巴比伦人因试图通过联合起来的人类的努力，来修建通天塔而受到惩罚。普罗米修斯因盗给人以神秘的火种——象征化的生产性——而被困锁于岩石之上。对人的力量和能力的自豪被路德和加尔文作为有罪的自豪而摈弃了，也被政治独裁者们作为罪恶的个人主义而摈弃了。人试图通过牺牲并靠给神祭以最佳的谷物和牲畜来使诸神因人的生产之罪而激起的忿怒得以平息。割礼是这种平息安抚的另一种努力；作为男性创造性象征的男性生殖器的一部分，被迫为上帝作出牺牲，以便人保留利用它的权利。人除了通过认错在牺牲中赞颂神——如果说这仅仅是象征性的话——之外，还通过罪恶感来控制他自己的力量，这种罪恶感根植于这样一种权力主义的信念：他自己的意志和创造力量的践行是对权力者成为唯一的创造者，而统治对象的义务则是成为他的"东西"这一天赋特权的反抗。这种罪恶感不断地软化着人，削弱着人的力量，增长着他的屈从性，以便赎买他试图成为他"自己的创造者和建造者"这一企图的罪恶。

自相矛盾的是，权力主义的**罪恶**良心是力量、独立性、生产性和自豪感的结果，而权力主义的**善的**良心却源于顺从、依赖性、无能性和罪恶感。圣保罗、奥古斯丁、路德和加尔文都用清楚明白的术语描绘了这种善的良心。善的标志就是对人的无能性的意识，对人自身的鄙视，并负荷着人自己的罪恶感与邪恶感。有一种罪恶良心这一事实本身就是人的美德的标志，因为这种罪恶良心是人在权力面前"恐惧与颤栗"的症候。这种自相矛盾的结果是，（权力主义的）**罪恶良心成了"善的"良心的基础；而善的良心——如果某人有这种良心的话——却应当创造一种罪恶感。**

权力的内在化具有两种含义：一种是我们刚刚讨论过的，在这种含义上，人屈从于权力；另一种是人通过以相当严格而残酷的方式处置自己，来接受权力所赋予的角色。因此，人不仅成为顺从的奴隶，而且也成了把自己作为他自己的奴隶来处置的严酷的工头。对于理解权力主义的良心的心理学机制来说，第二种含义是非常重要的。权力主义的品格多少使人的生产性残缺不全，它发展了一定的虐待狂和毁灭性。① 这些毁灭性的能量通过接受权力所赋予的角色并把自己作为奴仆来支配而得到发泄。在对超我的分析中，弗洛伊德对其毁灭性成分作了描述，这种毁灭性成分已经为其他的观察者们所收集的临床材料充分肯定。问题并不在于人们是否像弗洛伊德在其早期著中所作的那样，假定攻击的根源主要在于本能的挫折；或者，像弗洛伊德后来所假定的那样，主要在于"死亡本能"。问题在于，权力主义的良心是由与人自己的自我相反对的毁灭性所滋养起来的，以至毁灭性的追求便因此而被允许在美德的伪装下发挥出来。精神分析的探索、特别是对烦恼品格的探索，揭露了良心有时候所具有的残忍与毁灭性的程度，以及它如何使人能够通过把良心转向自己而摆脱缠延不断的憎恶来行动的。弗洛伊德令人信服地证实了尼采关于自由的禁锢使人的本能反过来"反对他自己"这一论点的正确性。"仇恨、残忍、以迫害、惊奇、改变、毁灭为乐——人们把所有这些本能转过来反对它们自己的占有者：这便是'坏良心'的起源。"②

人类历史上的大部分宗教体系和政治体系都可以用来作为对权力主义良心的说明。因为从这一观点出发，我已经在《逃避自由》一书中分析了新教和法西斯主义，所以，在这里我就不再作历史的说明了，但我将集中讨论人们可以在我们的文化中的单亲—孩子关系中观察到的权力主义良心的某些方面。

将"权力主义的良心"这一术语用于我们的文化，可能会使读者感到惊奇，因为我们习惯于把权力主义良心作为只是权力主义的和非民主的文化的特征来思考，但是，这种观点低估了权力主义因素的力量，特别是低估了在当代家庭和社会中发挥着作用的无名权力的功能。③

---

① 尼采：《论道德的谱系》，第2章，第16节。

② 尼采：《论道德的谱系》，第2章，第16节。

③ 参见《逃避自由》一书，关于民主社会里无名权力的讨论。

精神分析的医患会谈，对于研究城市中等阶层中的权力主义良心是一个优越的视角点。在这里，单亲的权力与孩子们应付这种权力的方式显现为精神病的一个关键性问题。分析家们发现，许多病人根本不能批评他们的父母；另一些人能在某些方面批评他们的父母，却又因不能涉及使他们自己所深受其苦的那些父母身上的特性而驻足不前；还有一些人在对他们的父亲或母亲提出中肯的批评或者对他们发脾气时，便深感有罪和焦虑不安。使一个人哪怕是记住那些曾激起他的愤怒和批评的芝麻小事，常常也是件值得考虑的分析工作。①

更为微妙也是更为隐秘的，是那些由人们对不中意的父母的经验所导致的罪感。有时候，孩子的罪感依附于他不很爱其父母这一事实，尤其是当父母期待成为孩子的感情焦点的时候。有时候，这种罪感产生于辜负了父母的期望所带来的恐惧。后一点尤为重要，因为它涉及在权力主义的家庭里单亲态度中的一种关键性因素。尽管在罗马的男性家长——他的家庭就是他的财产——与现代父亲之间有很大的差别，但是，孩子们是为满足父母并补偿他们自己生活的失望而来到这个世界的，这种感情依旧广泛流行。在索福克勒斯的《安提戈涅》中，克瑞翁关于父亲权力的著名演讲堪称这种态度的经典表述：

> 所以，我的孩子！——
> 正当即是在你父亲面前俯首听命，
> 因为这，人们才祈求养抚你们；
> 造就了他们**恭敬孝顺的子孙**——
> 以恶报恶，以恩报恩
> 曾使先辈们为之荣耀
> 正如他们之于他们的父亲。
> 无论谁让他们的孩子成为**无能之辈**，

---

① 卡夫卡在写给他父亲的信中，就曾想对他的父亲解释他为什么总怕他的原因。这些解释是这一方面的经典性文献。（参见 A. F. 卡夫卡：《杂录》，纽约，年年倍增出版社，1940）。

———他所养育的只是把烦恼引向自身

而将无尽的笑柄留给他的敌人。①

　　即使在我们的非权力主义的文化中，也常发生这样的情况：父母们要求他们的孩子成为"有用的"人，以弥补父母在生活中失去的东西。如果父母没有成功，孩子们就应该获得成功，以给父母一种替代性的满足。如果他们没有感受到爱（特别是如果父母之间不能互亲互爱的话），孩子们就要去弥补它；如果他们在社会生活中感到无能为力，他们就想获得控制和支配他们孩子们的满足。即令孩子们符合这些期望，他们也还是因做得不够，使他们的父母失望而感到有罪。

　　对使父母感到失望的感情经常所表现的一种特别微妙的形式是由对存在着差异的感情所引起的。支配型的父母要求他们的孩子在气质和品格上都像他们。比如说，性情暴躁的父亲出自对一个迟钝冷淡的儿子的同情，他会对一种使孩子感到失望的实际成就感兴趣，而孩子的兴趣却在观念和理论探究上面，反之亦然。如果这位父亲的态度得体，他会把儿子与他的**差异**解释为自卑感；儿子之所以感到有罪和自卑，是由于他的差异性，他努力使自己成为他父亲要求他成为的那种人，但他却只能损害他自己的成长和成为他父亲的一个很不完整的复制品。因为他相信他应当像他的父亲，所以这种失败便使他产生了罪恶良心。儿子试图使他自己从这些义务观念中解脱出来而成为他"自己"，但他却常常由于肩负着这种"罪恶"的负荷而受到如此沉重的压迫，以至他在达到其自由目标之前就在路边倒下了。这种负荷之所以如此沉重，是因为他不仅不得不去应付他的父母，应付他们的失望、指责和祈求；而且还不得不应付这种期望孩子们都"爱"他们的父母的整个文化。前面的这些描述尽管适合于权力主义的家庭，但就当代美国的、尤其是美国城市的家庭情况来看，似乎并不正确，在美国的家庭中，我们很少发现公开的权力。但是，尽管如此，我们所描述的图像在其根本点上仍适合于美国。

---

　　①　W. J. 奥茨和 E. 奥莱尔编：《希腊悲剧全集》，第 1 卷，纽约，兰登书屋，1938。

与公开的权力相反，我们发现了隐蔽的权力，它是以情感上高度控制的期望来取代明确的要求而表现出来的。而且，这些父母并不觉得他们自己是权力，但尽管如此，他们还是市场的隐秘权力的代表，而且他们也希望孩子们达到那些标准，而这些标准是这些父母和孩子都服从的标准。

罪恶感不仅导致人对非理性权力的依赖性，导致迎合权力是人之义务这样一种感情，而且也导致对替代权力去强化依赖性的罪恶感。罪恶感被证明是形成和增加依赖性的最有效手段，而且，通观历史，这也是权力主义伦理学的社会功能之一。权力作为立法者使其对象为他们的许多不可避免的违背而产生罪恶感。因此，在权力面前，这种不可避免的违背之罪和请求权力宽恕的需要便创造一条无尽无头的冒犯、罪恶感和要求赦免的锁链，这种锁链将这些权力对象束缚于权力的命令之下，他们宁肯为求得宽恕而感激涕零，也不愿批判这种权力的要求。正是这种罪恶感与依赖性之间的相互作用，造成了权力主义关系的牢固和力量。对非理性权力的依赖性导致依赖者意志的不断削弱，同时，不论什么趋于瘫痪的东西都将造成依赖性的增长，因而形成一种恶性循环。

削弱儿童意志的最有效方法是引起他的罪恶感。人们早已这样做了，——他们使儿童感到他的性追求和他早期的表现是"坏的"。因为儿童无法不产生性追求，所以这种引起罪恶感的方法就很难失败。当父母（他们代表着社会）已经成功地把性与罪恶永久地联系在一起的时候，儿童所产生的各种罪恶感就会达到同一程度，而且与性冲动的发生一样持续不断。除此之外，他们的其他物理功能也被"道德的"考虑所摧残。如果儿童不按规定的方式去盥洗打扮；如果他不像父母所期望的那样干净整洁；如果他不按父母所吩咐的那样去吃东西——那么他就是**坏孩子**。五六岁时，儿童就已经形成了一种无所不在的罪恶感，因为他的自然冲动和他的父母对他们的道德评价之间的冲突，构成了一种持续不断地产生着罪恶感的源泉。

自由而"进步的"教育体制并没有像人们可能认为的那样改变这种境况。公开的权力为隐秘的权力所取代；公开的命令为"科学地"确立起来的程式所取代；"不要这样做！"为"你会不愿意这样做"所取代。事实上，在很多方面这种隐秘的权力甚至比公开的权力更具有压抑性。儿童不再意识到自己被别人指挥（也不再意识到父母给他们的命令），而且他也无法反击因而去发展一种独立感。父母们以科学、常识和合作的名义来哄他们、说服他们，——谁又能够与这样的客观原则作斗争呢？

当儿童的意志已被粉碎时，他的罪恶感却仍被用另一种方式来加以强化。他朦胧地意识到他的屈从和失败，而且他必须有这种感觉。他无法接受一种未经解释的、令人困惑而又痛苦的经验。在这种情形下的理性化原则上与印度人不可捉摸的或令人难以忍受的基督教理性化是同样的，——他的失败和软弱被"解释"为就是对他的罪恶的惩罚。他失去自由这一事实则被理性化为罪恶的证据，而这种确信又不断增加着为文化的价值体系和父母的价值体系所引诱的罪恶感。

儿童对父母权力的压迫的自然反动是造反，这便是弗洛伊德的"俄狄浦斯情结"的本质。弗洛伊德认为，由于小男孩对其母亲的性欲求，他成了其父的敌手，精神病的发展就是由以一种令人满意的方式来应付根源于这种对立之中的焦虑的失败所构成的。在指出这种儿童与父母权力之间的冲突，和儿童不能令人满意地解决这种冲突时，弗洛伊德触及精神病的根基；然则，依我所见，这种冲突并不是首先由性对立而造成的，而是由儿童对父母权力的压迫之反应所招致的结果，它本身就是家长式社会的一个本质部分。

由于社会的和父母的权力容易损坏他的意志、自发性和独立性，所以儿童并不是生来就已经是残弱破损的，他要与其父母所代表的权力作斗争，他不仅仅是为他**解脱**压迫的自由而战争，而且也是为成为他自己、成为一个羽毛丰满的人而不是成为一种自动化装置的自由而战斗。对于有些儿童来说，这种为了自由的战斗可能比其他的儿童要更成功些，尽管只有少数几个儿童可以获得彻底的成功。从精神病的最深处，我们可以发现从儿童在与非理性权力作斗争的失败中所留下的累累创伤。这些创伤形成了一种综合症，它是精神病最重要的特征，这些创伤削弱或麻痹了人的创造性和自发性；削弱了自我并以一种伪自我取而代之，在这种伪自我中，"我是"的感情已被作为他人期望之总和的自我经验弄得迟钝了或取代了；自律为他律所代替；这就是困惑性，或者用 H. S. 沙利文的话来说，就是一切个人间的经验的人格失调特性。罪恶的良心是这种为人自身而战斗的失败的最重要症候。如果一个人不能成功地挣脱权力主义的恢恢之网，罪恶的证据便是这种不成功的逃避；而且，他只有通过更新屈从，才能重新获得善的良心。

二、人道主义的良心

人道主义的良心不是一种我们急于去迎合而又害怕惹怒的权力的内在化声音；它是我们自己的声音，它出现在每一个人的身上，并独立于外在的制裁和赞赏之外。这种声音的本性是什么？为什么我们能听到这种声音？而我们为什么会对它充耳不闻？

人道主义的良心是我们的总体人格对其合理功能或功能失调的反应；它不是对这样或那样的能力之功能的一种反应，而是对构成我们的人的存在和我们的个体存在之能力的总体性的反应。良心判断着我们作为人类的功能；它是（正如"致知"①这个词根所表示的那样）**人自身之内的知识**，是我们各自在生活艺术上的成功或失败的知识。但是，尽管良心是一种**知识**，但是远不只是抽象的思想王国里的知识。它具有一种**感情方面的**性质，因为它是我们总体人格的反应，而不仅仅是我们心灵的反应。事实上，我们并不需要在意识到我们良心的声音后才受到它的影响。

行动、思想和感情都有助于我们总体人格合理地发挥功能和合理地展开，它们产生着一种内在赞同的感情和"正当"的感情，产生着人道主义"善的良心"的特征。另一方面，行动、思想和感情又能阻止我们的总体人格去产生一种不安、不舒服的感情，阻止着"罪恶良心"的特征。**因此，良心是我们自己对自己的一种再行动。它是我们真正的自我的声音**，这种声音召唤我们返归于我们自己，去有生

① "con-scientia"一词源自拉丁文，"con"为研究、学习、思考之意，"scientia"为知识、道理之意；两字组合，原意为研究知识，学习道理，故译为"致知"。又，在古代西方，尤其是在希腊时代，"知识"常与"智慧"同旨，都含有"善"的意味，所以，"con-scientia"又可以进一步引申译为"致良知"，实际上，这一组合词根的本意也似于我国古代宋明理学中的"致良知"命题。

产性地生活，去充分而和谐地发展——这就是说**成为我们潜在所是的人**。它是我们完整性的护卫者；它是"保证人的全部应有的自豪的能力，同时也是对人的自己**说是**的能力"①。如果可以把爱定义为对（人的）各种潜能、关怀、尊重、和受人爱的个人独特性的肯定的话；那么，人道主义的良心就恰恰可以称之为**我们关怀我们自己的爱的声音**。

人道主义的良心所代表的不仅是我们真实自我的表达；它也包含着我们在生活中的道德经验本质。在良心中，我们保存着关于我们在生活中的目的及我们据以达到这种目的的各种原则的知识；我们已经发现我们自己的这些原则如同我们向别人学得的那些原则一样，而且我们已经发现它们是真实的原则。

人道主义的良心是人的自利和整体性的表现，而权力主义的良心则关注着人的顺从、自我牺牲、义务或他的"社会调整"。人道主义良心的目标是生产性，因而也是幸福；因为幸福是生产型生活的必然伴随物。通过成为别人的工具来残戕人自身，无论把他们捧得多么高贵，都是"无自我的"、不幸福的、屈从的、使人沮丧的，它与人的良心的要求背道而驰；而任何对整体性和我们的人格——无论是有关思想还是有关行为，抑或甚至是有关衣食的感受、或性行为——的侵犯，都是对人的良心的反动。

但是，我们对良心的分析不是与那种在许多人身上良心的声音是如此软弱无力，以至人民无法聆听到它也无法凭它而行动的事实相互矛盾吗？的确，这一事实说明了人的境况的道德不安全性。如果良心永能高声疾呼，清晰可闻的话，也就只有极少人会在其道德目标上被引入歧途了。人们应该遵从良心本身的本性：因为良心的作用就是成为人的真正自利的卫士，只要一个人尚未完全丧失他自己，没有完全成为他自己的冷漠与毁灭性的牺牲品，那么他的良心就依然存在，良心与人自己生产性的关系是一种相互作用的关系。一个人越是有生产性地活着，他的良心也就越强烈；因而也就使人的生产性越发展，一个人越是没有生产性地活着，他的良心也就越

① 尼采：《论道德的谱系》，第 2 章，3 页。又参见海德格尔在其《存在与时间》一书中关于良心的描述（54～60 页，哈利，益格鲁-撒克逊，1927）。

软弱；人的自相矛盾的——和悲剧性的——境况是：当他最需要良心时，他的良心偏偏最为软弱。

对良心的这种相对无效性的另一种回答是，我们拒绝去聆听良心的声音，——而且更为重要的是，我们对怎样去聆听良心的声音的无知。人们常常处在这样一种幻想之中：即以为他们的良心会高声大嚷，良心的呼唤将会清澈贯耳，因之时刻等待着这种声音，可他们却听不到任何声音。但是，当良心的声音软弱无力、隐约难辨的时候，人们就不得不学会如何去聆听和理解良心所传达的信息，以便据此而去行动。

然而，学会理解人的良心之声是极为困难的，这主要有两个原因：为了听到我们良心的声音，我们就必须能够听到我们自己，而这恰恰是我们文化中的大多数人所难以做到的。我们可以听到每一种声音和每一个人，就是听不到我们自己。我们不断地经受着各种舆论的嘈杂声浪的冲击，而从四面八方拥来的各种观念——电影、报纸、广播以及无聊的喋喋不休——铺天盖地，震耳欲聋。倘若我们有意地打算不让我们自己去倾听我们自己，那么我们就将一事无成。

倾听自己之所以如此之难，是因为这种艺术需要另一种能力，——而这种能力在现代人中又如此稀少，——即独立自处的能力。事实上，我们已经助长了一种孤身独处的病态恐惧；我们宁愿选择那种耽于最琐碎麻烦、甚至是令人讨厌的结伴同处和那些最无意义的活动，而不愿使我们自己孤身独存；似乎对于面对我们自己的景象惊恐万分。难道这只是因为我们感到我们会处于这种糟糕的人际交往中吗？我想，这种对于我们自己孤身独存的恐惧毋宁是一种困烦和有时倏然见到一个非常熟悉而又陌生的人便胆战心凉、逃之夭夭的面临惊恐的感情。因此，我们失去了倾听我们自己的机会，而且还在继续忽视我们的良心。

倾听我们良心脆弱而模糊不清的声音之所以困难，还因为它并不直接对我们说话，而是间接地对我们说话，而且因为我们常常没有意识到它就是打搅我们的良心。我们可能只是为一些与我们的良心没有明显联系的原因而感到焦虑（或者甚至是感到恶心）。也许，人们所忽略的对我们良心最经常的间接反应，是一种模糊而又并不特别的罪恶感和不安感，或者只是一种厌倦感或倦怠感。有时候，这些感情被理性化为因没有做这做那而产生的罪恶感，而实际上，人们感到有罪的这些失职并不构成真正的道德问题。但是，如果这是真正的道德问题，尽管人们意识不到这种已经变得非常强烈以至不能用表面的理性化使之平静的罪恶感，它也会在更深刻、更强烈的焦虑甚至是在肉体或精神病态中表现出来。

这种焦虑的形式之一是对死亡的恐惧，它不是对每个人类在死亡的沉思中所经验到的那种人不得不死的正常恐惧，而是对可以不断地吞噬着人们的进行着的死亡的惊恐。这种对死亡的非理性的恐惧导致生活失败的结果；它是我们虚度人生和失去有生产性的利用我们的各种能力之机会的罪恶良心的表现。死，是一种令人悲伤的痛苦，但虚生而死的观念才是难以忍受的。与对死亡的非理性恐惧相联系的是对人生苍老的恐惧，在我们的文化中，甚至多数人为这种恐惧所缠绕。在此，我们也找到了对年迈的一种合理而正常的理解，然而，在性质和强度上，这种年迈与那种对"黄昏落日"的梦魇似的畏惧却是大相径庭的。我们时常可以观察到，特别是在分析的境况中观察到这样一些人，当他们青春正茂的时候，他们总是自信体力的衰退与他们的总体人格、他们的情感力量和理智力量的衰弱是息息相关的，因之为年迈的恐惧所烦恼不堪。这种观念几乎与一种迷信难分伯仲，尽管我们可以找到与此相反的充分证据，但它依旧顽固不化。在我们的文化中，对所谓青春特性的强调，如敏捷、适应性和体力充沛等，滋养了这种观念的生长，人们最初是立志于在这个世界的竞争中取得成功而需要这些特性，而不是为了发展人的品格而需要这些特性的。但是，许多例子表明一个有生产性地生活的人在衰老之前是根本不会退化的；相反，尽管体力衰退，他也可以在生产性生活的过程中持续发展他已经发展了的那些情感特性和精神特性。然而，对于非生产性的人来说，当他的曾经作为他各种活动之源泉的体力衰竭时，他的整个人格确实会发生退化。老年时人格的败朽是一种症候：它是虚度年华的见证。对不断衰老的恐惧是——常常是无意识的——虚度人生之感情的表现；是我们良心对我们的自我残废的一种反应。在许多文化中，都存在一种对智慧和经验这样的老年人特殊品性的一种更大的需要，因而也就存在对这些品性的更高尊敬。在这些文化中，我们发现这样一种态度，日本画家和库莎在下面一段话中极妙地表述了这一态度：

> 从 6 岁开始，我就对各种东西的形式的素描有一种癖好。到 15 岁时，我已发表了大量的图案；但是，我在 70 岁以前所生产的一切都不值一谈。73 岁时，我学会了一点有关自然、动物、植物、鸟类、鱼类和昆虫的真实结构的知识。因此，在我80 岁时，我将作出更大的进步；90 岁时，我将洞穿各种事物的秘密；100 岁时，我将肯定会达到一个奇妙的阶段；而当我 110岁时，我做的一切，哪怕是一点一线，也将栩栩如生。
>
> 我在 75 岁时所写的，是和库莎曾经谈到的，也是今天格瓦基奥·罗金所说的，是这位老人对素描所谈的话。①

对不赞同的恐惧尽管比对死亡和年迈的非理性恐惧更少悲剧性，但也无异于一种无意识罪恶感的有意义的表现。在这里，我们也可以发现对一种正常态度的非理性歪曲：人很自然地想得到他同类的接纳，但是现代人却想要得到每一个人的苟同，因而害怕在思想、感情和行动上偏离这种文化模式。在其他人中间，对这种不赞同的非理性恐怖的一个原因是一种无意识的罪恶感。如果一个人因为虚度年华而无法赞同他自己，他就不得不用他人的赞同来取代他自己的赞同。我们只有把这种对赞同的渴望作为一个道德问题来认识，并作为尽管是无意识的罪恶感却也是无处不在的无意识罪恶感的表现来认识，才能够充分地理解这种对赞同的渴望。

似乎，人们可以成功地把自己关起来而不听其良心的声音。但是，有一个存在的阶段却是这种企图无法越过的，这就是睡眠。在这里，人躲避了白天那种震耳欲聋的嘈杂声，只接受他内在的经验，这就是他已产生的许多的非理性追求、价值判断和洞见。睡眠常常是人唯一无法使其良心平静下来的情况；但它的悲剧是，当我们在睡眠中听到我们的良心说话时，我们却无法行动；而当我们行动时，

---

① 摘自 J. 拉法格：《和库莎漫谈》（W. C. 马丁，1896）。

我们却又忘却了我们在梦中所知道的东西。

下面的梦可以提供一个说明。一位久负盛名的作家处在这样一种地位：在这种地位上他可能不得去出卖他作为一名作家的正直，去换取大量的金钱和名誉；当他考虑是否接受这一地位时，他做了这样的梦：在一座山脚下，他见到了两位出色的成功者，他因他们的机会主义而鄙视他们；他们告诉他驱车从一条狭窄的路上开向顶峰。他遵从他们的忠告，而在快要到达山巅的时候却不幸翻车丧命。对于他的梦所传达的信息几乎无须解释：当他睡着的时候，他已经知道接受这一地位等于毁灭，当然，这并不等于他肉体的死亡，作为这个梦所表达的象征性语言，仅仅等于他作为一个被整合的、生产性的人的毁灭。

在我们关于良心的讨论中，我们已经分别考察了权力主义的良心和人道主义的良心，以表明它们不同的特征性质；但是，它们在现实中当然不是相互分离的，在任何人的身上也不是相互排斥的。相反，每一个人实际都具有这两种"良心"。问题是要区分它们各自的力量和它们的相互作用。

人们常常用权力主义的良心有意识地体验到各种罪恶感情，同时，这些罪恶感情又根植于人道主义的良心之中；在这种情况下，权力主义的良心是一种理性化，似乎也像是人道主义的良心。一个人可能因不能使种种权力感到满意而有意识地感到有罪，同时他也会无意识地因辜负了他自己对自身的期望而感到有罪。比如说，一个曾想成为一名音乐家的人却为了满足他父亲的愿望而成了一名商人。他在生意上很不成功，他的父亲便在孩子的失败这一点上发泄他的失望。这位儿子感到沮丧和无法做好工作，最终决定寻求精神分析家的帮助。在分析交谈中，他首先很详细地谈到了他的空虚感和沮丧感。很快他就意识到了他的沮丧是由他对使其父亲失望的罪恶感所引起的。当分析者问这种罪恶感的真实性时，这位病人被惹恼了。但是，不久以后，他便在梦中把自己看作一位非常成功的商人，并受到他父亲的夸奖，他看到了一些在他现实生活中从来未曾发生过的事情。这时刻，他——梦者在梦中突然惊恐万分，并为那种要杀死自己的冲动所揪住，后来，他惊醒了。这样，他发现，他的罪恶感的核心不是没有满足他的父亲，而相反却是他对父亲的顺从和他没有能满足他自己。他严重的罪恶感是极为真实的，就这种感情而言，它是作为其权力主义的良心而表现出来的；但是，它却掩盖了他对他自己的大量罪恶感，而他对这种罪恶感却全无意识。这种压抑的原因是不难察辨的；我们的文化模式助长了这种压抑；根据这些模式，因使其父失望所产生的罪恶感才是有意义的，而因忽视他的自我所产生的罪恶感却是没有什么意义的。另一个原因是恐惧，由于他意识到了他真正的罪恶，他可能会被迫去解放他自己，严肃地对待他的生活，而不再在惧怕他愤怒的父亲和努力满足他之间动摇不定了。

权力主义良心与人道主义良心之间关系的另一种形式是，尽管在这种形式中各种规范的内容是同一的，但人们接受它们的动机却是不同的。比方说，不要杀人，不要憎恨，不要嫉妒，而要爱你的邻人等这些要求，既是权力主义伦理学的规范，也是人道主义伦理学的规范。我们可以说，在良心进化的最初阶段，权力提出了各种要求，这些要求在后来不是由于对权力的屈从、而是由于人对他自身的责任性才被遵从的。朱利安·赫胥黎已经指出，在理性和自由尚未发展到使人道主义良心成为可能的程度之前，获得一种权力主义良心，在人的进化过程中是一个必要的阶段；其他人也就儿童的发展陈述了同样的观点。当赫胥黎在其历史的分析中是正确的时候，我却不并相信，就儿童来说，在一种非权力主义的社会里，权力主义良心就必得作为人道主义良心形成的一种先决条件而存在；但是，我们只能在未来的人类发展中才能证明或否认这种假设的有效性。

如果良心建立在严格而又不可攻破的非理性权力的基础之上的话，那么，人道主义良心的发展几乎就可以完全被扼制。这样一来，人将完全依赖于他自身之外的力量，再也不关心或感到对他自己存在的责任了。对于他来说，一切问题都是，是为这些力量所赞同，还是为它们所反对，这些力量可以是国家、一位领导者，或者是同样强有力的舆论。即令是最无伦理意义的行为——在人道主义的意义上——也可能被作为权力主义意义上的"义务"来体验。"应当性"的感情对于两者来说都是共同的，但因为它既可以诉诸人身上最坏的东西，也可以诉诸人身上最好的东西，所以它是一种欺骗性的因素。

卡夫卡的《审判》(Tria)是对权力主义良心与人道主义良心之复杂的相互作用的一个极好说明。该书的主人公 K 发现他自己"在一个晴朗的早晨被捕了"，罪行是他的无知，且常年如此。整个小说描写了他在神秘的法庭前企图辩护的过程，而他对法庭的法律和程序却一无所知。他发疯似地聘请讼诉律师帮助他，雇用他可能找到的任何一个与法庭有联系的女人来帮助他，——但一切都无济于事。最终他被判处死刑并被处决。

这部小说是用梦似的象征性语言写成的；全部事件都是具体的，而且表面来看也真实可信，尽管这些事件涉及的是通过外在的事件象征化了的内在经验。故事表现的是一个感到他受到无名权力的控制并因自己不合这些权力的心意而感到有罪的人的罪恶感；然而，这些权力使他可感而不可及，以至他甚至连这些权力究竟控告他什么罪行也一无所知，也不知该如何为他自己辩护。从这一角度来看，这部小说可能代表了那种与加尔文的神学最为密切的神学观点。人在不明白缘由的情况下被判决或被拯救了。他所能做的一切只是颤抖，并使他自己听命于上帝的怜悯。在这种解释中，神学的观点意味着加尔文的罪恶概念，而这一概念是极端权力主义良心的代表。但是，《审判》中的权力在某一点与加尔文的上帝却是根本不同的。它们不是荣耀显赫、威严崇高的，相反它们腐败堕落、卑鄙肮脏。在这一方面则象征着 K 对这些权力的反抗。他感到自己被这些权力所压碎，感到有罪，然而，他恨它们，感到了它们缺乏任何道德原则。这种屈从与反抗的混杂是许多人的特征，他们一会儿屈从各种权力，一会儿反抗这些权力，尤其是反抗那种内在化了的权力——他们的良心。

但是，K 的罪恶感同时也是他人道主义良心的一种反应。他发现他已经"被捕了"，这意味着他已经被迫中止他自己的生长和发展。他感到了他的空虚和无能性。卡夫卡以寥寥数语巧妙地描绘了 K 的生活的无生产性。这便是他的生活：

　　这个春天，K 已经习惯于用这样的方式来打发他的夜晚：工作之后，只要什么时候可能，——他通常在他的办公室呆到 9 点，——他便单独地或与他的一些同事一道散会儿步，然后到一个啤酒店去,在那里,他坐在一张几乎都是由一些年纪较大的人所光顾的桌旁,一直到11点才收场。但是,对这种常规来说也有些例外,比如说,当那位极为赏识他的勤勉和可靠的银行经理邀请他驱车兜风或到他的别墅里共餐的时候。而且,K每星期都惠顾一次一位名叫艾尔莎的姑娘,这位姑娘是一个伴舞酒吧的招待,每天晚上都要通宵达旦地上班,白天,则在床上接客。①

K在不知其所以然的情况下感到有罪。他逃避自己,关注于向他人求救,而只有当他理解他的罪恶感和发展他自己的生产性的真实原因时,他才能得救。他向逮捕他的监察员提出各种有关法庭和他在审判中的机会问题,而他所得到的唯一忠告却是这种境况下所能够给予的。监察员回答他:"然而,即使我不能回答你的问题,至少也可以给你一句忠告。少想些我们,少想些对你所发生的事情,多想想你自己吧。"

监狱的牧师则描绘了他良心的另一种情况。这位牧师告诉他,他自己必须说明他自己,不要贿赂收买,不要祈求同情,这样才能解决他的道德问题。但是,K只能把这位牧师看作可以为他说情的另一种权力,他所关注的一切是,这位牧师是否对他发怒。当他试图使这位牧师息怒时,牧师却在讲坛上高声大叫:"'难道你就什么都不明白吗?'这是一种愤怒的狂叫,但同时又像是一个人发现另一个跌倒时不由自主的尖叫和对他自己的惊诧。"但是,即使这种尖叫也没有唤醒K。他只是更加为他所想的使牧师对他感到愤怒而深负罪恶感。牧师在谈话的最后说:"'所以,我为什么应该对你提出任何要求呢?法庭没有向你提出任何要求。当你来到时,它接纳了你,而当你走时,它便放弃你。'"这句话表达了人道主义良心的本质。没有任何超越人的力量能够对他提出一种道德要求。人对于自己获得或丧失他的生活都负有责任。只有在人理解了他良心的声音时,他才能返归于他自身。K没有理解他良心的声音,所以他就不得不死。

———————————

① F. 卡夫卡:《审判》,2页,E. I. 米尔译纽约,阿尔弗莱德·A. 克洛普福,1937。

在执行对他的判决的那一刹那，他第一次透见到他真正的问题。他感觉到了他自己的非生产性、他的爱的缺乏和信仰的缺乏：

> 他隐约察觉到邻近的楼顶房间里的争吵。随着一束灯光闪过，窗户的帘子突然掉下，远处的高地上，一个人影隐隐约约、模糊不清，身子突然前倾，伸展着双手，越来越往前倾倒。他是谁？一个朋友？一个好人？某个同情他的人？某个想帮助他的人？那只是一个人吗？或者，他们都在哪里？是不是还有一些有利于他的论据被忽视的呢？当然，一定会有的。逻辑无疑是不可动摇的，但它却无法给一个想要继续生活的人以支撑。对他从所未见的人的判断在哪里？高级法庭在哪里？他永远就看不到这个高级法庭吗？他举起了他的双手，张开他的手指。①

K 第一次想象到了人类的团结、友谊的可能性和人对他自己的职责。他提出了高级法庭是什么的问题，但是，他现在探究的高级法庭并不是他曾经相信的那种非理性的权力，而是他良心的高级法庭，他的良心才是真正的控告者，而对此他却并没有认识到。K 仅仅意识到了他的权力主义良心，并试图支配这种良心所代表的权力。他如此忙碌于这种反对超越于他的某个人的自卫活动，以至他已经完全丧失了他真正的道德问题。他有意识地感到有罪，因为他被权力所控告，但是，他的罪恶是因为他虚度了年华，而这却是无法改变的，因为他无法理解他的罪恶。这种悲剧在于：当他意识到可能的既成事实时，却已是悔之晚矣。

需要强调的是，人道主义良心与权力主义良心之间的区别，并不是后者由文化传统所铸造，而前者却是独立地发展着。相反，尽管我们演讲和思想的能力是内在的人的潜能，但它们同样都只有在一种社会情景和文化情景中才能发展。在最近五六百年的人类文化发展中，人类已用其宗教体系和哲学体系构造起各种伦理规范，而每一个个体的良心都必须趋向于它们，如果他不是从人类的开端而

---

① 《审判》，287～288 页。

起步的话。但是，由于各种体系所赋予的利益之不同，它们所代表的也往往不同，它们强调的不是一个共同的核心。然而，从人的观点来看，这些学说中的共同因素远远比它们的差异重要。如果我们把这些学说的局限和歪曲形式理解为它们所生长的特殊的历史、社会经济和文化的境况之结果的话；那么，我们就会在所有的思想家中间发现一种令人吃惊的一致：即他们的目的都是人的成长和幸福。

选自［美］弗洛姆：《自为的人》，北京，
国际文化出版公司，1988。 万俊人译。

［美］马斯洛（Abrabam H. Maslow，1908—1970）

《动机与人格》（1954）（节选）

《动机与人格》（1954）（节选）

自我实现的人
——关于心理健康的研究

自　序

　　本章所报告的研究从许多方面来看都是异乎寻常的。它最初不是按照常规的研究安排的。它不是一项社会性的研究，而是一次旨在解决各种个人道德的、审美的以及科学问题的私人性的冒险。我只是力图使自己信服并且从中获得教益（这对于个人探索非常合适），而不是对其他人进行论证。

　　然而，完全意想不到这些研究对我如此具有启发作用，满含着令人兴奋的东西，以至尽管有方法上的缺点，为其他人写出某种形式的报告还是合情合理的。

　　另外，我思考心理健康问题是如此急切，以至任何意见、任何材料，不管怎样有待讨论，都具有巨大的启发价值。这种探索原则上是如此困难，以至于假如我们要坐等惯常可靠的材料，我们将不得不永远等待下去。这样，似乎应做的唯一有气魄的事就是不要害怕错误，投身进去，尽力而为，以期能在从大错到最终纠正它们的过程中，学到足够的东西。否则，目前对待这个问题就只有置之不理。因此，我在还不知道会有什么用处的情况下，将下面这个报告呈献出来，并向那些坚持传统的信度、效度以及取样等的人们表示由衷的歉意。

（一）研究对象①和研究方法

研究对象选自本人认识的一些人和朋友，以及一些著名人士和历史人物。另外，在一次对年轻人的研究中，对三千名大学生进行了筛选，但只有一名大学生可直接作为研究对象，有一二十名也许将来可作为研究对象。

我不得不断定，我在老研究对象那里发现的自我实现的类型，对我们社会中的正处在发展中的青年来说是不可能存在的。

因此，与艾维林·巴斯金博士和但·里德曼合作，我们开始对一组相对健康的大学生进行调查。我们任意决定在大学生中选出最健康的1%。虽然继续了两年之久的这次探索，在完成之前被迫中断，但它在临床水平上还是非常具有启发意义的。

我们也曾希望由小说家和剧作家们所塑造的那些人物能够用于研究，但没有发现有任何一个适用于我们的时代和文化（这本身就是个引人深思的发现）。

淘汰或选择研究对象所依据的第一个临床的定义除了有一个消极的方面外，还有一个积极的方面。消极的选择标准使被选对象中没有神经病、精神变态性格、精神病或这方面的强烈倾向。也许身心疾病要求更仔细的研究和甄别。在可能的情况下，就给予罗夏测验，但结果证明这些测验在显示被隐藏的精神变态方面比在选择健康人上更有用。选择的积极标准是自我实现的确定的证据，自我实现还是一个难以确切描述的症候群。为服务于我们讨论的目的，自我实现也许可大致被描述为充分利用和开发天资、能力、潜能，等等。这样的人似乎在竭尽所能，使自己趋于完美。这使我们想到尼采的告诫："成为你自己！"他们是一些已经走到，或者正在走向自己力所能及高度的人（148，160，347，398）。他们的潜能也许是个人

---

① "研究对象"的原文是"subjects"，一般译为"被试"。在这里"subjects"包括已去世的历史人物，而且马斯洛进行研究的方法又不同于常规，故译"研究对象"。

特质的，或者是泛人种的。

这一标准还意味着，研究对象在过去或现在对安全、归属、爱、尊重和自尊的基本感情的需要，以及对于理解和知识的认知需要的满足，或者在少数事例里，对这些需要的征服。这就是说，所有研究对象都感到安全和无忧无虑，感到被公认，感到爱和被爱，感到自身的价值并且被尊重。他们已经明确了自己的哲学、宗教或者价值取向。至于基本的满足是自我实现的充分条件或只是一个必要条件，这是一个尚未解决的问题。也许自我实现意味着基本满足再加上最起码的天才、能力、或者(人性的)丰富。

我们采用的选择技术大体上是重复的技术。这种技术以前在对自尊和安全感的人格症候群的研究中使用过。本书附录对此已有描述。这种技术简单来说就是：以个人或文化的非技术的信仰作为开始，对自我实现症候群的各种扩大的用法和定义进行比较，然后再更仔细地给它下定义——在下定义时，仍然采用现实的用法(可称为词典学层次的用法)，但是，同时排除在通俗定义中常见的逻辑和事实的自相矛盾。

根据修正过的通俗定义，第一批研究对象小组选出来了，其中一组质量高，一组质量低。以临床风格对这些人进行尽可能仔细的研究，在经验研究的基础上，最初修正过的通俗定义又按照现在手中的材料进行进一步的修改。这样就得出了第一个临床的定义。按照这一新的定义，对最初的研究对象进行重新筛选，一些人保留，一些人淘汰，一些新的成员补充进来。然后，又继续对第二种水平的研究对象小组进行临床研究，如果可能，进行实验和统计研究。这又导致了对第一个临床定义的修改、订正和补充。然后，又根据这一个新的定义进行再筛选。经过这样不断重复，一个最初模糊、不科学的通俗概念就能变得越来越精确，在特性上越来越便于操作，因而也越来越科学。

当然，一些客观的、理论的和实际的考虑会干扰这一自我调整的螺旋上升的过程。例如，在研究的早期发现，由于对通俗用法进行不切合实际的苛求，以至没有一个活人能符合这一定义。我们不能够因为有小缺点、错误，或者荒谬而停止考虑一个可能的研究对象。换言之，既然没有完美的人，我们就不能用完美来作为选择的标准。

另一种难题是属于这样的情况：所有事实都告诉我们，不可能获得临床工作通常要求的那种丰富而令人满意的资料。研究对象候选人在得知研究的目的后，变得注意自己，变得呆板、对全部努力一笑置之，或者断绝合作关系。鉴于这种早期经验，对于老研究对象一直是间接研究，实际上几乎是偷偷摸摸的。只有较年轻的研究对象才可能被直接研究。

既然被研究的活人的姓名不能公开，那么两种迫切需要得到的东西就不可能得到，或者甚至说普通科学研究的要求就不可能达到。这就是：调查的可重复性和可据以作出结论的材料的普遍有效性。这些困难部分地由知名历史人物的有关材料，以及对于一些青年人和大方的儿童的补充研究所克服。

研究对象可分成以下各类：实例：

7名非常理想和2名很有希望的同代人

2名非常理想的历史人物（晚年的林肯和托马斯·杰斐逊）

7名很有希望的知名的历史人物（爱因斯坦，埃莉诺·罗斯福，简·亚当斯，威廉·詹姆士，史怀彻，A. 赫胥黎和斯宾诺莎）不完全的实例：

5名相当肯定有某些不足，但仍然可用于研究的同代人不完全的或可能的实例：

G. W. 卡弗，尤金·V. 德布斯，汤姆斯·埃金斯，弗里茨，克赖斯勒，戈塞，帕布洛·卡萨尔斯，马丁·布伯，丹尼洛由他人研究或建议的实例：

多尔斯，阿瑟·E. 摩根，约翰·济兹，大卫·赫尔伯特，阿瑟·韦利，D. T. 铃木，艾德莱·史蒂文森，S. 阿勒奇蒙，罗伯特·勃朗宁，R. W. 埃米森，F. 道格拉斯，J. 舒马比特，B. 本奇利，艾达·塔贝尔，H. 塔布曼，乔治·华盛顿，布林，乔治卡尔·穆恩辛格，J. 海登，C. 皮萨诺，E. 比·威廉·罗素（A.E.），P. 雷诺尔，H. W. 朗费罗，P. 克罗波特金，J. 阿特基尔得，汤姆斯·摩尔，E. 贝拉米，B. 富兰克林，J. 米尔，W. 怀特曼。

(二)材料的收集和描述

这里的材料与其说来自特殊的、分散的事实的通常的收集，不如说来自我们的朋友以及相识的人的总括或整体印象的缓慢的发展。很难造成一种情景,能向我的老研究对象们提问,或者对他们进行测验。(尽管这对于年青的研究对象可以做到)。与老研究对象的联系是偶然的,并且是一般的社会形式。而一旦有可能,随时都可向朋友们和亲戚们提问。

由于这个原因,也由于研究对象数量太少,以及多数研究对象的资料不完全,任何定量描述都是不可能的,只有复合印象可以提供,而顾不上它们可能会有什么价值(既然调查者完全不能确信什么是描述,什么是投射,当然这些印象也就不会比有控制的客观观察更有价值)。

对于这些总体印象作整体分析,可得出以下最重要和最有用的总体印象,据此,可进行进一步的临床研究和实验研究。

对现实的更有效的洞察力和更加适意的关系

这种能力被注意到的第一种表现形式是辨别人格中的虚伪、欺骗、不诚实,以及大体正确和有效地识别他人的不寻常的能力。在一次对一组大学生的非正式的实验中,与不太沉稳(tess secure)的学生相比,在更沉稳的学生身上发现了准确地判断自己教授的倾向,也就是说,在 S—I 测验中,后者得分更高(294)。

随着研究的进展,可以逐渐明显看到,这一效率扩大到生活的其他许多领域——实际上是被测试的全部领域。在艺术和音乐方面,在智力方面,在科学方面,在政治和公共事务方面,他们作为一类人,似乎能比其他人更敏捷更正确地看出被隐藏和混淆的现实。因此,一个非正式的试验表明,由于较少地受愿望、欲望、焦虑、恐惧的影响或较少地受由性格决定的乐观或悲观倾向的影响,无论他们手中掌握的是何种情况,他们对于未来的预测的准确率似乎总是较常人更高。

最初这一点被称作优秀的鉴赏力或优秀的判断力,其含义是相对的,而不是绝对的。但是,由于许多原因,现在有种倾向越来越明确,即,最好把它看成是对某个确实存在的事物(是现实,而非一套看法、见解)的洞察力(不是鉴赏力)。我希望这一结论或者假说可以迅速用实验验证。

如果这一结论被验证,那么无论怎样强调其重要性都不会过分。

最近英国的精神分析学家蒙利·凯里（Money Kyrle）指出（338）：他相信单凭神经病患者对于现实世界的理解不如健康人那样准确或有效这一情况，就可以断定神经病患者不仅相对地而且绝对无能。神经病患者不仅在感情上属于病态，而且在认识上就是错误的！假如健康和神经病分别是对于现实的正确和不正确的理解，事实命题和价值命题在这个领域就合二为一了。这样，在原则上价值命题就不仅仅是鉴赏或规劝的问题，而应该是可以根据经验验证的。深入思考过这一问题的人将会清楚地认识到我们在这里可能为一个真正的价值科学，因而也是为一个真正的伦理科学、社会关系科学、政治科学、宗教科学等获得一个不完全的根据。

适应不良甚至极度的神经病对感觉的干扰完全可能达到影响光感、触觉或者味觉的敏锐的地步。但是这种作用很有可能在远离纯粹生理的感觉领域内得到证实，诸如艾因斯特朗（Einstellung）等实验就可提供证明（279）。随之可以这样推论：愿望、欲望、偏见对于感觉的影响（这体现在最近的许多试验中）对健康人应该对比病人小得多。先前的一系列考虑支持了这一假设：这种在对现实的感觉上的优越性导致一般意义上的推理、理解真理、作出结论，符合逻辑地和高效地认识的优越能力。

在本书第13章中，还将详细讨论这种与现实的优越关系的一个特别突出和有启发的方面。过去发现自我实现者可以比大多数人更为轻而易举地辨别新颖的、具体的和独特的东西。其结果是，他们更多地生活在自然的真实世界中而非生活在一堆人造的概念、抽象物、期望、信仰和陈规当中。大多数人都将这些东西与真实的世界混淆起来。因此，自我实现者更倾向于领悟实际的存在而不是他们自己或他们所属文化群的愿望、希望、恐惧、焦虑以及理论或者信仰。赫伯特·米德非常透彻地将此称为"明净的眼睛"。（he innocent eye）

作为学院派与临床心理学之间的另一座桥梁，人们与未知事物的关系问题似乎特别具有研究前途。我们健康的研究对象一致不惧怕未知的事物，在这一点上，他们与普通人大不相同。他们接受未知事物，与之关系融洽，同已知事物相比，他们甚至往往更为前者吸引。他们不仅能容忍意义不明、没有结构的事物（135），甚至喜欢它们。爱因斯坦的话相当有代表性："我们能够体验的最美的事物是神秘的事物，它是一切艺术和科学的源泉。"

的确，这些人是知识分子、研究者和科学家，因此，在这里主要的决定因素可能是智慧力量。然而，我们都知道，许多智商很高的科学家，由于羞怯、习惯、忧虑或其他性格上的缺点，单调地从事他们所熟悉的工作，反复地琢磨、整理、分类，为此而浪费时间，而不是去发现，就像他们应该做的那样。

对于健康人来说，既然未知事物并不可怕，他们就不必劳神去降鬼，吹口哨壮胆走过墓地，或者抵御想象的危险。他们并不忽视或者否认未知事物，不回避它们或自欺欺人地把它们看成是已知的。他们也不急于整理未知的事物，过早地将它们分类和标签化。他们不固守熟悉的事物，他们对真理的追求也不是处于灾难中对于确定、安全、明确以及秩序的需要。作为相反的例子，我们可在戈尔德斯坦的脑损伤或强迫性神经病的病例中看到突出的例子。当整个客观情况要求时，自我实现者可以在杂乱、不整洁、混乱、散漫、含糊、怀疑、不肯定、不明确，或者不精确的状态中感到惬意。（在某些情况下，这一切在科学、艺术或一般生活中是完全合乎需要的）。

这样，怀疑、试验、不确定，以及因此而产生的延迟作决定的必要虽然对大多数人是个折磨，但对某些人却是一个令人愉快的刺激性挑战，是生活中的一种高境界而不是低境界。

对自我、他人和自然的接受

自我实现者有许多在表面上可以察觉的、最初似乎是不同的、互不相关的个人品质，可以理解为一个单一的更为基本的态度的表现形式或派生物。这个态度就是：相对地不受令人难以抬头的罪恶感、使人严重自卑的羞耻心，以及极为强烈的焦虑的影响。这与神经病患者形成鲜明的对比，后者在任何情况下都可以描述为由于罪恶感、羞耻心和焦虑感或者三者之一二而丧失了能力。甚至我们文化中的正常成员也会毫无必要地为许许多多的事情感到内疚或者羞愧，并且产生无谓的焦虑。我们的健康人发现，接受自己以及自己的本质同时并无懊恼、抱怨，甚至对此并不过多考虑都是可能的。

尽管他们自己的人性有种种缺点，与理想有种种差距，他们可以在根本上以斯多葛的方式接受它们而不感到有真正的忧虑。如果说他们是自满，那会传播错误的印象。相反，我们必须说：他们能够以一个人在接受自然的特性时所持的那种毫不置疑的态度来接受脆弱、过失、弱点，以及人性的罪恶方面。一个人不会由于水的滑湿，岩石的坚硬或者树的翠绿而抱怨它们。儿童是睁大了眼睛，用毫不挑剔和纯真无邪的眼光来看待世界的，他们只是注意和观察事实是什么，对它并无争论或者要求，自我实现者也是以同样方式看待自己和他人的人性的。当然，这并不同于东方的出世观念，不过出世观念在我们的研究对象那里，特别是在面对疾病和死亡的研究对象那里也能观察到。

可以看到，这等于用另一种方式来表达我们已经描述过的观点，即，已经自我实现的人对现实看得更清楚：我们的研究对象看见的是人性的本来面目而不是他们希望中的人性。他们的眼睛并不为各种眼镜所累，从而歪曲、改变或者粉饰所见事实的真相(26)。

第一个也是最明显的接受层次是所谓动物层次。自我实现者往往都是优良的、强健的动物；他们的胃口很好，生活得非常快活，没有懊悔、羞耻或者歉意。他们似乎始终食欲良好，他们似乎睡眠香甜，他们似乎没有不必要的压抑而享受性生活，其他相对来说是属于生理性的冲动也都是如此。他们不仅在这些低层次上能够接受自己，而且在各个层次上都能够接受自己，例如爱、安全、归属、荣誉、自尊，等等。所有这一切都被看成是值得花费时间和精力的。它们之所以能被毫无疑问地接受下来，其原因仅仅在于：自我实现者倾向于接受自然的作用而不是因自然的作用不合意而愤愤不平。普通人特别是神经病患者常有的反感、厌恶在自我实现者中间是相对少见的，他们较少挑食、厌恶身体的产物、身体的气味以及功能等。这是上述自我实现者倾向于接受自然产物的表现。

自我接受与接受他人的紧密相关体现在两个方面：(1)他们没有防御性，没有保护色或者伪装；(2)他们厌恶他人身上的这类做作。假话、诡计、虚伪、装腔作势、面子、玩弄花招，以庸俗手法哗众取宠，这一切在他们身上异常罕见。既然他们与自己的缺点甚至也能和睦相处，那么这些缺点最终(特别是在后来的生活中)会变得令人感觉根本不是缺点，而只是中性的个人特点。

这并不意味着他们绝对不存在罪恶感、羞耻心、黯淡的心绪、焦虑和防卫性，而是指他们很少有不必要的罪恶感等。动物性的过程，例如性欲、排尿、怀孕、行经、衰老等，是客观事实的一部分，因此必须接受。因此没有一个健康的妇女会因为自己的性别或者这个性别的任何生理特点而产生罪恶感或者防卫心理。

健康人确实为之感到内疚(羞耻、焦虑、忧伤，或者防卫)的是：(1)可以改进的缺点，如懒惰、漫不经心、发脾气、伤害他人；(2)不健康心理的顽固的残迹，如偏见、妒忌、猜疑；(3)虽然相对独立于性格结构，然而可能又是根深蒂固的一些习惯；(4)他们所属的种族、文化或群体的缺点。一般情况可能是这样：如果事实与最好成为什么或应当成为什么之间存在差异，就会使健康人感到不满意(2，148，199)。

自发性；坦率；自然

自我实现者都可描述为在行为中具有相对的自发性，并且在内在的生活、思想、冲动等中远远更有自发性。他们行为的特征是坦率、自然，很少做作或人为的努力。但是，这并不意味着他们一贯不遵从习俗。假如我们实际计算一下自我实现人不遵从惯例的次数，就会发现记录并不高。他们对惯例的不遵从不是表面的，而是根本的或内在的。他们独特的不守陈规以及自发性和自然性皆出于他们的冲动、思想和意识。由于深知周围的人在这一点上不可能理解或者接受他们，也由于他们无意伤害他人或为某件琐事与别人大动干戈，因此面对种种俗套的仪式和礼节他们会善意地耸耸肩，尽可能地通情达理。例如，我曾见过一个人接受了别人对他表示的敬意。虽然他曾私下嘲笑甚至鄙视这类敬意，但他并未因此而小题大作，伤害那些自认为是在使他高兴的人们的感情。

其实，自我实现者的这种遵从习俗的行为就像轻松地披在肩上的一件斗篷，可以轻而易举地甩掉。自我实现者实际上从不允许习俗惯例妨碍或阻止他们做他们认为是非常重要或者根本性的事情。在这种时刻，他们独立于惯例习俗的灵魂便显露出来，然而他们并不同于普通的波希米亚人或者反抗权威者，这些人将区区小事小题大作，把对无关紧要的规章制度造反当作天大的事。

当自我实现者热切地沉迷于某个接近他的主要兴趣的事物时，他的这种内心态度也会表现出来。这时，他会毫无顾忌地抛开平时遵守的各种行为准则。在遵从惯例上也仿佛需要有意识地做出努力，他对习俗的遵从仿佛是有意的、存心的。

然而，当自我实现者与那些并不要求或期待俗套行为的人们相处时，他们就会自动地抛掉行为的这种表面特性。在我们的研究对象中可以看到，他们愿意与那些允许他们更自由、更自然、更有自发性的人们共处，这使他们能够摆脱那些他们看来有时是费劲的行为。因此，像上面那样相对地控制行为对他们来说是个负担。

从这个特点可以得出一个结论或推论：这些人有相对自主的、独特的、不遵从惯例的道德准则。奉行常规习俗的没有思想的人有时可能认为他们不道德，因为当情况似乎要求如此时，他们不仅会违反常规还会违反法律。然而事实恰好相反，他们是最有道德的人，尽管他们的道德准则与周围的人不尽相同。正是这种观察使我们坚信，普通人的一般的道德行为主要是遵从习俗的行为，例如，是以基本上被公认的原则为根据的行为，而不是真正的道德行为。

由于与一般习俗以及普遍接受的虚伪、谎言疏远，由于与社会生活不协调，他们有时感到自己表现得好像是异国土地上的间谍或外侨。

但愿我没有给人造成一种印象，仿佛他们试图掩盖自己的真实面目。其实，他们有时也出于对惯例的僵化刻板和对习俗的盲目短浅的恼怒而故意放任自己。例如，他们可能会试图教训一个人，或者试图保护一个人的感情以及利益免受不公平的伤害。有时，他们可能会感到热情在沸腾，而这些感情如此令人愉快甚至狂迷，以至压抑它们似乎就是亵渎神明。据我观察，在这些情况下，他们并不为自己给予旁观者的印象而感到焦虑、内疚或者羞愧。他们自己声称：他们之所以按惯例行事，只是因为这样不会引起什么大问题，或者只是因为其他方式会伤害人们，使人们感到难堪。

他们对现实的轻松的洞察力，他们的接受性和自发性非常接近于动物或者儿童，这意味着他们对自己的冲动、欲望、见解以及主观反应的一种优越的觉悟（148，388，392）。对这种能力的临床有研究毫无疑问地证实了弗洛姆的这样一种看法：一般正常的、适应得很好的人，往往根本没有想到他是什么，他要什么，以及他自己的观点是什么等问题（145）。

正是这样一些调查结果最终使得自我实现者与其他人之间一个最深刻的差异被发现，这差异就是：自我实现者的动机生活不仅在数量上而且在质量上都与普通人不同。我们很可能必须为自我实现者另外创立一种具有深刻区别的动机心理学，例如，一种研究表达性动机、成长性动机，而不是匮乏性动机的动机心理学。也许将生活与为生活做准备作个区分是会有益处的；也许动机的概念应该只用于非自我实现者。我们的研究对象不再进行一般意义上的奋斗，而是在发展。他们努力成长得日臻完善，努力以自己的风格发展得日益全面。普通人的动机是为匮乏性的基本需要得到满足而奋斗。

自我实现者虽然并不缺乏任何一种基本需要的满足，但他们仍然有冲动。他们实干，他们奋斗，他们雄心勃勃，但这一切都与众不同。对他们来说，他们的动机就是发展个性、表现个性，成熟、发展，一句话，就是自我实现。这些自我实现者能够比常人更具有人类性吗？他们是否更能显示人种的本来面目？他们在分类学的意义上更接近人类吗？一个生物种应该由它的残废的、不正常的、发展不完全的成员或者完全归化的、受到限制的（caged）以及被训练好的模范来鉴定吗？

以问题为中心

我们的研究对象一般都强烈地把注意力集中在他们自身以外的问题上。用流行术语来说，他们是以问题为中心，而不是以自我为中心。他们自身一般不存在什么问题；他们一般也不太关心他们自己，这正与不安定的人们中发现的那种内省形成对照。自我实现者通常有一些人生的使命，一些有待完成的任务，一些需要付出大量精力的他们身外的问题（72，134）。

这些任务未必是他们喜欢的，或他们为自己选择的，而可能是他们所感到的职责、义务或责任。这就是为什么我们要采用"他们必须做的工作"，而不采用"他们想要做的工作"的说法的原因。一般来说，这些任务是非个人的，不自私的，更确切地说，它们与人类的利益、民族的利益或家庭的少数几个人有关。

除了几个例外，可以说，研究对象通常与那些我们已学会称为哲学或伦理学的永恒问题和基本争论有关。这些人习惯生活在最广泛的合理的参照系里，他们似乎绝不会见树不见林。他们在价值的框架里工作，这种价值是伟大的，而不是渺小的，是宇宙性的，而不是区域性的，是从长远出发的，而不是从一时出发的。总之，尽管这些人都很朴实，但都是这种或那种意义上的哲学家。

当然，这种态度对于日常生活的每个领域都具有意义。例如，我们最初研究的主要显著特点，如宽宏，脱离渺小、浅薄和褊狭等，就可以归入这种更一般的态度的名下。他们超越琐事、视野开阔、见识广博、在最开阔的参照系里生活、笼罩着永恒的氛围，给人的印象具有最大的社会以及人际关系的意义，它仿佛传播了一种宁静感，摆脱了对于紧迫事务的焦虑，而这使生活不仅对于他们自己并且对于那些与他们有联系的人都变得轻松了。

超然独立的特性；离群独处的需要

的确，我的所有研究对象都可以离群独处而不会使自己受到伤害，以及感到不舒适。而且，几乎所有的研究对象都明确喜欢与外界隔绝以及独处，其程度明显比一般人更大。内倾和外倾的两分法几乎完全不适合于这些人，我们在这里也不采用这种两分法。最有用的术语似乎就是"超然独立"。

他们常常可以超然于物外，泰然自若地保持平静，而不受那些在其他人那里会引起骚乱的事情的影响。他们发现远离尘嚣，沉默寡言，并且平静而安详是容易的。这样，他们对待个人的不幸也就不像一般人那样反应强烈。甚至在不庄重的环境与情景中，他们似乎也能保持尊严。他们的这种沉默也许会渐渐地转变为严峻和冷漠。

这一超然独立的特性也许又与其他某些品质有联系。首先，可以认为我的研究对象比一般人更客观（在这个词的全部意义上）。我们已经看到，他们是更以问题为中心而不是以自我为中心的，甚至当问题涉及他们自己，以及他们的愿望、动机、希望或抱负时也是如此。从而，他们具有一般人不常有的集中注意的能力。他们强烈的专心致志又带来心不在焉这种副产品，这也就是轻视以及不在乎外在环境的能力。例如，他们具有熟睡的能力，不受干扰的食欲，在面对难题、焦虑、责任时，仍然能够谈笑风生。

在人数众多的社会关系中，超然独立招来了一定的麻烦和难题。它很容易被"正常的"人们解释为冷漠、势利、缺乏感情、不友好甚至敌意。相比之下，一般的友谊关系更具有相互依恋、相互要求的性质，更需要再三的保证、相互的敬意、支持、温暖，更具有排他性。的确，自我实现者并非在一般意义上需要他人。然而，既然被需要和被想念通常是友谊和诚挚的表现，那么显然超然独立就不会轻易为普通人接受。

自主的另一层含义是自我决定，自我管理，作一名积极、负责、自我训练的、有主见的行动者，而不是一个兵卒，完全为他人左右，做一位强者而不是弱者。我的研究对象们自己下决心、自主拿主意，他们是自己的主人，对自己的命运负责。这是一种微妙的素质，难以用语言形容，但它却十分重要。这些人使我懂得了我以前理所当然地视为正常的现象，即，许多人不用自己的头脑作决定，而是让推销员、广告商、父母、宣传者、电视、报纸等替他们作决定。这实际上是十分反常、病态、软弱的表现。这些人是供他人指挥的兵卒，而不是自己作决定，自己行动的人。结果他们动辄感到无助、软弱、由他人摆布。他们是强权的牺牲品，软弱的哀怨者，不是决定自己命运，对自己负责的人。对民主政治和经济来说，这种不负责的态度无疑是灾难性的。民主、自治的社会必须由自我行动、自我决定、自我选择的成员组成，他们表达了自己的意见，是自己的主人，具有自由意志。

根据阿希（Asch）和麦克里兰德（326—328）做的大量实验，我们推测自我决定者占人口的 5％～30％，其比例的大小由不同的环境决定。在我的研究对象中，100％的人是自我行动者。

最后我要下一个结论，尽管它必将使许多神学家、哲学家和科学家感到不安：自我实现者较一般人拥有更多的"自由意志"，更不容易为他人所主宰。不管"自由意志"和"决定论"这两个名词在实际应用中如何被定义，在这项调查中，它们是经验事实，况且它们是有不同程度变化的概念，而不是一成不变的定义。

自主性；对于文化与环境的独立性；意志；积极的行动者

在一定程度上，对于自然条件和社会环境的相对独立性，是贯穿我们已描述过的大部分自我实现者的特点之一。既然自我实现者是由成长性动机而不是匮乏性动机推进的，那么他们主要的满足就不是依赖于现实世界、依赖于他人、文化或达到目的的手段，总之，依赖外界来实现的。宁可这样说，他们自己的发展和持续成长依赖于自己的潜力以及潜在的资源。正像树木需要阳光、水分和养料一样，大多数人也需要爱、安全，以及其他基本需要的满足，而这种满足只能够来自外界。但是，一旦获得了这些外在的满足物，一旦人们内在的缺乏由外在的满足物所填补，个人真正的发展的问题就开始了，这也就是自我实现的问题。

这种对于环境的相对独立性意味着面临遭遇、打击、剥夺、挫折等时的相对稳定。在可能促使他人去自杀的环境中，这些人也能保持一种相对的安详与愉快。由于这种情况，他们也可称为"有自制力"。

既然对于受匮乏性动机促动的大多数人，其主要需要的满足（爱、安全、自尊、威信、归属）只能来自他人，那么，他们就必然离不开这些有用的人。但是，由成长性动机推进的人实际上却有可能被他人妨碍。对于他们，决定满足以及良好生活的因素现在是个体之内的，而不是社会性的。他们已变得足够坚强，能够不受他人的赞扬甚至自己感情的影响。荣誉、地位、奖赏、威信以及人们所能给予的爱，比起自我发展以及自身成长来说，都变得不够重要了（209，360，388，403）。我们必须记住，要达到这种超然于爱和尊重的境界，最好的方法（即使并非唯一的方法），是事先就有完全同样的爱和尊重的充分的满足。

欣赏的时时常新

自我实现者具有奇妙的反复欣赏的能力，他们带着敬畏、兴奋、好奇甚至狂喜，精神饱满地、天真无邪地体验人生的天伦之乐，而对于其他人，这些体验也许已经变得陈旧。对于自我实现者，每一次日落都像第一次看见那样美妙，每一朵花都温馨馥郁，令人喜爱不已，甚至在他见过许多花以后也是这样。他所见到的第一千个婴儿，就像他见到的第一个一样，是一种令人惊叹的产物。在他结婚30年以后，他仍然相信他的婚姻的幸运；当他的妻子60岁时，他仍然像40年前那样，为她的美感到吃惊。对于这种人，甚至偶然的日常生活中转瞬即逝的事物也会使他们感到激动、兴奋和入迷。这些奇妙的感情并不常见，它们只是偶然有之，而且是在最难以预料的时刻到来。这个人可能已经是第十次摆渡过河，在他第十一次渡河时，仍然有一种强烈的感受，一种对于美的反应以及兴奋油然而生，就像他第一次渡河一样(115)。

研究对象们在选择美的目标方面存在着一些区别。一些人主要向往大自然，另一些人主要爱孩子，还有几个人则一直主要热爱伟大的音乐。但确实可以这样说：他们从生活的基本经历中得到了喜悦、鼓舞和力量。然而，他们中没有一个人，能够从参加夜总会，或者得到一大笔钱，或者一次愉快的宴会中取得上述同样感受。

此外，也许还可以加上一种特殊体验：对于我的几个研究对象，他们的性愉快，特别是情欲高涨提供的不仅是一时的快乐，而且还有某些基本力量的增强和复苏。有的人是从音乐或大自然中得到这种增强和复苏的。关于这一点，我将在神秘体验一节中更多地说明。

很有可能，这种主观体验的浓烈色彩是与我们上面讨论的本质上新鲜具体的现实相连的一个方面。也许我们所说的陈腐的体验是停止以丰富的感觉去洞察这个或那个领域的结果，因为这些领域现在表明已不再具有优点、益处或者威胁性，要不然就是不能再把自我放入其中了(46)。

我越来越相信对自身幸福的熟视无睹是人类罪恶、痛苦以及悲剧的最重要的非邪恶的起因之一。我们轻视那些在我们看来是理所当然的事情，所以我们往往用身边的无价之宝去换取一文不值的东西，留下无尽的懊恼、悔恨和自暴自弃。不幸的是，妻子、丈夫、孩子、朋友在死后比生前更容易博得爱和赞赏。其他现象，如身体健康、政治自由、经济富强等也是如此。它们的真正价值只有在丧失后才被认识到。

赫兹伯格(Herzberg)对工业中"保健"(hygiene)因素的研究(193)，威尔逊(Wilson)对圣·尼奥兹"阈限"(margin)的观察(481，483)，我对"低级牢骚、高级牢骚和超级牢骚"的研究(291)都表明，如果我们能像自我实现者那样对待身边的幸事，我们的生活将得到极大的改进。

神秘体验；海洋感情

对于我们的研究对象来说，这些被称为神秘体验的主观体验，是相当共同的体验。威廉·詹姆斯对此有过很好的描述。前一节谈到的那种强烈感情，有时变得气势磅礴、混混沌沌、漫无边际，所以可称为神秘体验。我在这一题目上的兴趣和注意，首先得到我的几个研究对象的支持。他们用暧昧而又通俗的措辞来描述他们的情欲高涨。我后来想起这些措辞曾被各类作者用来描述他们称为神秘体验的东西。在这些神秘体验中都有视野无垠的感觉，从未有过的更加有力但同时又更孤立无助的感觉，巨大的狂喜、惊奇、敬畏，以及失去时空感的感觉。这最终使人确信，某种极为重要极有价值的事情发生了，在某种程度上，感受主体结果被改变了、增强了，这种体验甚至在日常生活中也有。

把这些体验从所有神学的或超自然的关系中分离出来是非常重要的。尽管它们已经混淆了上千年之久。虽然在后来的谈话中，有几个人引出了半宗教的结论，例如，"人生必然有意义"等，但是，我们的研究对象没有一个自发地制造这种束缚。因为这种体验是一种自然的体验，很可能属于科学研究的范围，也许用弗洛伊德的术语来描述它更为合适，例如：海洋感情。

我们也可以从我们的研究对象那里了解到，这种体验能够以较小的强度出现。神学作品一般地假定，在神秘体验与所有其他体验之间，有一种绝对的性质上的差异。一旦从超自然的关系中发现了神秘体验，并把它作为自然现象来加以研究，就有可能把神秘体验按从强烈到微弱的数量上的连续统一体加以整理。我们从而可以发现，微弱的神秘体验在许多人那里，甚至可能在大多数人那里都会发生，并且，在幸运的人们那里，一天可以发生数十次。

很明显，强烈的神秘体验是一些极大增强的、有着自我的丧失或自我的超越的体验，例如，正像贝尼迪克特所描述的：以问题为中心、高度的集中，献身行为，强烈的感官体验，对音乐或艺术的忘我的热切的欣赏(40)。关于高峰体验的进一步研究请见另一些文献(252，293，295，310，315)。

自从这一研究从 1935 年开始以来（现在仍在进行中），我已逐渐将注意力更多地集中在高峰者(peakers)与非高峰者(nonpeakers)的区别上。很可能两者之间只是程度与数量的差别，但这却是非常重要的。在 Z 理论(315)一文中我已作了详细的陈述。如果需要简单的总结，非高峰型的自我实现者似乎是讲究实际，追求实效的人，是成功地生活在这个世界中的中间变体(mesomorphs)。而高峰者除了上述情况外，似乎也生活在存在的领域中，生活在诗歌、伦理、象征、超越的境界里，生活在神秘的、个人的、非机构性的宗教之中；生活在终极体验（endex periences）中。

我预言这将是关键的性格逻辑的"种类差别"（class differences）之一。这对于社会生活来说尤为重要，因为那些"健康的"非高峰型的自我实现者似乎更可能成为人类社会的改革者，成为政治家、社会工作者、改良者、领导者；而那些超凡脱俗的高峰者，则更可能去写诗、作曲、研究哲学，献身宗教。

社会感情

由 A. 阿德勒创造的"社会感情"这个词，很恰当地描述了我的自我实现研究对象们对人类的感情的风范，在这方面，它是唯一可通用的术语。尽管自我实现者偶尔对人们表现出气愤、不耐烦或者厌恶（下面将具体描述），但他们对人类怀有一种很深的认同、同情和爱的感情。正因为如此，他们具有帮助人类的真诚愿望，就好像他们都是一个大家庭的成员。一个人对于兄弟的感情总体上是爱的感情，尽管这些兄弟愚蠢、软弱或有时显得很卑鄙，他们仍然比陌生人更容易得到宽恕。

如果一个人的视野不够开阔，其中容纳的历史时期很有限，那么他就可能体会不到这种与人类一体的感情。自我实现者在思想、冲动、行为、情感上与其他人毕竟大不相同。当自我实现人在这些方面要表现自己的时候，在某些基本方式上，他就像一个异乡的异客，很少有人真正理解他，不管人们可能多么喜欢他。他经常为普通人的缺点感到苦恼气愤，甚至被激怒，而他们对他来说，通常不过是一些不断给他制造麻烦的人，有时甚至变成痛苦的不幸。不管有时他与他们之间的间隙有多大，他总是感到与这些人有一种最根本的亲缘关系，同时，如果不说有一种优越感，至少他必定认识到，许多事情他能比他们做得更好，对许多事情他可以明察而他们却不能，有些在他看来是如此清楚明了的真理大多数人却看不见。这也就是阿德勒称之为老大哥态度的东西。

自我实现者的人际关系

自我实现者比其他成年人（当然不必与儿童相比），具有更深刻和深厚的人际关系。他们比一般人具有更多的融合、更崇高的爱，更完美的认同，以及更多的摆脱自我限制的能力。然而，他们的这些人际关系有着一定的特殊性质。首先，我观察到，这些关系的其他成员比一般人很可能更健康，更接近（常常是非常接近）自我实现者。考虑到在全人口中，这种人只占很小的比例，这里就有一个很高的选择标准。

这种情况，以及某些其他情况说明：自我实现者只与少数几个人有这些特别深的联系。他们的朋友的圈子较小，他们深爱的人在数量上是很少的，其原因部分在于在这种自我实现状态中去接近某人似乎需要占用很多时间。忠诚不是一时的事情。一位研究对象对此这样说："我没有时间照应许多朋友，也就是说，如果要交真正的朋友，是不可能同时交很多的。"在我的小组里，唯一的一个例外是一位妇女，她似乎特别善于交际，简直使人感觉到她生活的天职就是与她家庭的成员、家庭成员的家庭成员，以及她的朋友们、朋友的朋友们保持密切、温暖、美好的关系。也许，这是因为她没有正式的工作和事业，是一个未受过教育的妇女。这种专一的排他主义的确能够与普遍的社会感情、仁慈、爱和友谊（正如上面所描述）同时存在。这些人倾向于对几乎所有人和蔼，或至少对他们都有耐心。他们对儿童有一种特别温柔的爱，并且为儿童们所接近。在一种非常真实即使是特殊的意义上，他们爱或者更确切地说同情整个人类。

这种爱并不意味着缺乏鉴别能力。事实上，他们能够的确也以严厉的口吻，认真地谈到那些应受谴责的人，特别是那些伪善者、狂妄自大者、自命不凡的人或自高自大的人。然而，这种实际的低评价甚至在与这类人面对面地接触时也并非总是表现出来。对此，有段话大致可以作出解释："大多数人毕竟没有什么了不起，但他们本来有可能很了不起。他们犯各种愚蠢的错误，以至感到极为痛苦，但仍不明白他们本意是好的为何会落得这个结果。那些令人不愉快的人往往会在深深的痛苦中付出代价。他们应该受到怜悯而不是攻击。"

也许，关于他们对他人的敌对反应，最简明的解释是：（1）这是理所应当的；（2）这是为被攻击者或某一个人好。按照弗洛姆的意思，他们的敌意的基础并不是来自性格，而是反应性或情境性的。

我所掌握有材料的那些研究对象还一致表现出另一个特点，在此也不妨一提，这就是，他们至少吸引一些钦佩者，朋友甚至信徒、崇拜者。自我实现者与他的一系列钦佩者之间的关系往往是一厢情愿的。钦佩者们要求的总是多于被钦佩者愿意给予的。而且钦佩者们的热心常常使被钦佩者为难、苦恼、甚至厌恶，因为他们常常越轨。情况总是这样：当被迫建立这种关系时，我们的研究对象通常是和蔼的、令人愉快的，但是，一般都尽可能有礼貌地回避那些钦佩者。

民主的性格结构

从最深刻的意义上，我的研究对象无一例外地都可称为是民主的人。以前对于民主的和集权主义的性格结构的分析是这个观点的根据(303)。但这种分析过于复杂，这里不便重复，我们只可能简单地描述这种表现的某几个方面。这些人都具有显著的民主特点。他们可以也的确对于任何性格相投的人表示友好，完全无视该人的阶级背景、教育程度、政治信仰、种族或肤色。实际上，他们甚至好像根本意识不到这些区别，而这些区别对于普通人来说却如此明显而且重要。

他们不仅具有这个最明显的品质，他们的民主感情也更为深厚。例如，他们觉得不管一个人有什么其他特点，只要某一方面比自己有所长，就可以向他学习。在这种学习关系中，他们并不试图维护任何外在的尊贵或者保持地位、年龄之类的优越感。甚至应该说，我的研究对象都具有某种谦卑的品质。他们都相当清楚，与可能了解的以及他人已经了解的相比，自己懂得太少了。正因为如此，他们才可能毫不装腔作势地向那些可以向其学习的，在某方面较自己有所长的人们表示真诚的尊重甚至谦卑。只要一位木匠是位好木匠，只要某人精于自己使用的工具或是本行中的能手，他们就会向他表示这种真诚的尊重。

必须小心地将这种民主感情与缺乏对各种趣味的鉴别力，与笼统地将一个人同另一个人等同的做法区别开。这些研究对象本身就是杰出人物，他们选择的朋友也是杰出人物，但他们是性格、能力、天赋上的杰出人物，而不是出身、种族、血统、家族、家庭、寿命、青春、声誉或权力方面的杰出人物。

自我实现者有一种难以琢磨的最深奥也最模糊的倾向：只要是一个人，就给他一定程度的尊重，甚至对于恶棍，他们似乎也不愿超越某种最低限度去降低、贬损或侮辱其人格。然而这一点与他们强烈的是非、善恶观是共存的。他们更可能，而不是更不可能挺身抗击邪恶的人和行为。对于邪恶引起的愤怒，他们不会像一般人那样表现得模棱两可，不知所措或者软弱无力。

区分手段与目的、善与恶

在我的研究对象中，没有发现有谁在区分自己实际生活中的是非时经常没有把握。不管他们能否用言词将这种状态表达清楚，他们很少在日常生活中表现出混乱、疑惑、自相矛盾或者冲突，而这些在普通人处理道德问题时是很常见的。可以这样说，这些人的道德力量很强，有明确的道德标准，他们只做正确的而不是错误的事。不用说，他们的是非概念往往是不合习俗的。

D. 列维博士曾提出一个表达我描述的这个品质的方法，他指出，若在几个世纪之前，这些人会被称为与上帝同道或神圣的人。说到宗教，我的研究对象中没有一个信仰正统宗教，但另一方面，我只知道有一个人自称无神论者（整个研究小组里共有四人）。我所掌握情况的其他几人在确定自己是属于无神论时犹豫不决。他们说他们信仰一个上帝，但与其说他们把上帝描绘成一个有形的人物，不如说描绘为一个形而上学的概念。因此，他们这类人是否可以称为有宗教信仰的人完全取决于我们选用的关于宗教的概念或定义。如果仅从社会行为的角度来解释宗教，那么这些人，包括无神论者都属于宗教信仰者。但如果我们更为保守地使用"宗教"这个术语，包括并强调超自然的因素和传统的宗教观念（这当然是更为普遍的用法），那么我们的答案就是截然相反的——他们当中几乎无人信仰宗教。

自我实现者的行为几乎总是表现得手段与目的的界限泾渭分明。一般地说，他们致力于目的，手段则相当明确地从属于目的。然而，这种说法过于简单。我们的研究对象经常将对其他人说来只是达到目的之手段的经历和活动视作目的本身，这就使情况复杂多了。他们较常人更有可能纯粹地欣赏"做"的本身；他们常常既能够享受"到达"的乐趣，又能够欣赏"前往"本身的愉快。他们有时还可能将最为平常机械的活动变成一场具有内在欢乐的游戏、舞蹈、或者戏剧。韦特海默曾指出，大多数孩子非常富有创造性，他们具有将某种陈腐的程序、机械呆板的体验加以转变的能力。例如，在他们的把戏中，就有遵循某种方法或某种节奏把书从一个书架运往另一个书架的事情。

富于哲理的，善意的幽默感

一个相当早的发现表明，自我实现者的幽默感不同于一般类型。由于这一特点为我的研究对象所共有，当时很容易就发现了。对于一般人感到滑稽的事情，他们并不感觉如此。因而，恶意的幽默（以伤害某人来使大家捧腹），体现优越感的幽默（嘲笑他人的低下），反禁忌性的幽默（硬充滑稽的猥亵的笑话）都不会使他们感到开心。他们的幽默的特点在于：常常是更紧密地与哲理而不是其他东西相联系。这种幽默也可以称为真正的人的幽默，因为它主要是笼统地取笑人类的愚蠢、忘记自己在宇宙中的位置、或者妄自尊大。这种幽默有时以自嘲的形式出现，但自嘲者不会表现得像个受虐狂或者小丑。林肯的幽默就是一个范例。林肯很可能从来没有开过伤害他人的玩笑，他的许多甚至绝大部分玩笑都有某种意义，远不止仅仅引人发笑的作用。类似于寓言，它们似乎是一种更有趣味的教育形式。

如果简单地以开玩笑的数量为根据，我们的研究对象可以说不如普通人那样幽默。在他们当中，富有思想性、哲理性的幽默比普通的双关语、笑话、妙语、挪揄和开心的巧辩更为常见。前者所引起的往往是会心的微笑而不是捧腹大笑。它脱胎于当时的具体情况而不是这个情况的附加物，它是自发的而不是事前策划的，并且往往绝不能重复。由于一般人习惯于笑话故事和逗人发笑的材料，因此，他们也就很自然地认为我们的研究对象过于严肃庄重。

这类幽默会有很强的感染力。人的处境，人的骄傲、严肃、奔波、忙碌、野心、努力、策划都可以看得有趣、诙谐、甚至可笑。我是一度置身于一间摆满"活动艺术"品的房间之后才对这种幽默感恍然大悟的。在我看来，"活动艺术"品以它的喧嚣、动荡、混乱、奔忙、劳碌以及乱七八糟地对人生幽默地进行了讽刺。这种幽默感也影响到专业性工作本身，在某种意义上，这些工作也是一种游戏，在严肃对待的同时，也可以有一些轻松。

创造力

这是我们研究或观察的所有研究对象的共同特点，无一例外。

每个人都在这方面或那方面显示出具有某些独到之处的创造力或独创性。本章较后部分的讨论可以使这些独到之处得到较为完整的理解。但有一点要强调，自我实现型的创造力与莫扎特型的具有特殊天赋的创造力是不同的。我们不妨承认这个事实：所谓的天才们显示出我们所不理解的能力。总之，他们似乎被专门赋予了一种冲动和能力，而这些冲动和能力与该人人格的其余部分关系甚微，从全部证据来看，是该人生来就有的。我们在这里不考虑这种天赋，因为它不取决于心理健康或基本需要的满足。而自我实现者的创造力似乎与未失重贞的孩子们的天真的、普遍的创造力一脉相承。它似乎是普遍人性的一个基本特点——所有人与生俱来的一种潜力。大多数人随着对社会的适应而逐渐丧失了它，但是某些少数人似乎保持了这种以新鲜、纯真、率直的眼光看待生活的方式，或者先是像大多数人那样丧失了它，但在后来的生活中又失而复得。

这种创造力在我们的一些研究对象身上并不是以著书、作曲、创造艺术作品这些通常形式体现出来的，相反，它可能要低贱得多。这种特殊类型的创造力作为健康人格的一种显现，仿佛是映在世界上的投影，或者，仿佛为这个健康人所从事的任何工作都涂上了一层色彩。从这个意义看，可以有富有创造力的鞋匠、木匠、职员。一个人会以源于自己性格本质的某种态度、精神来做任何一件事。一个人甚至能像儿童一样富有创造性地观照世界。

在这里，为了讨论的方便，我将这个特性单独提出，仿佛它与那些引它出现和由它导出的特性是彼此分离的，然而事实并非如此。也许，我们现在讨论创造力时，只是从结果的角度来描述我们前面称为更强的新颖性、更深的洞察力和感觉效力的东西。这些人似乎更容易看到真实的、本质的东西。正因为如此，他们相对于那些更狭隘的人才具有创造力。

并且，我们已经看到，这些人较少屈服于外界的压力和阻力，他们较为自由，一句话，较少适应社会上存在的文化类型。用积极的术语来表达就是：他们更自然、更具自发性和人性。别人在他们身上看到的创造力，也是这一点引出的结果之一。假如我们像在儿童研究中那样，设想所有的人都曾经是自然的，并且他们的最深层本质也许现在仍然没有改变，但是，他们除了这种内在的自然性外还有一整套表面的但却强大的约束，那么这种自然性肯定会受到控制以至不会出现得过于频繁。假如没有扼杀力量，我们也许能认为每个人都会显示出这种特殊类型的创造力。

对文化适应的抵抗

从赞同文化和融合于文化这个单纯的意义上说，自我实现者都属于适应不良。虽然他们在多种方面与文化和睦相处，但可以说他们全都在某种深刻的、意味深长的意义上抵制文化适应，并且在某种程度上内在地超脱于包围着他们的文化。由于在关于文化与人格的文献中极少谈及抵制文化造型的问题，由于像里斯曼（Riesman）已明确指出的那样，保留剩余部分对于美国社会十分重要，这样，甚至我们并不充足的资料也显得比较重要了。

总的看来，这些健康人与远不如他们的文化的关系是非常复杂的，其中至少可归纳以下一些成分：

1. 在我们的文化中，所有这些人在选择衣服、语言、食物以及做事的方式时，都同样囿于表面习俗的限制。然而他们并不真正守旧，当然更非赶时髦。

这个特殊的内在态度通常表现如下：一般来说社会上流行哪些习俗对于他们并没有多大妨碍，换一套交通规则也未尝不可。虽然他们也把生活弄得安宁舒适，但绝不至于过分讲究、小题大作。这里我们可再次看到这些人的一个普遍倾向：大多数他们认为不重要，不可改变，或对他们个人没有根本关系的事情他们都认可。由于我们的研究对象对鞋子和发型的选择，或由于在什么晚会上不太关心礼貌、举止和风度，别人往往会对他们耸耸肩膀。

但是，既然这种勉强的接受并不是热情的认同作用，他们对于习俗的服从就往往是草率敷衍的，或者简捷行事以求于脆、坦率、节省精力，等等。在压力之中，当遵从习俗变得过于恼人或代价过于昂贵之时，表面的习俗就暴露了它那浅薄的面目，抛开它也就像抛开肩上的斗篷一样容易。

2. 从青年的或狂热的角度来说，这些人几乎无一可称为权威的反叛者。虽然他们不断地因不公正而爆发出愤怒，但他们对于文化并不显出主动的不耐烦、或者时而出现的、长期不断的不满，他们并不急于改变它。我的一个研究对象年轻时是个狂热的反叛者，他组织了一个工会，而当时这是一个非常危险的工作，现在他已厌恶地绝望地放弃了这一切。由于他变得习惯于这个文化和时代中社会改革的缓慢，他最终转向了对青年的教育。其余的人表现了某种对文化进步的冷静的、长期的关心。这在我看来意味着承认变革的缓慢以及这种变革的毋庸置疑的益处和必要性。

他们的这种情况绝非缺乏斗争性。当急速的变革成为可能时，这些人可以立即表现出果断和勇气。虽然他们在一般意义上并不属于激进派，但是我认为他们具有转向激进派的很大可能。首先，他们是一群知识分子（别忘了是谁选择了他们），其中大多数人已有了自己的使命，并且认为自己在为改良社会进行真正重要的工作。其次，他们是现实的，似乎不愿去做巨大的，但却无谓的牺牲。在真正斗争激烈的情况下，他们十有八九要放弃自己的工作而参加猛烈的社会行动，例如，德国和法国的反纳粹地下活动。我觉得，他们反对的不是斗争而是无效的斗争。

经常提出讨论的另一点是关于享受生活，过得愉快的希望。这一点与全力以赴的狂热的反抗几乎水火不相容。在他们看来，后者牺牲过大，而又不能获得预期的微小的成果。他们大多数人在青年时期都有斗争的经历，都有急躁、热情的插曲，现在大都懂得对于急速变革的乐观态度是没有根据的。他们这些人作为一个整体致力于在日常生活中以一种能被认可的、冷静的态度，愉快的努力从内部去改良文化，而不是从外部去反对它，与之较量。

3. 与文化分离的内在感情不一定是有意识的，但在几乎所有研究对象身上都有所表现，尤其在讨论作为整体的美国文化时，在同其他文化进行各种各样的比较时更是如此。实际上，他们似乎经常疏远它，仿佛他们不属于这种文化。慈爱和反对，赞同和批评的不同比例的混合，表明了他们依靠自己的眼光从美国文化中选择好的东西、拒斥坏的东西的情况。总之，他们对文化进行权衡、分析、辨别，然后作出自己的决定。

这种态度的确与一般的消极顺从文化造型大不相同，后者可在许多有关集权主义人格的研究中具有民族中心主义的研究对象身上发现。

我们的研究对象独立于他人，喜欢独处（前面对此已有描述），对熟悉的和习惯的事物的需要及偏爱不像一般人那样强烈，这些情况或许都体现了他们独立于文化的特点。

4. 由于种种原因，他们可以称为有自主性的人，他们受自己的个性原则而不是社会原则的支配。正是在这个意义上，他们不仅仅是或不单纯是美国人，而且广义地说，他们比其他人在更大程度上属于人类的成员。假如刻板地去理解，那么说这些人高于或超越了美国文化就会引起误会。因为他们毕竟讲美国话、有美国人的行为方式和性格等。

然而，如果我们把他们同过分社会化(Oversocialized)、行为机器化(robotized)、或者种族中心主义相比较，我们就会压抑不住内心的激动而假定：这个研究对象小组不仅是另一个亚文化群的小组，而且还更少文化适应、更少平均化(Less flattened out)、更少模式化。这里有个程度问题，他们处在一个连续统一体之中，这个连续统一体是按照从对文化的相对接受到与文化的相对分离的顺序排列的。

如果这个假定可以站得住脚，我们至少能够从它再推出一个假设：在不同文化中较他人在更大程度上独立于自己文化的人们，不仅其民族性应该较弱，而且彼此之间在某些方面的相像程度应该高于本社会中发展不充分的同胞。当然，这又引出了关于什么组成了良好的美国的问题。

总而言之，观察结果表明，相对健康的人有可能在美国文化中产生。这就回答了"在有缺陷的文化中做一个健康人或好人是否可能？"这样一个老问题。这些相对健康的人们凭借内在的自主与外在的认可之间的复杂结合得以生存，当然，其前提必须是，这种文化能够容忍拒绝完全文化认同的独立性。

这当然不是理想的健康。显然，我们不完美的社会一直把约束和限制强加于我们的研究对象。这些约束和限制，使他们不得不保留自己的一些秘密。他们越是保留自己的一些秘密，他们的自发性就越是减少，他们的某些潜能就越是不能实现。既然在我们的文化中只有很少人能够达到健康，那么这些达到健康的人就会因为他们自己的性质而感到孤独，从而加重自发性的降低，减少潜能的实现。①

----

① 感谢特拉·丹波博士在这一问题上对我的帮助。

（三）自我实现者的缺陷

　　小说家，诗人和随笔作家们常犯的错误，是把一个好人写得过分好以至把他漫画化了，结果使大家都不愿意做这种人。人们把自己对完美的希望，以及对自己缺点的罪恶和羞愧，投射在各种各样的人身上，对于这些人，普通人对他们要求的远比自己给出的更多。因此，教师和牧师通常被认为没有欢乐，没有世俗的欲望和弱点。我认为大多数试图描写好人（健康人）的小说家把这些好人塑造成自命不凡的讨厌鬼，提线木偶，或者不真实理想的虚假投影，而不是还他们以本来面目：身体强健、精神饱满、朝气蓬勃。我们的研究对象会表现出人类的许多小缺点。他们也有愚蠢的、挥霍的或粗心的习惯。他们会显得顽固、令人厌烦或恼怒。他们并没有摆脱浅薄的虚荣心和骄傲感，特别是涉及他们自己的作品、家庭或孩子时更是如此。他们发脾气也并不罕见。

　　我们的研究对象偶尔会表现出异常的、出乎意料的无情。必须记住，他们是非常坚强的人，在需要的时候，他们能超越常人的能力表现出一种外科医生式的冷静。假如他们有谁发现自己长期信任的人不诚实，就会毫不惋惜地中断这种友谊，而并不感到痛苦。一个与自己并不爱的人结婚的妇女，在决定离婚时表现出的果断几乎近于残忍。他们中的一些人能很快从哀悼亲友死亡的情绪中恢复过来，以至显得有些无情。

　　这些人不仅坚强，而且不为大众舆论所左右。有一次，当一位妇女在一次聚会上被介绍给他人时，她因对方乏味的俗套而大大激怒，因而有意让自己的言行使对方感到震惊。也许有人会说，她这样做未尝不可，但人们不仅会对她本人而且会对主持聚会的主人采取完全敌对的态度。虽然我们这位研究对象想要对这些人疏远，但男女主人却并不想这样做。

　　我们可以再举一个主要起因于研究对象对于非个人世界的专注的例子。当他们全神贯注或者沉醉于自己的兴趣时，当他们热切地专注于某个现象或问题时，他们可能变得对周围事情心不在焉，毫无幽默感，忘记了他们一般的社交礼貌。在这种情况下，他们不喜欢聊天、逗乐、聚会等特点往往表现得更加明显。他们的言行可能使人感到很痛苦、震惊、羞辱或者感情受到伤害。这种超然独立至少从旁人来看是令人不快，它的其他后果上面已经列举过。

甚至他们的仁慈也能使他们犯错误，例如，出于怜悯心而与某人结婚；在与神经病患者、不幸的人和大家讨厌的人的相处中陷得太深事后又感到后悔；有时为无赖行骗开了方便之门；由于给出的东西超出了应有的范围从而间或鼓励了寄生虫和精神变态者，等等。

最后，前面已指出，这些人也有罪恶感，焦虑、悲伤、自责、内心的矛盾和冲突。这些现象并非源于神经病，然而，今天大多数人(甚至包括大多数心理学家)却无视这一事实，往往根据以上现象就认为这些人不健康。

我想，这种情况给我们的教海是，我们大家都应明白：金无足赤，人无完人。其实，好人、非常好的人，乃至伟大都是可以找到的。事实上确实存在着创造者、先知、哲人、圣人、巨人和发起人。即使这些人十分罕见、凤毛麟角，也给人类的未来带来了希望。然而，就是他们也会不时流露出易怒、暴躁、乏味、自私或沮丧等弱点。为了避免对人性失望，我们必须首先放弃对人性的幻想。

(四)价值与自我实现

自我实现者以哲人的态度接受他的自我、接受人性、接受众多的社会生活、接受自然和客观现实，这自然而然地为他的价值系统提供了坚实基础。这些接受价值，在整个日常的个人价值判断中占很大一个比例。他所赞成或不赞成的，他所反对的或建议的，他所高兴的或不高兴的，往往可以理解为这种接受的潜源特质的表面衍生物。

自我实现者的内在动力不仅自然地无一例外地为他们提供了这种基础(因此至少从这个意义上看，充分发展的人性是全球的、跨文化的)，而且还提供了其他决定因素。这些决定因素包括：(1)他与现实的特别适意的关系；(2)他的社会感情；(3)他的基本需要满足的状态；(4)他所特有的对于手段和目的的区分，等等。(见前面)

这种对待世界的态度及其实践所产生的一个极为重要的后果就是：在生活的许多方面，冲突、斗争以及选择时的犹豫和矛盾减弱或消失了。很明显，"道德"很大程度上是不接受或不满意的副现象。

在一种异教徒的气氛里，许多问题似乎没有道理，并且淡化了。其实，与其说解决了这些问题，不如说把它们看得更清楚了，它们原本绝非一些内在固有的问题，而只是一些"病人制造的"问题，例如，打牌、跳舞、穿短裙、在某些教堂里接受祝福或不接受祝福，喝酒、只吃某些肉类或只在某些日子里吃肉。对于自我实现者不仅这些琐事变得不重要了，而且整个生命进程在一个更重要的水平上继续发展，例如，两性关系、对身体构造及其功能的态度、对死亡本身的态度等。

对于这种发现的更深层次的探求使笔者想到，被视为道德、伦理和价值的许多其他东西，可能是一般人普遍心理病态的毫无道理的副现象。一般人被迫在许多冲突、挫折和威胁中作出某种选择，价值就在选择中表现出来，而对于自我实现者，这些冲突、挫折和威胁都消失或者解决了，就像关于一个舞蹈的争论会平息一样。他们觉得两性表面上不可调和的斗争不再是斗争，而是快乐的协作；成人与儿童的利益其实根本没有那样强的对抗性。对他们来说，不仅异性间和不同年龄间的不和是如此，天生的差异、阶级、种姓的差异、政治的差异、不同角色间的差异、宗教差异，等等也是如此。我们知道，这些差异都是焦虑、惧怕、敌意、进攻性、防御和嫉妒的肥沃的温床。但现在看来，它们似乎并非必然如此，因为我们的研究对象对于差异的反应就很少属于这种不值得追求的类型。

师生关系就是一个明显的范例。我们研究对象中的教师的行为方式非常健康，这是因为他们对这种关系的理解不同于一般人。例如，他们将它理解为愉快的合作，而不是意志间的冲突，对权威、尊严的威胁。他们以自然的坦率代替了做作的尊严，前者很不易受到威胁，而后者很容易甚至不可避免地要受到冒犯。他们并不试图做出无所不知、无所不能的样子，也不搞威吓学生的权力主义。他们并不认为学生间、师生间的关系是竞争关系，他们也不会摆出教授的架子，而是保持像木匠、管道工一样普通人的本色。所有这一切创造了一种没有猜疑、小心翼翼、自卫，没有敌意和担心的课堂气氛。在婚姻关系、家庭关系以及其他人间关系中也同样如此，当威胁减弱了，这些类似的对威胁的反应往往也就消失了。

绝望的人和心理健康的人的原则和价值观至少在某几个方面是

不相同的。他们对于自然界、社会以及自己隐蔽的心理世界的感知和理解有着深刻的区别，这种感知和理解的组织和系统在一定程度上决定了该人的价值系统。对于基本需要满足匮乏的人来说，周围世界充满危险，就像是生活在莽林中，他又像生活在敌国领土上，在其中既有着他可以支配的人，也有可以控制他的人。就像任何贫民区居民的价值体系不可避免地受低级需要特别是生理需要和安全需要的支配和组织。基本需要得到满足的人则不同，由于基本需要的充分满足，他能够把这些需要及其满足看得无所谓，并全力以赴地追求更高级的满足。这就是说，两者的价值体系不同，事实上也必然不相同。在已经自我实现了的人的价值系统中，其最高点是绝对独一无二的，它是个人独特的性格结构的体现。这种情况非常清楚不容置疑，因为自我实现就是实现一个自我，而没有两个自我是完全相同的。只有一个雷诺尔（Renoir），一个布拉姆斯（Brahms），一个斯宾诺莎。我们已经看到，我们的研究对象有很多共同之处，但同时个人化的程度却又更高、他们更加鲜明成为他们自己，他们也不像任何常人对照组的成员那样容易彼此互相混淆，也就是说，他们之间相似之处甚多但又迥然不同。他们同迄今描述过的任何一类人相比，都有着更加彻底的个人化，同时又有着更加完全的社会化，有着对人类的更深刻的认同。

（五）自我实现中二分的消失

关于这一问题，我们可以最终归纳和强调一个非常重要的，可由对自我实现人的研究中得出的理论上的结论。本章以及其他章节有好几处断定，过去认为是截然相反、对立或二分的东西，其实只对不健康者存在。在健康者看来，这些二分已经解决，对立已经消失，许多过去认为是不可调和的东西合并和结合为统一体。

例如，在健康人身上，心与脑、理性与本能、或认知与意动之间由来已久的对立消失了，它们的关系由对抗变成协作，它们相互之间没有冲突，因为它们表达的是同样的意思，得出的是同样的结论。一句话，在健康人身上，欲望与理性相互吻合、天衣无缝。奥古斯丁说："挚爱上帝，为所欲为"，这句话可以恰当地解释为"做健康者，为所欲为"。

在健康人身上，自私与无私的二分消失了，因为他们每一个行动从根本上看既是利己又是利他。我们的研究对象既有高尚的精神生活，又非常不受约束，喜爱声色口腹之乐。当责任同时也是快乐，工作等于消遣时，当履行职责并且讲求实效的人同时也在寻求快乐，而且的确非常愉快时，职责与快乐、工作与消遣也就不再相互对立了。假如最社会化的人本身也最个人化，假如最成熟的人同时又不失孩子的天真和诚实，假如最讲道德的人同时生命力又最旺、欲望最强，那么继续保持这些区别还有什么意义？

关于以下对立我们也有同样发现，这些对立包括：仁慈与冷酷、具体与抽象、接受与反抗、自我与社会、适应与不适应、脱离他人和与他人融合、严肃与幽默、认真与随便、庄重与轻浮、酒神与太阳神、内倾与外倾、循规蹈矩与不合习俗、神秘与现实、积极与消极、男性与女性、肉欲与爱情、性爱与教友爱等。对于这些人，本我、自我和超我是互相协作的，它们之间并不发生冲突，它们的利益也无根本分歧，而神经病患者则恰好相反。他们的认知、意动和情感结合成一个有机统一体，形成一种非亚里士多德式的互相渗透的状况。高级需要和低级需要的满足不是处于对立，而是趋向一致，许多个重要的哲学两难推理都被发现有两种以上的解答，或者根本没有答案。假如两性之间的冲突结果在成熟的人那里根本不存在，而仅仅是成长的阻碍或削弱的征兆，那么谁还愿意选择这种冲突的关系？谁会深思熟虑地、颇有见识地选择心理病理学？当我们同时发现两位女性都是健康的妇女之时，我们还有必要在好女性和坏女性之间选择吗？仿佛她们之间是相互排斥的？

就像在其他方面一样，健康人与普通人之间的区别不仅在程度上，而且在类型上的区别都是如此之大，以至他们导致了两种截然不同的心理学。我们越来越清楚地看到，研究有缺陷、发育不全、不成熟和不健康的人只会产生残缺不全的心理学和哲学，而对于自我实现者的研究，必将为一个更具普遍意义的心理科学奠定基础。

选自［美］马斯洛：《动机与人格》，北京，

华夏出版社，1987。许金声等译。

［美］詹姆斯（William James，1842—1910）

《生活值得过吗？》（1895）

《道德哲学家与道德生活》（1891）

《生活值得过吗?》[*]（1895）

15 年前，当马洛克先生用这句话作为书名出版他的著作时，报纸上充斥着这样一个玩笑式的回答:"这全看生活者^①如何过啦!"可今晚我对这个问题提出的回答却不是玩笑。莎士比亚的戏剧中有这样几句开场白——

> 我将无法给你们带来更多的笑声,
> 如今，一切都如此沉重,
> 让人双眉难展，悲哀不已，心情高悬，日夜奋争,
> 充满着如铅的威严荣耀与悲壮忧愁。

这段话谅必是我今晚要讲的主题了。在我们所有人的心灵深处，都有着隐秘的一隅，而宇宙万物的终极神秘正涌动其间，让人心结如铅。像你们这样的联合会和你们请来演讲的人，除了把你们从那种

具有表面魅力的存在，引向（至少是使你们暂时不知不觉地卷入）那熙熙攘攘、蹦蹦跳跳、为一些构成我们日常意识组织的衣食小利和兴奋情绪而激动不已外，我不知道还能有些什么。在没有作进一步解释和致歉的情况下，我便要你们和我一道来关注更深沉的人生问题，通常也太不近人意。也罢！权且让我们一道对这孤寂人生的底蕴作一番探幽索谜吧！看看我们最后可以找到什么样的答案，来展示和揭开人间万象的内在堂奥。

一

许多人对人生价值问题都作了一种气质性乐观主义的回答，这种气质性乐观主义使他们无法相信，人间竟会存在任何十恶不赦的事情。我们亲爱的老瓦尔特·惠特曼的作品是这种乐观主义的代表性教科书。在瓦尔特·惠特曼的血脉里，到处都涌动着这种纯净的生活快乐，剔除了存在任何其他感情的可能性——

> 尽情地呼吸吧，这空气多么甜蜜！
> 漫言调侃、随意信步，请把握你生活的点点滴滴！……
> 我便是那令人难以置信的上帝！……
> 哦，万物多么奇异啊，哪怕那最最微小的分子微粒！
> 啊，万物的精灵哟，让人如此惊奇神迷！
> 我歌唱那东升的太阳；迎接那中天的骄阳；或是拥抱此刻壮丽的落日；
> 也为大地的灵秀和她所有茁壮生长的生命而怦然心悸……
>
> 我歌唱，为那最后的时刻；为古今同样平等的人们；
> 我歌唱，为那万物无极的终极；
> 我说，这自然天宇将生生不息，这荣耀将辉煌不已；
> 我以雷电般的声音高唱赞歌，因为——
> 在这广袤的宇宙，我看不到一丝瑕疵，
> 最终，也看不出一丝令人悲伤的因果败迹。

同样，卢梭在他于安内西度过的九年中所写的作品里，只是在向我们诉说他的快乐，他写道——

> 我想告诉你们的，既妙不可言，也不可思议，只能感受和感觉，没有任何幸福的目标，只有幸福的情绪本身！日出而起，我感到快乐；信步漫游，我感到快乐；看到"玛曼"，我感到快乐；离开她，我也感到快乐。我漫步于林中，穿行于葡萄架下；我在山谷间悠游如水；我阅读、我闲逛，在花园劳动、采集花果；也帮人做些室内工作；但无论到哪里，快乐总伴我左右。没有任何一件事情是指定的，一切都随心所欲，真让我每时每刻，快乐无穷。

倘若人们能够长久保持这样的心情且使这类性情成为普遍的话，那么就永远不会有像今天这样的谈论了。任何一位哲学家都不会绞尽脑汁地去试图证明生活是否值得过这一问题，因为事实是，绝对如此的生活保证了生活本身值得过，而这一疑问的消失不是因为人们找到了任何答案，而是因为人们抹除了这个问题。但是，我们不是魔术师，不能让这种乐观主义气质普遍流行；不能到处释放这种关于生活的气质性乐观主义；那些抱有气质性乐观主义的人总是存在的，但我们可以对他们提出一种坚定的反驳。在所谓的"循环错乱"中，癫狂过后便是忧郁，我们找不出任何外部原因。根据人们习惯称之为"心境调理"的旧医学书上对心境波动的记载，对同一个人来说，生活常常是今天春光明媚，明天却愁云密布。用报纸上的玩笑话来讲，"这全看生活者怎么过啦"。卢梭失衡的性情使他经受着一种变化，使他在尔后糟糕的日子充满忧郁，陷入带有迷信与恐惧的黑暗幻想。一些人似乎从他们一出生起就不能像瓦尔特·惠特曼悠扬的语调所描绘的那样，他们的灵魂无法享受快乐，他们给我们留下的诗句甚至比惠特曼的诗更具永恒意义，比如说，风度翩翩的李昂帕迪，或者如我们的同时代人詹姆斯·汤姆森，在他那部悲惨的作品《可怕的夜城》——我认为，以其文学之美，这本书更为人了解，但只是因为人们害怕引用它的语言而使得它不太出名，这些语言是如此地忧郁哀婉，同时又是如此地真诚可信——中所说的那样。

在该书的一处，有首诗描绘了一群人汇集在一起，聆听一位布道者夜间在一座没有光明的天主教教堂内布道的情景。这段布道诵词太长，不便摘引，其结尾是这样的：

> 啊，我那过着悲惨生活的兄弟们啦！他们的生活是如此短促；
> 短暂的年华必定使我们解脱这滚滚红尘；
> 我们无法忍受这沉重艰难的人生；
> 但如果你不愿度过这悲惨的生活，
> 瞧吧！只要你愿意，便可了此残生；
> 死后再没有这恐惧的清醒——
>
> 他颤抖的声音如同教堂低鸣的风琴
> 震颤着教堂拱圆形的长廊，款款余音；
> 饱含热望的音调诉说着欢乐
> 却又悲凉哀婉，如同一曲安魂的歌吟：
> 黑夜模糊的集会人群仍寂静地聆听着，
> 沉思着那句"只要你愿意，便可了此残生"。
>
> 黑夜模糊的集会人群仍寂静地聆听着，
> 沉思着我们听到的祷词，
> 沉思着那句"只要你愿意，便可了此残生"，
> 或许是还在等待着别的话语和声音；
> 当挽歌像闪电划破沉闷的天空
> 带来了一阵尖利而悲伤的哀鸣——
>
> 那人诉说着真理，啊！他在诉说着真理：
> 坟墓之外，我们没有人生；
> 没有上帝，命运既不知道愤怒，也不知道怜悯：
> 在这里，我能否找到我渴望的安宁？
>
> 在所有永恒中，我们有过一次机会：

那便是短短几年体面的人生——
理智的增长让人生闪耀着光彩，
妻室儿女让家庭充满恬静；

人们以其天才般的机敏创造多彩的社交快乐；
艺术的世界让人狂迷消魂；
通过人们无限想象的火热之心
自然界也闪烁着荣耀的灵氲；
为这纯粹的存在、为人的健康消魂狂喜吧！
看那无忧无虑的孩童和那青春洋溢的年轻后生；
含辛茹苦的人类赢得了各种财富，
尊贵的长者带着人生永恒的真理安详长眠；

一切崇高的人的特权啊！
都已在往昔岁月的记忆中储存；
耐心地追寻这世界的伟大谋划罢！
穿过那一层层岁月烟云的巨大阴影。

从前，我从未有过这种机会，
对于我，无限的过去是一片空白，无影无声；
这机会永远不会再来，不会！
空白，这无垠的空白在向我走近。

可这唯一的机会自我诞生之日便已错失，
成为一种无情的嘲弄，一场人生的幻影；
而我依然驻足大地，呼吸着高尚人生的气息，
如此痛楚，以至我渴望早日了却这无谓的残生。

我人生的美酒只是一樽掺和着苦汁的毒药，
我人生的正午时光在深夜的噩梦中流尽，
我宁愿失去我全部的岁月，也不堪忍受岁月的煎熬，
什么能够安慰我失去的生命至尊？

别高谈安宁罢！哪里有什么安宁？
住嘴吧！语词又怎能使错失变为公平？
我们的生是一种欺诈；我们的死是一个黑暗的深渊；
喔！安静吧！请正视这绝望的人生。

这灼热的声音从北面的长廊传出，
迅即如闪电划过大厅，刺激着大家的心灵；
顷刻间，人们无言以答，一片寂静，
因为面对那些最无可言说的对手，语词必定退缩无声；
最后，布道牧师带着可怕的眼神、低垂着他心事重重的脑袋
只是向人们说道——

我的兄弟，我可怜的兄弟们！生活——
对我们原本无善可寻，
人生短促如梦，噩梦永难成真；
而我们生前对此一无所知，
现世也将一事不明：
我沉思着这些思想，唯有它们才使我安宁。

　　"人生短促如梦，噩梦永难成真"，"瞧吧，只要你愿意，便可了此残生"——这些诗句从忧郁的汤姆森的笔下真诚地流出，这些诗句对所有聆听它们的人来说确实是一种安慰，一如对汤姆森本人。这世界更可能是一座永久的恐惧之穴，而非持久的快乐之泉。所有加入自杀队伍的人都说，生活不值得过——这支队伍的点名如同著名的英国军队的夜间鸣枪点名一样，随着太阳环绕世界转动而周期性地进行着，永无终结。当我们舒适地坐在这里时，我们也必须"沉思这些事情"，因为我们是那些自杀生命中的一员，我们与他们共享生命。最清白的理智正直——而且，还有最朴素的坦诚和荣誉——告诫我们，要忘却他们的做法。

　　拉斯金先生说："假如，在一次于伦敦市中心举行的晚宴上，流光溢彩，人们正享受着美味佳肴，倏然间，宴席套间的墙壁坼裂，宴饮者们透过裂缝看到邻近的人们正忍饥挨饿，处于悲惨境地，他

们被夹在一群花天酒地高谈阔论的人群中间；假如，他们脸色苍白，穷困潦倒，陷入绝望之中，他们挨个儿站在柔软的地毯上，挨着每一位客人的椅子旁边，难道我们只能扔给他们一些残羹剩饭吗？只能扫视他们一眼，忽略而过，或是只能给他们一点恩赐吗？然而，实际的事实、每一位富者与贫者之间的真实关系，并没有因这宴席与病床之间房墙的坼裂而发生改变——就在这近在咫尺的地方，（短短的几码！）一切都显示出，欢乐与悲惨竟是天壤之别！"

二

让我赶快言归正传吧。我想提出的是，让我们自己设身处地地想象一下，理性地思考一位终有一死的处在这种生活条件下的同类，唯一留给他的安宁只是去沉思这一信念——"只要你愿意，便可了此残生。"我们能够祈求的可以让这类兄弟（或姐妹）愿意重新担当起生活重任的理由是什么呢？日常生活中的基督教徒按照可能的（would-be）自杀进行推理，很少有超出"你将不"这类惯常的否定性答案。他们说，唯有上帝才是生死的主宰，而预期他的赦免之手，则是一种亵渎行为。但是，难道我们除此之外就无法找到任何更丰富更肯定的答案，从而在实际生活中反思有关驱使人们自杀的原因吗？难道我们就不能弄明白，在所有悲惨严肃的感觉中，虽然他身处重重逆境，他的生活仍然是值得过的吗？人间有着各种各样的自杀（在美国，每年就达3 000起左右），而我必须坦率地承认，对这些自杀者中的大多数来说，我的提议是软弱无力的。只要自杀是精神错乱或突发狂怒之冲动的结果，反思就无法有效地遏止其发展势头；而这类情形都属于终极性的神秘之恶，对此，我只能在演讲的最后提供这样一些考虑：即趋向宗教忍耐。现在我要告诉你们，我的任务实际上很狭窄，我所讲的也只涉及形上学的冗长乏味的生命简历，它特属于人的反思。你们中的大部分人出自或好或坏的动机而献身于反思人生。你们中的许多人是学哲学的，且已经在你们自己的人格中感受到了哲学怀疑论和它的非现实性，它太过于刨根寻底、抽象无形。的确，这是一种苦心孤诣的学究生涯。太多的问题和太少的行动责任，经常将我们引到失望的边缘，几乎与太多的感觉主义对我们的影响一样，而在失望深渊的底层，只有悲观主义和噩梦或自杀的人生观。但是，更深刻的反思仍然能够给这些由反思所滋生的痼疾提供各种有效的医治。我现在开始谈的正是这种由反思所滋生的忧郁和悲观情绪。

好的，让我说，我最终求助的不是任何深奥难懂的东西，只不过是宗教信仰而已。如果我的论证是破坏性的，那么我的论证就只不过是某些风行一时的观点，正是这些风行一时的观点使得宗教信仰的发展受到伤害，不断萎缩；但只要我的论证是建设性的，它就将给人们的某些思考以启示，为其宗教信仰正常而自然的生长播撒阳光。悲观主义在本质上是一种宗教疾病。在其表面形式上（你们最容易相信这种形式），它只不过是一种宗教要求，而这种宗教性要求是任何正常的宗教所无法满足的。

现在，要摆脱这种疾病，有两个阶段或两个层次，在这两个层次上，人们可以摆脱深夜的噩梦，重新用白天的光明来看待一切。我必须依次来谈这两个阶段。第二个阶段更为完善，更令人高兴，它与更自由的宗教信任和想象实践相适应。众所周知，有些人在这方面生来就非常自由活泼，而另一些人却恰好相反。譬如，我们发现，有些人常沉浸于内心深处的思考，憧憬着不朽的前景；另一些在进行这种深思时经受过巨大磨难的人，似乎能完全真诚地忠实于他们自己，而且，他们中的许多人感受到了一种对他们称之为"严酷事实"的理智忠诚，人们在轻松的生命远行途中走进了无形的世界，给他们的理智忠诚以积极地震动，而另一些人则只是在纯粹的情感呼唤下才走向这无形世界的。然而，处在这两个层次上的人的心灵可能都具有强烈的宗教性。他们可能同样都渴求赎罪与和谐，渴望顺从并分享万物的灵魂。但是，当人们的心灵被幽闭于那些严酷的事实之中时，这种渴望就会滋生悲观主义，而今，科学尤其揭示出这一点，这与它在激发人们的宗教信任和希望展翅飞向另一个更美好世界的宗教幻想时容易滋生乐观主义的情形完全一样。

这正是我为什么说悲观主义本质上是一种宗教痼疾的原因所在。噩梦式的生活观有着大量的固有根源，但其重要的反思性根源则永远是自然现象与人们相信自然背后有一种由自然表现出来的精神这一心灵渴望之间的矛盾。哲学家们称之为的"自然目的论"一直是安抚这一渴望的一种方式。现在，让我们设想一下处在我们所说的第二层次的人的心灵，其想象被幽闭于结果性的事实内，他把这种心灵的事实看作"严酷的"；而且，让我们设想，这种心灵强烈地感觉到了分享万物之灵的渴望，然而却又意识到要解释自然的科学秩序（从目的论的意义上或从诗学的意义上）又是多么困难；难道结果只能是内心的冲突和矛盾吗？现在，这种内心的冲突（仅仅作为冲突）可以用下列方式中的一种来加以解除：或者终止从宗教的意义上来读解这些事实的热望，不管那些赤裸裸的事实；或者，我们可以发现或相信那些补充性的事实，这些事实可以使宗教的读解得以继续。这两种解脱方式是人们恢复心态的两个阶段，也是逃脱悲观主义的两个层次。对此，我刚刚谈到过，我相信，接下来我会讲得更清楚。

三

让我们从自然谈起，如果我们怀有这种宗教渴望，就会很自然地像马可·奥勒留①一样感叹："啊，宇宙！你最大的愿望便是我的愿望。"我们的《圣经》和传统告诉我们，有一个上帝创造了天和地，并注视着它们，把它们看作美好的。然则，依据我们更切近的了解，这天地可见的表面却根本不让我们进入任何理智的统一体。我们可能赞赏的每一种现象都紧接着某种与之相反的现象，将它对心灵的全部宗教性影响剥夺得干干净净。美与憎恶、爱与残忍、生与死无法消融在一起。渐渐地，在我们的周围，到处都是俗不可耐的东西，它们代替了古老而温暖人心的为人所爱的神的观念，成为一种可怕的力量，这力量既不是恨，也不是爱，但却将所有的一切毫无意义地卷入到一种共同的劫数之中。这是一种神秘的、不吉祥的、噩梦般的生活观，其奇特的恐惧感或毒害性显然在于我们把两种不可能一致的东西搅在一起：一方面在于我们对一种整体生活精神抱着执著的希望；另一方面是我们固执地相信，自然发展的过程必定是这种精神充分的显现和表现。此种特别的于生求死的（death-in-life）

---

　　①　马可·奥勒留，古罗马帝国最后一位皇帝，也是此期著名的哲学家之一，其代表作品有《沉思录》等。

的悖论和忧郁滋生的困惑，恰恰存在于这种假设的包裹着我们并拥有着我们且我们应当分享之的精神存在，与通过可见世界而得以显露的这种精神品格之间的矛盾。卡莱尔在其《永恒的不》一书中那不朽的篇章"缝纫师的反复剪裁"里表达了这一结果。可怜的图菲尔斯德罗克这样写道："我生活在一种持续、无限而痛楚的恐惧之中；面对我一无所知的一切，我颤颤抖抖、战战兢兢、忧心忡忡：仿佛天上与地下的一切都会伤害我；仿佛天地只是一个鲸吞一切的魔怪向我张着它无边的血口；在这天地之间，我心绪忐忑，惶惶不可终日，等待着被吞噬。"

　　这是沉思性忧郁的第一阶段。任何无理性的兽类都不会有这种忧郁；任何无宗教情感的人都不会被这种忧郁所吞噬。它是遭受挫折的宗教要求的病态战栗，而非动物式经验的纯必然的结果。假如图菲尔斯德罗克并未对混沌的世界寄予本是无限的信任和爱的话，他也许就会设法应付这种总的混乱和令人苦恼的世界经验。假如他可以零碎地遇到这些东西，对这些东西所表现出来的整体精神毫无怀疑，避开痛苦的部分，珍惜甜蜜的部分，随遇而安，随时而定，那么，他可就会曲折地走向一个轻松的目的地，就不会觉得有任何责任去无病呻吟、长吁短叹了。对于这个世界的痼疾来说，轻率的心态或者"我不在乎"的心态，是一种占统治地位的和实际的麻醉剂（anaesthetic）。但是，且慢！在图菲尔斯德罗克和我们其他人的身上有某种深刻的东西，它告诉我们，在世界万物中有一种我们应该忠诚的精神，因为这种精神的缘故，我们必须保持严肃的心态。于是，内心的热望和冲突便也被保持着，因为自然可见的表象没有显露出这种精神，而我们在现阶段的探询中并未设想我们自己已超越可见的自然事实。

　　现在，我毫不犹豫地向你们坦率而真诚地承认，在我看来，这种真实而纯真的冲突，证明了人们朴素而简单信奉的自然宗教不可避免地破产。历史上曾经有过这样一些时代，那时，莱布尼茨式的数学家们头戴奇异的假发创造了各种神正论，而在一座已建立起来的教堂的马厩里养肥的那些官员们，则可以通过各种内心的法门和用玫瑰花图案织成的环形彩带，来证明存在一位"世界之道德和理智的发明者"。然而，这些时代已是过眼烟云；而我们正处在19世纪，通过我们的进化论和我们的物理哲学，我们已经对自然有了极为公平而深刻的了解，以至于我们不可能毫无保留地去崇拜任何上帝，把她看作这些品格的一种充分表现。确确实实，我们大家都知道，善与义务是从自然开始产生的；但是，我们大家同样也都知道，恶也起自自然。可见的自然全都具有可塑性和冷漠感，正如人们可以如此称它的那样，它是一个道德的多样体(a moral multiverse)，而不是一个道德的宇宙(a moral universe)。对这样一个娼妓，我们不该有任何忠诚；我们无法与整体的她建立任何道德的共享；我们可以自由地对待她的各个部分，或是遵守之，或是消灭之；在慢慢与她交往时，我们得看她的特殊品格是否有助于我们实现我们的私人目的，我们是自由的，除了慎重的法则以外，我们不必遵循任何法则。如果确实存在一种神圣的宇宙精神，自然也正如我们对她的了解一样，根本不可能成为人的终极圣旨。或者，根本不存在任何在自然中显露的精神；或者，这种精神只是不充分地显露在自然之中；而且(正如所有较高层次的宗教经验假设的那样)我们所谓的可见自然或此一世界必定只是一层面纱和表面的阴影而已，她的全部意义都存在于一个补充性的、看不见的世界或另一个世界之中。

因此，我不得不认为，自然对于我们人类总体上有一种收获(尽管她可能因某种诗化的构成性质而似乎只有一种非常可悲的失落)，这种收获是，自然主义的迷信、对自然神的崇拜以及诸如此类的东西早应该开始放松它们对有教养的头脑的控制了。事实上，如果我想要毫无保留地表达我个人的意见，我应该说(尽管我的这种意见在某些人听来多有亵渎，不大顺耳)，走向健康的终极性天人关系的第一步，是采取反叛这样一种上帝存在之理念的行动。这种反叛本质上就是我前面所引卡莱尔的那段话后他接着描述的那种行动——

"'你何故像一个懦弱者那般永远地萎靡不振、呜咽哭泣、唯唯诺诺、战战兢兢呢？卑鄙的两足动物！……难道你没有心脏？难道你就不能忍受任何沉重？你是像一个自由的孩子那样——尽管他是一个流浪者——将地狱踏在你的脚下？还是让它来耗尽你的生命呢？那么，就让它来吧！我将迎接它、反抗它！'而且当我这样想时，一股烈火涌上心头，燃烧着我的整个胸膛；我永远地挣脱了怯懦的恐惧……"

"所以，永恒的不敲响了威严的钟声，将我从我的存在和我的我之休眠中警醒；从此，我的我终于站起来了，我站在上帝创造的国王面前，我的生命中有了反抗的记录。这种反抗是我生活中的重要转折，用一种心理学的观点来看，可以把这种反抗合适地称作尊严和违抗。永恒的不说过：'记住！你是个没有爹娘的孩子，你是流浪儿，宇宙就是我的！'现在，我的完整的我可以回答上天：'是的，我不是你的，我是自由的，我永远憎恶你！'"图菲尔斯德罗克和卡莱尔补充说道："从那一时刻起，我便开始成为一个人。"

我们可怜的朋友詹姆斯·汤姆森也同样写道——

在这悲哀的世界上，谁是最可怜的人？
我想是我自己；然而我宁愿成为
我悲惨的自我，也不愿成为他——
那个失去了自己尊严的他。

最卑贱的东西也不如你卑贱，我的上帝！我的主！
因为它从你身上赢得了它的存在！
万能的创世主，你是我的敌人！你是罪恶！
我憎恶你，你这恶毒而又不可取代的家伙！我发誓——

你并不能对一切随心所欲，
哪怕对所有为你的荣耀而修造的庙宇；
你在这个世界造就这些善男信女
我肯定这是一种无耻的罪恶。

我们都非常熟悉在这种共同体中发生的那幕景观：人们因摆脱对他们祖先流传下来的加尔文主义的上帝信仰而欢呼雀跃。正是这个上帝创造了伊甸园和蛇，预先点着了永恒的地狱之火。在这些欢呼的人群中，一些人已经找到了更具人性味的神来崇拜，而另一些人则干脆摆脱了一切目的论。但是，这两种人都使我们确信，丢掉了这种成熟老到的思想，这些人可能会觉得，即丢掉对一种不可能的偶像的崇敬和义务，给他们的灵魂带来了巨大的快乐。现在，去创造一个自然精神的偶像，并且去崇拜它，也会导向成熟；而这种宗教上的（也可能是科学意义上的）成熟，将会滋生一种哲学的忧郁，逃避这种哲学忧郁的第一步是否定这种偶像，而随着这偶像的衰落也就会缺乏这类积极的快乐，随之，悲哀与怯懦的心态也会减轻。由于人们只是这样简单地看待恶，他们可能会简单从事，因为这时候他们与恶的关系仅仅是实践方面的。恶不再像幽灵一样隐隐约约了，随着人心对恶的情形率真的攻击，随着人不再担心他们会偏离这"唯一的权力"，它也就失去了它所有纠缠人心而又让人困惑不已的意义。

这样一来，在挣脱纯一元主义迷信的这个阶段，想自杀的人可能已经在生活价值问题方面获得了令人鼓舞的答案。在绝大多数人身上，有着各种本能的生命力之源，当他们卸脱那形上学的负担和无限的责任之后，这些本能的生命力之源便可产生健康的反应。现在，你可以随时随地迈开你坚实的生活步伐。这样做既不是亵渎，也非荒诞之举，这行动本身乃是一种巨大的解脱。自杀的想法现在不再是一种挑战和分心的罪恶了。

> 这微不足道的生活是我们必须忍受的一切；
> 坟墓最神圣的安宁是永远的安定。

汤姆森如是说。他补充道："我沉思着这些思想，它们使我安宁。"同时，如果我们只盯着明天的报纸会说些什么，或者只盯着下一次邮差会带来什么，我们就总能一天 24 小时地坚持活下来。

但是，生命中总会产生比这种纯粹的生命好奇心深刻得多的力量，甚至在具有悲观主义倾向的心灵中也是如此，因为当人失去爱和崇敬的冲动，恨与好斗的冲动就会不失时机地反映出来。对这种恶，我们的感受如此深刻，以至它也是我们可以推翻的东西。因为它的根源——现在，在这些根源背后再没有任何"实体"或"精神"了——是有限的，而我们能够逐步地来分别对付它们。作为一种规则，忍受痛苦和艰难并不降低爱的生活，相反，它们似乎通常能给予生活以更丰富的内涵，这的确是一个让人瞩目的事实。忧郁的主要根源是生活的充盈。需求与斗争是让我们兴奋和鼓舞的东西，而我们赢得生活凯旋的时刻也正是我们感到生活空虚的时刻。感到忧郁的不是那些被囚禁的犹太人，而是生活在那洋溢着所罗门荣耀的日子里的那些人，正是从他们的身上发出了《圣经》中那种悲观主义的呻吟。当德国人处在波拿巴军队的铁蹄之下而蒙受被侵犯之苦时，他们却创造出了这个世界所能看到的最具乐观主义和理想主义的文学作品，而在 1871 年以后的法国，还没有等到瓜分"亿万金钱"，悲观主义便以我们今天所看到的那种形式在整个法国蔓延滋长。我们自己民族的历史乃是一长串伴随着战争之苦的快乐纪事。或许，我们可以把韦尔多教派①作为忍受痛苦的强者之范例，我最近一直在阅读有关该派的文献。1485 年，英诺森八世教皇颁谕消灭他们。教皇的通谕赦免了那些应该参加十字军的教徒，使他们免受教会的酷刑和惩罚，把他们从咒语中解脱出来，将他们可能非法获得的所有那些财产权合法化，并允诺赦免杀害异教徒的人的罪行。

"在皮德蒙特的所有城镇，"一位韦尔多派作家写道："我们的一些同教兄弟都被判处死刑。乔丹·特班诺在索萨被活活烧死；希帕赖·特罗西罗在都灵被烧死；麦可·戈内托这位年逾八旬的老人在萨森那被烧死；维勒密·安波罗西奥被吊死在科第民诺；芬勒斯特雷饵的雨果·恰耳波思在都灵被抛尸街头，衣不裹体；在路塞那，彼特·波比奥被以同样的方式杀死，期间刽子手们还让一只凶猛的猫去撕咬他，让他受尽折磨；在罗卡帕西亚，玛丽娅·罗曼娜被活埋；在圣乔瓦尼，麦格多伦那·方诺遭受同样的厄运；在萨森那，苏珊娜·米切丽妮被砍断手脚，最后冻死在冰天雪地；在芬来尔，巴托罗密欧·法奇被军刀砍伤，多处伤口塞满石灰，致使他在剧痛中死去；在波泊，丹尼尔·米切里尼因为赞美了上帝而被割去了舌头；詹姆斯·巴里达里被用硫磺火柴物包了起来，将硫磺灌入他的肉体，再后用钉子钉住他的手指、鼻孔、嘴唇和全身，然后将其焚烧；丹尼尔·罗维利的口中被塞满火药，然后将其点燃，把他的脑袋炸成碎片；……萨拉·罗斯梯格洛尔从脚到胸都被割开，然后被

_____

① "韦尔多教派"(the Waldenses)是由法国里昂商人彼得·韦尔多(Peter Waldo，或 Petrus Waldus)于 1179 年所创立的一个宗教教派，教徒均为背叛罗马天主教教会者。他们潜心于读解《圣经》和布道，以复活原始的纯洁生活为宗旨。

抛尸于艾罗尔与罗森纳之间的马路上；安娜·恰本丽尔被刺刀捅穿，尸体被抛在从圣乔瓦尼到拉托尔的乡间马路上。"[①]

　　如此等等，不一而足！1630年的这场灾难夺去了沃州人口的四分之三，包括他们17位牧师中的15位。这些牧师的位置都被取而代之，日内瓦、多芬尼和整个沃州的居民都得学习法语以聊养生计。由于爱到不可赦免地迫害，它们的人口已从通常标准的25 000人锐减到4 000人左右。1686年，萨伏伊公国的国君命令仍活着的3 000人或是放弃他们的信仰，或是离开他们的国家。他们拒绝这一命令，与法国军队和意大利皮德蒙特军队展开了殊死的战斗，直到剩下八个人(或是只有八个人未被俘虏)，最后这八个人被迫投降，被赤身裸体地驱赶到瑞士。但在1689年，在奥兰治的威廉国王的鼓励下，他们中约八九百人在他们的牧师首领的领导下又杀回老家。在返回波比的途中，他们英勇奋战，头一年人员就减少到400来人，他们前仆后继，一次又一次地与前来镇压的敌人拼杀，直至最后萨伏伊公国国君路易十四放弃其令人憎恶的惨绝人寰的征服，恢复他们相对的自由，自那时起，他们又开始在荒凉的阿尔卑斯山山谷重建家园，繁衍生息至今。

　　我们的悲痛和磨难与这些人相比又当如何？难道如此不屈不挠的反抗、如此力量悬殊的斗争还不能使我们果敢地面对我们所面临的微不足道的黑暗势力——那些机械式的政治家、政党投机分子和其他诸如此类的家伙——吗？生活是值得过的，无论它会给我们带来什么，只要我们在这些生活的战斗中坚持到胜利的终点，只要我们紧紧扼住命运的咽喉。这样，在那些自杀者设想的复杂多样而又永恒长存的自然世界里，你可以耐心等待，看看他们是如何在其生命的战斗中自我终结的。你会看到，正是自杀这种罪恶的名义，使自杀者的内心成为病态的。而且，继续生活的允诺，即你要求他在此环境下继续生活的允诺，并不是奉献者害怕宗教传道而产生的精通世故的"顺从"：它不是恭舔某位强暴神灵之手意义上的那种"顺从"。相反，它是一种基于人的豪气与自豪基础上的"顺从"。只要你

───────────

　　① 转引自乔治·E.瓦林的《关于提洛尔的故事》一书。可比较参阅 A.伯拉德的《沃德瓦、洱伏富和斯多克州的居民》一书。

可能的自杀仍然是一种没有治愈的罪恶，它与抽象的和普遍的罪恶
就没有任何严格的关涉。在这个世界上，你要求你自己的对这种罪
恶的普遍事实之服从，即你在这个世界上的明显顺从，在这里不是
别的，而仅仅是这样一种确信：在你清算和解决好有关你自己私恶
的事情之前，这种普遍意义上的罪恶与你毫不相干。唯有那些正常
生命本能尚未衰竭的人，才需要迎接这种恰当而具体指明了的挑战；
而你反思性的可能性自杀很可能受到这一挑战的驱使，从而使你又
一次饶有兴趣地面对生活。荣耀的情感是一种极能打动人心的东西。
比如，当你和我意识到，有多少无辜的牲畜不得不在运畜车和屠宰
场中受苦，不得不为了我们的生长而放弃它们的生活，我们大家都
酒足饭饱、衣冠楚楚，在这里安宁地坐在一起漫谈人生，这时候我
们就会意识到，我们与宇宙有着一种更庄严意义上的关系。正如阿
默斯特的一位年轻哲学家（爱克森洛斯·克拉克，现已去世）曾经写
道的那样："凭借这些条件来接受一种幸福的生活难道不意味着一种
荣耀吗？"难道我们就没有义务靠我们自己来忍受某些生活困苦吗？
难道我们就没有义务为了回报那些我们靠之建立自己生活的生灵而
作出某些牺牲吗？如果人们有一颗正常构造的心，那么，回答这一
问题的唯一可能的方式，就是好好倾听一下这个问题。

至此，我们便可明白，纯本能的好奇、好斗和荣耀似乎可以在
一种纯自然主义的基础上，使生活对于那些为了消除忧郁症而抛弃
一切形上学的人来说，成为了日常意义上值得过的生活；但对于那
些决心仍要倾心于宗教及其更肯定的神圣馈赠的人来说，情形却不
是如此。你们中的一些人可能会说，这还只是漫长里程上微不足道
的一半，但你们必须承认，这是真诚的一步；任何人都不敢粗俗地
谈论这些本能，这些本能是我们最好的禀赋，而宗教本身必须在其
最后的凭藉中，表明她自己对这些禀赋的特殊求诉。

四

好了，在转向宗教可能不得不谈的这一问题时，我慢慢也转到
了我要谈论的核心问题。在人类历史上，宗教意味着许多东西。但
是，从现在起，我将在超自然的意义上来使用宗教这个词；我宣布，

所谓自然秩序——它构成了这个世界的经验——只是总体宇宙的一部分。在这可见的世界之外，还有一个延伸的看不见的世界。对此，我们现在还没有任何确定的了解，只知道我们现在生活的真正意义正在于我们与这个看不见的世界的关系。在我看来，一个人的宗教信仰（无论它可能涉及什么更特殊的学说），在本质上意味着他对某种看不见的秩序存在的信仰。正是在这一看不见的秩序存在中，自然秩序之谜才能得到解释。在较为发达的宗教中，自然界永远都被视为一个更真实、更具永恒意义的世界之展览室或前廊，且永远被人们看作一个接受教养、考验或救赎的领域。在这些宗教中，一个人在他能够进入永恒生活之前，必定以某种方式结束其自然生活。这个由风雨山水所构成的物质世界在绝对和终极的意义上乃是作为一神圣的追求目标确立起来的世界，在这一世界里，日月经天，江河纬地。这是人们对物质世界的基本概念，而我们只能在人类远古的宗教中找到这种概念，如，在最原始的犹太教中。正如我刚才所说的那样，正是这种自然宗教（尽管事实上诗人和科学家们的善良意志超过了他们的颖悟，而他们那不断发表的见解已充斥我们当代人的耳目，它也仍然是原始纯朴的）在人们循环往返的意见中已经明确破产，我必须把我自己划入这类人之列，而且这类人正在日益增多。对于这些人来说，不能把自然物序（姑且按科学的看法简而言之）看作任何和谐精神意向的显示。一如昌西·赖特所说，它仅仅是气候而已，周而复始，毫无目的。

现在，我希望能使你们感受到（如果我在这一短暂的提示中能够使你们感受到的话），我们有权利相信，物序只是一种片面的秩序；且我们有权利用一种看不见的精神秩序来补充之，如果生活只有因此才可能使我们觉得更值得过的话，那么我们就得相信这种精神秩序的存在。但是，在你们中的某些人看来，这种相信似乎是可悲的、神秘的，也是该诅咒的、不科学的。对此，我必须首先讲两句，以缓和你们可能认为是科学对此提出的否定。

在人的本性中，含有一种天生的自然主义和唯物主义心灵，它只承认实际可感触到的事实。对这种心灵来说，被称为"科学"的实体乃是一种偶像。对"科学家"这个词的嗜好是一种注脚，通过这种注脚，你们就可以了解那些科学家的崇拜者，就会明白它是如何扼杀各种它不相信的、被称为"非科学的"看法的。人们必须承认，对这种做法没有任何哪怕是轻描淡写的指责。在最近300余年中，科学创造了这种光荣的飞跃，使我们的自然知识在广度和深度上都获得了巨大的拓展；而且，作为一个阶层，科学家已展示出颇让人羡慕的美德，正由于此，倘若科学家们因此而利令智昏也就毫不奇怪了。因此，在我们这所大学里，我已经听到不止一位教师说，科学业已奠定了所有根本性的真理概念，将来只需要给这些真理概念填充一些细节画面即可。但是，对现实状况最粗浅的反思都将表明，这些观念是多么粗陋野蛮。现实状况表明，我们如此缺乏一种科学的想象，以至人们很难明白，一个积极推进某一科学研究的人怎么能犯如此粗陋的错误。让我们想一想吧，在我们这一代产生了多少绝对崭新的科学概念；又产生了多少新的疑难问题，而我们以前却从未思考过这些问题；然后再让我们看一看科学发展的简要历程。科学从伽利略开始，而非始于300年前。自伽利略以来，出现过四位思想家，每一位思想家都告诉自己的继承者在他的生涯中所取得的各种发现，他们可能已经将科学的火炬传到了我们在座各位的手中。的确，对这一问题而言，每一位先前的听众都要比现在得高分的听众渺小得多，如果每一个人都为他自己的一代人说话，那么，人们就会将我们带到我们对之毫无所知的人类那里去，带到已经没有任何讲述他们神话的文献或碑文的那些岁月之中。这种有关宇宙真实的爆发性知识，这种一夜间的知识增长，会比人们在充分理解宇宙后对宇宙真实瞬间的一瞥更可信吗？不！我们的科学只是沧海一粟，而我们的无知却是茫茫大海。无论我们是否对其他事物确定无疑，但至少下面一点是确定的：我们现有的自然知识世界是被某个更大的世界所包裹着的，而对于后者的各种剩余属性，我们目前尚未获得任何肯定的观念。

当然，不可知论的实证主义理论，在最主要的问题方面承认这一原则，但它坚持认为，我们不得将此原则用于任何实践应用。这种学说告诉我们，我们没有任何权利因为我们现在乐于为我们的最高利益去梦想或设想任何宇宙的看不见的部分，就如此地去梦想或设想宇宙有一看不见的部分。我们必须永远等待感觉材料来证明我们的信念；只要我们尚未获得这种证明，我们就不得作任何假设。

诚然，这是一个足够可靠的抽象观点。如果一位思想家不想作任何了解未知世界的冒险，如果他没有任何生命的需要，或者没有任何按照不可见世界所包含的东西而生活的渴望，那么，一种哲学的中立性和拒绝相信任何一种生活方式，就可能是他最明智的方针了。但不幸的是，只要我们与一种抉择的关系是实践的和有关生命的，中立性就不仅有其内在的困难，而且在外在方面也是不可实现的。正如心理学家告诉我们的，这是因为信念与怀疑都是生活的态度，都包含着我们的行动。比如，我们怀疑或拒绝相信某事实的唯一方式，就是继续行动，仿佛它不是事实。又譬如说，如果我不相信这间房子正在变凉，所以我打开窗户，也不点炉火，就好像它仍然暖和一样。如果我怀疑你是否值得我信赖，我就不会让你知道我的全部秘密，就当是你不值得我信赖一样。倘若我怀疑是否有必要为我的房子投保，那么，只要我相信没有必要投保，我就不会去交住房保险金。同样，如果我坚决不相信这个世界是神圣的，我就只能通过不断降低我特殊的信仰行为来表达这种拒绝，仿佛世界真的不是神圣的，而这仅仅意味着对某些批评性情形的反应，或是以一种非宗教的方式来作出反应。你们看，当不行动也是一种行动且必须算作一种行动时，当不赞成实际上是一种反对时，我们的生活中便有各种不可避免的情形；在所有这些情形下，严格而始终一贯的中立性乃是一种不可企及的事情。

毕竟，把仅仅是由我们的内在兴趣引导我们去相信这件事当作中立性的责任，这难道不是最为荒谬的要求吗？认为我们的内在兴趣与隐蔽世界可能包含的力量没有任何真实的联系，这难道不是绝对教条主义的愚蠢说法吗？在另一些情形下，种种基于内在兴趣的先知先觉已经证明是极具预见性的。看看科学本身的情形吧！如果没有一种要求我们追求理想的逻辑和数学和谐的专横的内在要求，我们就永远不能证明这些和谐隐藏在原始自然界的所有裂缝与空隙之间。人们最初不惜血汗而孜孜追求的，并非一条在科学中确立的规律，或科学所确定的事实。科学中所确立的规律和所确定的事实几乎不能满足人们的内在需要。这种需要产生于我们所不知道的东西，我们在自己身上寻找它们，迄今为止，只有生物学的心理学才用达尔文的"偶然变异"来对它们进行分门别类。但是，我们相信这自然世界是某种比它自身更具精神性和永恒性的存在，这一信仰的内在需要在那些感觉到该需要的人身上恰恰是很强烈的、权威性的，正如在一位声称自己具有科学头脑的人心里有着一种严格因果规律的内在需要一样。许多代人的艰难工作业已经证明，后者需要预言。为什么前者也可以不是预言性的呢？而且，如果我们的需要越过了可见宇宙的范围，为什么不可见宇宙的存在不可以是一种象征符号呢？简而言之，什么权威可以阻止我们信任我们的宗教要求呢？如此确定的科学没有任何权威，因为她只能说什么是，什么不是；而不可知论的所谓"在没有强有力的感觉证据的情况下，你不应该相信"之说，仅仅是一种私人性的渴求某种特殊证据之欲望的表现（对任何一个人来说，都可能有这样的表现）。

当我谈到信任我们的宗教要求时，是不是就是我说的"信任"的意思呢？这一词语的意思是不是可以使我们详细地界定一个不可见的世界呢？是否允许我们诅咒那些有着不同信仰的人并将他们驱逐出教会呢？当然不！我们的信仰能力在根本上不是让我们去划分正统教徒与异教徒，这些能力是给予我们好好去生活的能力。而且，信任我们的宗教要求首先意味着按照这些要求去生活，并以这些要求所揭示的仿佛那个不可见的世界真实存在的心态去行动。人们能够借助一种没有任何单一教条或界定的信念而生而死，这是一个人性的事实。一个简单明了的确信是，自然秩序不是终极的秩序，而只是一种纯粹的象征符号或视象，是一个具有多重修饰的宇宙之外的台景。在这外在的自然秩序中，精神的力量具有最终发言权，而且是永恒的；这种简单明了的确信将使这些人完全能创造值得过的生活，尽管自然星球上的种种环境表明存在各种相反的推定。然而，对于这些人来说，把这种内在的确信作为含混不清的信念加以消除，也就扑灭了他们的存在之光，使其不再发散，这无疑是对他们的致命一击。这样，他们就会用一种野蛮的眼光来看待生活，对生活产生那种自杀性的心态。

现在这种实际情况就要直接落实到你和我的身上了。大概，对我们在座的差不多每一个人来说，只要我们能够确定，勇敢而耐心地对待生活才是善始善终并能在一个看不见的精神世界里结出果实，那么，最不利的生活也可能是很值得一过的。但是，姑且我们尚不确定，难道就必然推出人们单纯信任的这一精神世界只是一个傻瓜的天堂和懒汉安逸乡的结论吗？还是相反，这种信任只是我们自由沉浸的一种生活态度呢？好吧，我们自由地相信我们自己对任何并非不可能且可以与其背后所含的一切相比拟的事情的冒险。我们同动物生活的类比已生动地揭示出，物理世界大概不是绝对的；所有掩盖着众多有利于理想主义论点的一切也往往证明这一点；而我们整个物质生活也可能浸润于一种精神的氛围之中，这是我们现在还没有任何器官能够理解的一个存在维度。比如说，我们的狗存在于我们的人类生活之中，但狗却不属于人类。它们每时每刻都在目睹着各种外部的事件，然而，它们的理智却无法揭示出这些事件的内在意义，无论凭借何种可能的操作。在这些事件中，它们自身常常扮演着主要的角色。又比如说，我的那只小猎狗咬了一个逗它玩的小孩，那小孩的父亲便要揍它。这只狗可能会出现在我与那孩子的父亲进行的每一次谈判过程之中，并目睹我给那位父亲赔款，但它对这一切所意味的事情却全然无知，也不担忧此事与它有任何干系；它永远无法知道其实际的狗的生活。或者，让我举另一种情况为例，这种情况出现在我的医学学生接待日里，给我印象十分深刻。让我们考虑一下被这些学生在实验室里进行活体解剖的一只可怜的狗吧。狗被绑在一块木板上，朝着刽子手尖利地嘶叫着，它黑暗的意识如同处在地狱之中。在整个事件中，它无法看到一丝获得拯救的光芒；然则，所有这些明显的凶残事件常常都是由人的各种意图来控制的，如果它已经陷入黑暗的心灵只可能瞧上这些刽子手一眼，所有那些对它施展英雄行为的人都会以宗教的心情默许这一切。他们所带给我们的，是改善性的真理，是解除未来动物和人的痛苦。这可能是一个真诚的拯救过程。躺在木板上，它所履行的作用要比任何充裕的狗类生活所能达到的高得多，然而，就它整个行为表现来说，这种作用只属于绝对超出其狗窝的一部分。

　　现在，再让我们从狗的生活转到人的生活上来。在狗的生活中，我们看到了对狗来说不可见的世界，因为我们生活在（动物和人的）双重世界之中。在人的生活中，尽管我们只看到了我们的世界和这个世界内的它的世界，然则，仍然有可能存在一个世界包围着（人和动物的）两个世界，正如我们看不到它的世界，它也看不到我们的世界一样。而相信这个世界的存在，也许是我们在这个世界中生活所不得不履行的最根本的作用。但是，人们现在却听到实证主义者带着轻蔑的口气在大喊大叫着："也许！也许！一种科学的生活怎么能使用这些也许？"那好，我来回答：这种"科学的"生活本身与种种"也许"大有关系，而一般说来，人的生活与这些"也许"有着各种关系。只要人代表着某种东西，只要人最终还是生产性和创造性的，我们就可以说，他的整个生命功能就不得不涉及"种种也许"。只有基于一种"也许"，人才能获得一种胜利，才能履行一种信念行为或勇敢行为；任何一次服务、一种慷慨的表现、一次科学探险或实验，或者是一部科学的教科书，都不可能不出现一个错误。我们时时刻刻的生活都只是在用我们的人格冒险。而且，我们对一种未明确的结果所持的预先信念常常是唯一使该结果成为真实结果的原因。例如，假设你正在攀登一座山峰，且你自己已经达到这样一个位置，从该位置出发，你唯一的逃避就是纵身一跳。如果你有信心成功地跨步一跃，你的脚步就将受到刺激，完成这巨大的跳跃。但如果你连自己都信不过，只想到你在科学家谈论"种种也许"时所听到的那些甜言蜜语，你将会面对这巨大的沟壑犹豫不决，最终失去自制，战战兢兢，使自己陷入绝望之中，跌入万丈深渊。在这类情形（属于大量情形中的一种）中，智慧和勇敢的作用都是去相信什么是你的需要的实现，因为只有依靠这种信念，你才能实现你的需要。如果拒不相信，且认为你确实正确，那么你就将不可救药。但是，如果你相信且你确实正确，那么你将拯救你自己。你通过你的信与不信使两个可能的宇宙各自成为真实的，而在你作出行动选择之前，这两个宇宙一直都只是两种"也许"，在这种情形中尤其如此。

　　在我看来，生活是否值得过这一问题，逻辑上属于大多数类似情形。它的确要看你这位生活者怎么过。如果你以自己的自杀屈服于那种噩梦景象，而对于罪恶的渊薮却大加美化，那你的生活就的确是一片漆黑了。随着你生活世界的展开，由你自杀的行动所造成的悲观主义也就确实是无可怀疑的了。你对生活的不信任，已经使你自己的持续存在而可能产生的生活价值消失得干干净净；这时候，贯穿于你整个可能的存在领域的只有这种不信任，它本身已经显示出神圣的力量。但是，反过来设想一下，如果你放弃这种噩梦式的观点，你就会执著于生活，相信这世界并非末日。设想一下，你发现自己有着一个美好的春天，一如华兹华斯所说——

> 因为信念，生存才充满热情和美德，
> 如同战士因为勇气而拥有了他们的生活，
> 水手因为心中的力量而敢于面对激浪滔天的大海。

再设想一下，无论你被蒙上了多厚的面纱，你不可征服的主体性都可与之抗争，永远信任更大的整体将会使你得到比任何激情的快乐更为美妙的享受。有了这些条件，你难道还不能创造出值得一过的生活吗？如果生活只给你带来公平的气候而没有给你更高的能力留下任何余地，那么，凭借你所具备的拼搏生活的各种品质，生活实际上又该是怎样的呢？请记住，快乐主义与悲观主义都是我们对生活世界所采取的一种观念，而我们自己对这个世界的反应尽管在巨大的生活世界中微不足道，却也是整个事物中的有机构成部分，这些反应必然促使我们决定采取一种生活观念。在确定生活观念时，这些反应甚至可能是决定性的因素。给一个庞大的平衡器加上一根羽毛的重量，它便会失去平衡，给一个长长的句子加上"n""o""t"三个字母①，它的意思便会颠倒过来。我们可以说，生活是值得一过的，因为从道德的观点来看，生活是由我们创造的；而且，从这一观点来看，只要我们离不开生活，我们就必定能成功地创造我们的生活。

　　在描述这些能够自我证实的信念时，我已经假定，对于那些有道德的人来说，对一种看不见的秩序的信念，正是激励他们去努力而耐心地创造其可见秩序的动力。我们对已见世界的善所怀有的信念(现在，这种善的意义只适合于成功的道德生活和宗教生活)已经通过了解我们对未见世界的信念而得到证实。但是，我们对未见世界的信念是否可以同样得到证实呢？谁知道呢？

---

　　①　即英语中的"不"或"非"字。

　　再者，这也是一个"也许"的问题。而"也许"正是这种境况的本质。我们坦率地承认，我不明白为什么不可见世界的存在本身部分地可能不依赖于个人的反应，而这种个人反应是我们中的任何一个人都可能会对宗教祈祷产生的反应。简而言之，上帝本身可能从我们的忠贞中吸取生命的力量并增长其存在本身。就我自己的经验来说，如果认为生活的血汗艰难和悲剧只是意味着缺乏生活的话，我不知道生活的血汗艰难和悲剧还能意味着什么。如果生活不是一种真正的战斗——在这场战斗中，我们可以在宇宙中成功地获得某种永恒的东西，它就不过是一场私人性的游艺而已。在私人性的游艺中，任何人都可以随意退出。但是，我们感觉到生活是一场真正的战斗，仿佛宇宙中真的有某种野蛮的东西，需要我们用自己的理想和信念去拯救，这中间，首先是将我们的心灵从各种无神论和恐惧中拯救出来。因为我们的本性适合于这种半野蛮半需要拯救的宇宙。在我们的本性中，最深刻的东西是这种内心深渊（正如一位德国大夫后来称之为的那样），只有我们的意愿和无意、我们的信念和恐惧才寄居于这无言的心灵领域。正如涌动于大地深处的水通过洞穴尽头无数的裂缝和缝隙渗透而出，然后形成那喷发不息的涌泉一样，我们全部外在行为和决定的源泉也正源出于这些尚未开化的人格深处。我们与自然万物的最深刻的沟通器官正在于此；而与我们灵魂的这些具体运动相比，所有抽象的陈述和科学的论证——比如说，严格的实证主义者对我们信念的否定——对我们来说，就像是喋喋不休的唠叨。因为在这里，各种可能性（而非业已完成的事实）都是我们主动去料理的现实性，借引我的朋友、费城伦理学学会的威廉·索尔特的话说："正如勇敢的本质是生命之可能性的冒险一样，信念的本质就是坚信这种可能性的存在。"

　　我对你们的最后忠告是：别害怕生活。相信生活是值得一过的，而你们的信念将帮助你们创造这一事实。在你作出判断（或者在你到达你的判断可以象征性表达的某一存在阶段）之前，那种你认为是正确的"科学证据"可能并不清楚。但是，处在这一时刻并持有信念的战斗者，或在此时此刻代表着这些战斗者的存在，此时却可能会心灵衰竭，不敢继续向前，让我们用亨利四世的话告诫这些人吧！亨利四世在获得一次伟大战斗的胜利后，对那位动作迟缓的克里伦将军说："勇敢的克里伦，去上吊吧！我们在阿奎斯战斗，可你却不在那里。"

选自［美］威廉·詹姆斯：《信仰意志》，纽约，
朗曼—格林出版公司，1923。 万俊人译。

《道德哲学家与道德生活》[*]（1891）

本文的主要意图在于表明，并不存在任何预先独断地构造道德哲学的可能。我们大家都在为人类种族的道德生活尽力，因而我们每一个人都能决定道德哲学的内容。换言之，只要我们中间最后一个人尚未了结其生活经验并有话可说，伦理学就和物理学一样不可能存在什么终极真理。然而，如同在其他情形中一样，在我们仍期待着某种假设而这些假设又促动我们行动的情形下，这些假设就属于那些决定着我们将会提出什么样的"说法"之不可缺少的条件之列。

首先，道德哲学探究者的立场是什么？一开始我就必须把自己与那些满足于充当道德怀疑论者的人区别开来。他不会成为一个怀疑论者；因此，道德哲学化的一个可能的结果就远远不是一种道德怀疑主义，这只能被看作所有哲学中余下的唯一选择，而该选择从一开始起便威胁着每一位可能会放弃他令人沮丧的探询并抛弃其初衷的可能成为哲学家的人。那种以寻找在各种事物中获得的道德关系之解释为目的的做法，会把这些道德关系—在一个稳定的系统之中，并将这个世界改造成一个人们可以从其道德的观点上称之为的真正世界。但只要世界不能还原为此种统一形式，这类哲学家就

* 这是詹姆斯在耶鲁哲学俱乐部发表的一篇演讲。刊于《国际伦理学杂志》，1891年第4期。

难以实现他的这种理想。他所研究的主题是他发现存在于这个世界上的那些理想；而引导他的目的，则是他自己想使那些存在于世界之中的理想成为具有某一确定形式的理想。因此，这种理想便成了道德哲学的一个因素，人们肯定从来都不会忽视该因素出现的合法性，而这正是此类哲学家本身必须要对该问题作出的一个积极贡献。但这仅仅是他的积极贡献。在其探究伊始，他不应当有任何其他的理想。如果他对任何一种善的成功发生特别兴趣，那么，至此他就不再是一个公正的研究者，而是某一有限因素的拥护者。

在伦理学中，有三个问题必须区分开来。姑且把它们分别称之为心理学的问题、形上学的问题和良心决疑论的问题。心理学的问题追问的是我们的道德观念和道德判断的历史根源；形上学的问题追问的是"善""恶""义务"这些词本身的意义；而良心决疑论的问题所追问的则是人们所认识到的各种各样的善恶评价尺度，以使哲学家可以解决好人类义务的真实秩序。

一

对绝大多数争论者来说，心理学的问题才是唯一的问题。当你们平庸的神学博士自鸣得意地向你们证明，我们必须假定有一种被称之为"良心"的独特无朋的能力能够告诉我们何为正当何为不当时，或者，当某位通俗科学的热情鼓吹者对你宣称"先验目的论"是一种已被驳倒的迷信，而我们的道德判断乃是环境教诲逐渐导致的结果时，这些人中的每一个人都会认为，伦理学已经万事皆备，无须多言了。时下，直觉主义者与进化论者这一对熟悉的名称常常被人们用来暗示伦理学见解中所有可能出现的差异，而实际上它们仅仅涉及心理学的问题。对这一问题的讨论过多地纠缠在特殊细节上，以至于我根本不可能在本文的范围内来讨论之。因此，我仅独断地表达一下我个人的信念，这就是：许多边沁主义者、密尔主义者和贝恩主义者们已经为我们人类的理想竭尽了全力，并尽其所能地向我们表明，这些理想是如何必定产生于那种与简单肉体性快乐行为和痛苦之解脱感受相联系的联想的。与许多遥远的快乐相联系的联想毫无疑问会使某一事物成为我们心中具有善性意义的东西；而人们把这种善性设想得愈朦胧，其来源就会显得愈神秘。但是，以这种简单的方式肯定不可能解释我们所有的情感和偏好。心理学对人的本性研究得愈细致，它就会愈清楚地发现还有许多次要情感的踪迹，这些次要的情感使各种环境的印象相互联系在一起，也在一些与纯粹的共存联想和连续性联想——实际上这些联想全都是纯经验主义所能认可的——殊为不同的方面和我们的各种冲动相联系。譬如，酗酒、害羞、恐高症、厌恶症、对血过敏、对音乐的敏感性；又譬如，喜剧情感、对诗歌、数学或形上学的激情，它们中无一能够全然以联想或功利解释之。毫无疑问，它们是与其他一些也可以这样解释的事物一起出现的；而其中一些也只能预示某些未来的功用，因为在我们身上可能找不到任何具有某些作用的东西。但是，它们的根源在与我们的大脑结构相伴随的复杂性之中，我们大脑结构的根源性特征的这类紊乱与和谐的感知毫无干系。

当然，我们大量的道德感知也是这类衍生的和大脑生来有之的感知。它们可以直接处理已为人们感觉到的各事物间的适宜性，并常常与人们预先拥有的习惯和前定的功利标准相矛盾。在你越出那些较粗俗较平庸的道德准则——如《摩西十诫》《理查德年鉴》一类——的那一时刻，你马上就会落入那些以常识眼光看来让人迷惑让人过分紧张的图式和见解之中。从自然史的观点来看，某些人所具有的抽象正义感乃是一种稀奇古怪的变异，如同那些让他人灵魂出窍的音乐激情或追求更高哲学和谐的激情一样稀奇古怪。某种精神态度的内在尊严感（如，和平、安逸、淳朴、真诚）和对其他根本不同的庸俗东西的感受（如，搬弄是非、焦虑、斤斤计较的自私心）都是极难说清楚的，只能把它们解释为出自一种天性偏好所形成的对道德理想态度的自然偏好的情感。我们只能说，较高尚的东西让人感觉较好。对结果的"偏好"可能真正教会我们何者为恶，但结果与所谓卑劣和粗俗又有何相干？如果一个男人枪杀了他妻子的情夫，但当我们听说那位妻子与其丈夫和好如初并又愉快地生活在一起时，这其中究竟有什么说不出的东西让我们感到如此恶心呢？或者，假如提供给我们的那种有关世界的假设——在这种世界假设中，傅立叶、贝拉米和莫里斯诸位先生的乌托邦理想都是不可超越的，而成千上万的人则永久地安于一种简单的生活状态，任其灵魂失落于那物质世界的遥远边际——将会导致一种孤独难忍的生活的话，那么，除了一种具体而独立的情绪能够让我们直接感受到生活(即使这种情绪会在我们内心引起一种寻找幸福的冲动)之外，把生活作为一种深思熟虑的讨价还价的结果，一种可恶的东西，我们怎么会成为生活的享受者呢？而且，所有最近对整个人类种族正义报应传统的反抗究竟是由于一种什么样的微妙而天生的矛盾感情才发生的呢？——在此，我指的是托尔斯泰的不抵抗观念；贝拉米先生以忏悔代替遗忘的观念(见其小说《海登寒博士》)和 M. 居友对刑法理想的激进责难。所有这些道德感受的微妙性都大大超越了人们可以从所谓"联想法则"中推算出来的东西，就像一对年轻的恋人之间可能存在的情感之微妙性远远超越了印在社会手册上的那种"订婚期间礼节须知"的戒律一样。

不！在这里，当然有各种纯粹的内在力量的作用。一切更高的和更深刻的理想都是革命性的。它们本身较多地以过去的经验结果之面貌表现出来，而较少以可能的未来经验原因之面貌表现出来；它们是环境和迄今为止所得到的各种教训都必须学会遵从的因素。

这就是眼下我对心理学问题所能说的一切。在最近出版的一部著作之最后一章中①，我一直在寻找用一种普遍方式来证明，在我们的思想中，是否存在那种并非经验联合之纯粹重复的关系。我们的理想当然有着许多源泉，但这些源泉并不能都解释成为人们所获得的有意义的肉体快乐和他们所避免的各种痛苦。而且，由于我们是如此经常地感知到这种心理事实，我们必定会为直觉主义学派拍手叫好。但这种拍手叫好是否必须延伸到欢迎该学派的其他特征？似乎还要看我们对以下问题的看法如何。

这接下来的问题便是有关"义务""善"和"意志"这些词所意味的形上学问题。

二

首先，在一个没有任何感知性生命存在的世界里，这类词似乎

---

① 《心理学原理》(纽约，H. 霍尔特出版公司，1890)。

毫无用处或者丝毫不相关。想象一下，在一个绝对的物理世界里，只包含物理事实和化学事实，而且是在没有上帝、甚至是没有一个对此感兴趣的旁观者的情况下而永恒存在着的：在此情况下，谈论该世界的某一种状态比其另一种状态更好又有什么意义呢？或者，假如存在两个这样的可能世界，说其中一个世界是好的，而另一个则是坏的，又有什么韵味或理由呢？——我在肯定的意义上谈论好坏，意思是要排除这样一个事实：其中一个世界本身与哲学家的私人兴趣之联系，可能会比另一个世界与哲学家的私人兴趣之关系要更好一些。但我们必须将这些私人兴趣排除在我们的考虑之外，因为哲学家是一种精神性的（存在）事实，而我们所探求的却是，物理事实本身是否存在着这些善恶和义务。在一个纯粹的非感知性世界里，当然不会有善和恶存在的地位。一种物理事实、一种仅仅被作为物理事实来考虑的物理事实怎么会比另一种物理事实"更好"？"更好"不是一种物理关系。在其纯物质性能力上，一事物只能是令人快乐或令人痛苦的，而不能在此之外有所谓好的或坏的。它对什么来说是好的呢？难道你会说它对另一种物理事实的生产来说是好的吗？但是，在一个纯粹的物理世界中，是什么东西要求生产这另一种物理事实呢？物理事实仅仅是是或者不是；无论是在物理事实出现还是缺席时，都不能设想它们会提出什么要求。如果它们真的提出了什么要求，也只是以欲望来表达其要求而已；而这时候，它们就不再是纯粹的物理事实，而是已经成为意识感受性的事实了。善、恶、义务若真的存在，就必定在某个地方被人们意识到；而道德哲学的第一步便是弄清楚，任何纯无机的"物质自然"都无法意识到它们自身。道德关系和道德法则都无法在真空中摇摆。它们唯一的住所只能是一种能够感觉到它们的心灵；而任何由纯物理事实所组成的世界都不可能是一个可以运用伦理命题的世界。

然而，当一种具有感知力的存在成为了世界的一部分，便有了让善恶真正存在于该世界之某一部分中的机会。这时候，道德关系便在存在的意识中有了它们的地位。只要人觉得什么事情是好的，他就会使它成为好的。它对于他而言是好的；而对于他是好的，也就是绝对地好，因为他是该宇宙中唯一的价值创造者，而在他的意见之外，任何事物根本就没有什么道德价值可言。

在这样一个世界中，提出该孤独的思想者的好坏判断是真是假的问题当然是荒谬的。因为真假设了一种外在于该思想者的且他必须服从的标准；但是，在这一世界中，该思想者乃是一个神圣的存在，他不服从任何更高的判断。让我们把他所居住的这一假设的世界称之为一个道德的孤地(moral solitude)。在这一道德孤地上，很显然不存在任何外在的义务，而为那位像上帝一样的思想者所容易陷入的唯一麻烦，将贯穿于如何使他自己的多种理想保持相互间的一致这一问题之中。在这些理想中，有些理想无疑会比其他一些理想更有刺激性和吸引力，它们的善性将具有一种更深刻更深邃的旨趣，而如果它们遭到僭犯，将会使他更为悔恨不已。所以，该思想者将不得不把这些理想作为其生活的主要决定性因素来规范其生活，否则，他的生活就会存在内在的矛盾和不愉快。然而，尽管无论他想达到怎样的平衡，他都可以整顿他的生活系统，但这一系统都将是一个正当的系统；因为在他自己的主体性事实之外，世界上不存在任何道德。

如果我们现在将第二位思想者及其好恶引入这个世界，伦理境况就变得更加复杂了，我们立刻就会看到存在好几种可能性。

一种可能性是，这两位思想者可能全然不顾他们相互之间的善恶态度，每一个人都继续沉溺于自己的偏好之中，对另一个人可能感觉到或可能做的事无动于衷。在这种情形下，我们便两次获得一个在伦理品质上与我们的道德孤地极为相同的世界，只是这两个世界没有伦理统一性。在这里，同一个对象会因为两位思想者所采取的观点之不同而成为或好或坏的。在这样一个世界中，你找不到任何可能的根据说一位思想者的意见比另一位思想者的意见更正确，也没有任何根据说两者中的某一位具有较真实的道德感。简而言之，这样的世界不是一个道德的世界，而是一个道德二元论的世界。不仅在此一世界内没有任何统一的观点，由此出发，人们可以毫无争议地判断事物的价值，而且甚至也没有任何对这样一种观点的要求，因为两位思想者被设想为在思想和行动上都是相互冷漠的。增加更多的思想者就会产生一种多元论，而我们发现，对于我们来说，在伦理领域里意识到某种东西，就像我们可以发现这样一个世界一样。按古代怀疑论者的设想，在该世界中，个体的心灵是万物的尺度，不存在任何"客观的"真理，只存在"主观的"意见的多样性。

但这是一种只要哲学家还对哲学抱有希望就不会容忍的世界。哲学家认为，在业已表现出来的各种理想中，必定有某些理想拥有更多的真理和更高的权威；而其他的理想应当让位于这些理想，以便整个系统主次分明，各归其位。在这里，"应当"这个词已经突出了义务的概念，而接下来必须弄清楚的便是该词的意义。

由于迄今为止的讨论结果已经告诉我们，除了意识感觉到某事是善的或认为它是正当的之外，没有什么事情可以自在为善或成为正当，所以，我们从一开始就领悟到，哲学家假定存在于某些意见之中的真实的优越性和权威性以及他所假定的必定属于其他意见之真实从属性的特点，都不能用任何抽象道德的"事物本性"来加以解释，因为对于具体的具有自己理想的思想者来说，这些本性是预先存在的。像好与坏这些肯定的属性和较好与较坏这些比较性属性，若要成为真实的属性，就必须被人们意识到。如果一种理想的判断在客观上比另一种判断更好，那么，这种更好就必须通过具体落实于某人的实际感知而变成肉身。它不能在空气中流动，因为它不是一种如北极光或黄道光一般的气象学现象。它的存在就是被感知，如同它在诸理想本身之间所实现的那种理想自身的存在一样。因此，力图了解何种理想应当有至上地位、何种理想又应当属于从属性的，哲学家必须从某种事实上现存着的意识构成中去追溯应当本身。而作为一名纯粹的道德哲学家，他无法深入到这种作为世界材料之一种的现存意识构成的背后。这种意识必须通过人感觉到一种理想是正当的而使该理想成为正当的，通过感觉另一种理想是不当的而使之成为不当的。但现在，宇宙之中又有何种特殊意识能够享有这种责成其他意识服从它所指定的规则之特权呢？

如果这些思想者中的某一位明显是位神明般的思想家，而所有其他的思想者都是人，对这一问题大概就不存在任何实际争议了。因为那位神明般的思想家将是大家的楷模，其他的思想者都应该服从他。但在理论上仍然存在问题：这种服从的义务根据何在？即使在我们所说的这种情况下也还存在这种问题。

在我们最初解答这一问题的各种论述中，存在一种不可避免滑入某一假设的倾向，普通人在争论有关善恶问题时都遵循这种假设。

他们想象有一种抽象的道德秩序，其中存在着客观真理；并且每一个人都试图证明，这种预先存在的秩序在他自己的思想中比在他对手的思想中得到了更精确的反映。正是因为某一争论者得到了这种至上的抽象秩序的支持，我们才认为另一位争论者应该服从。但即令如此，当它不再是一个关于两位有限思想者的问题而是关于上帝与我们自身的问题时，我们就按照通常的习惯，想象一种法律上的关系，这种关系先于和高于纯粹的事实，并且将使我们让自己的思想服从上帝的思想成为正当的行动，即使上帝没有要求我们这样，尽管我们事实上更乐意继续为我们自己思考。

但当我们长期关注此一问题时，我们就不仅明白，如果没有某位具体的个人实际提出一种权利要求，就不可能有任何义务；而且我们也清楚，无论何处，只要存在一种权利，就存在某种义务。事实上，权利与义务是两个范围相同的术语；确切地位，它们是相互包含的。因此，我们通常所支持的把我们自己看作一种至高无上的道德关系体系(即纯正的"自在"道德关系体系)的主体之态度，或是一种彻头彻尾的迷信；或者必定被当作只是从那位真正思想者那里得出的暂时抽象。该思想者实际上是要求我们像他那样去思考，我们的义务必须以他的思想为最终根据。在一种有神论的道德哲学中，人们所讨论的这种思想者当然就是上帝无疑了，宇宙也是由于他才得以存在的。

我很清楚，对于那些习惯了我所说的迷信观点的人来说，要他们认识到事实上迄今为止的每一项权利都产生了一项义务有多么困难。我们长期都习惯于认为，某种我们称之为权利之"有效性"的东西也使它具有了其义务性的特征，而这种有效性作为一种事实，则是存在于该权利的存在本身之外的。我们认为，它对该权利的影响，从某种存在的庄严向度(道德法则正存在于此向度之中)来看，非常类似于极地作用从遥远星空对罗盘指针的影响。但问题又出现了：除了具体权利本身中的律令之外，那种具有无机抽象特征的律令如何能存在呢？任何一种存在物类，无论它多么弱小，都会提出一种要求，不管这要求多么微不足道。那么，它是否仅仅因为它自己的缘由就应当得到满足呢？如果不应当，那么就请证明为什么不应当。你能够引出的唯一证据，可能是表明另一个存在物也应该以另一种方式提出另一种要求。对为什么任何存在物都应当存在之唯一可能的解释是，这种现象实际上是大家都欲求的。任何欲望在其自身所及的范围里都是具有绝对律令性质的；它通过下列事实而使其本身成为有效的，即：它实际存在着。的的确确，某些欲望是一些很微不足道的欲望；它们是由一些无足轻重的人提出来的，而我们总是习惯于看轻它们所带来的义务。但是，这类个人要求所带来的义务之轻的事实，并不意味着个人的要求就必定不带有重大的义务性质。

如果我们必须在非人格性的立场上来谈，我们当然可以说，无论"世界"在什么时候通过诸如此类的存在物类之欲望表现它自身，它都要求、需要或使得诸如此类的行动成为义务性的行动。但是，我们最好还是不要用这种人格化的方式来谈论宇宙，除非我们相信实际存在着一种普遍的或神圣的意识，那样的话，它的要求之所以带来最大量的义务，就只是因为它的要求在数量上是最大的。但即使这样，抽象地说我们应该尊重这些要求也不正确。只有具体地谈才是正确的，或者说，只有根据事实来谈才是正确的；即是说，这些要求实际上是凭借事实提出来的。假设我们不尊重这些要求，就像在我们这个古怪的世界在很大程度上实际所是的那样，那么我们说不应当那样，因为那是不正当的。但当我们想象这一不当的事实只是存在于一种先验的理想秩序之中，而不是存在于对一个活生生的人格化上帝的失望之中时，这一不当的事实在什么方面才能成为较可接受的或较容易理解的呢？也许，我们的确认为，当我们用这种先验的掩盖物——上帝正是从这一先验的掩盖物中获得某种更深刻诉求之热情的——来支持上帝时，难道我们也因此掩盖了上帝？我们保护了他，却反面使他更难以给予我们以终极性关怀？但是，对于我们来说，唯一可以诉求的力量，只能或是一个活生生的上帝，或是一种抽象的理想秩序，只有当它们偶然对我们内心的要求产生反应或保持沉默时，我们才发现它们是我们自己的内心深处"永恒的红宝石拱顶"。只要有一种生命的意识感觉到了他①，他就是回答生命的生命。一种在生命意义上如此得到承认的权利乃是坚实而充分

---

① 指上帝或抽象的理想秩序。

的承认，任何有关一"理想"背景的思想都无法使其坚实性和充分性更为完善；而另一方面，如果人心的反应受到压抑，在世界所具体体现的各种权利要求中，就会出现难以处理的无能现象，任何关于万物本性的谈论都无法掩饰或消除这种无能现象。一种无效的先验秩序，就像一个无能的上帝一样，只是一种无能的东西；而在哲学家的眼里，它就成了一个难以解释的问题。

现在，我们可以认为，我们已经充分回答了我们区分为道德哲学中的形上学问题，而且我们也了解了"善""恶"和"义务"这些词各自的意义。它们绝不意味着任何独立于个人支持之外的绝对本性。它们是感觉与欲望的对象，离开了实际生命心灵的存在，它们在存在中就没有任何立足之点和寄托之所。

无论这种心灵存在何处，伴随着善恶评价和它们的相互需要，在其本质特征上看都有一个道德的世界。假如我们把所有其他事物，包括神、人和星空，都从这个宇宙中抹去，假如只剩下一块岩石，上面栖息着两个相互爱恋的灵魂，那么，这块岩石也将如同任何可以栖息种种永恒性和无限性的可能世界一样，具有一种完整的道德构成。它将是一个悲剧性的构成，因为栖息在这块岩石上的两颗爱的灵魂终将死去。但是，在他们活着的时候，这个宇宙中就会有真实的善和真实的恶；就会有各种义务、权利和期许；有各种遵从、拒绝和失望；有内疚、对和谐再次来临的渴望，以及在良心得以恢复时所产生的良心的内在平静；总之，将有一种道德生活，而这种道德生活的积极能量非但不会受到任何限制，反而会因为那些男女英雄们所可能赋予的道德能量而在人们相互的兴趣中得到强化。

在我们这个地球上，就可见的事实而言，我们就像是栖息在这样一块岩石上的居民。无论在我们头顶高高的蓝天上是否有一个上帝存在，我们无论如何都得在这人间凡世建立一个伦理共和国（an ethical republic）。而且由此所引出的第一个反思便是，在一个以人类意识作为最高意识同时也存在一个上帝的宇宙之中，伦理学有其真实而现实的立足之地。"人类宗教"和有神论一样都为伦理学提供了一个基础。纯粹的人类（思想）系统是否能够像别的系统一样满足哲学家的要求乃是一个不同的问题，这是我们在结束我们的谈论之前所必须回答的又一个问题。

三

人们应该记得，伦理学中的最后一个根本性问题是良心决疑论的问题。在这里，我们处在这样一个世界之中，在这样一个世界上，是否存在一个神圣的思想者，一直都受到且将永远会受到某些旁观者的怀疑，尽管出现了大量为人类一致认同的理想，但在有关人类理想的其他大量问题上，却没有达到任何普遍的共识。几乎无须把这描绘成一幅文学图景，因为人们太熟悉这些事实了。每一个人身上所发生的肉体与精神的搏斗，不同个体追求相同的却又是不可共享的物质荣耀或社会荣耀的强烈欲望，由于种族、环境、气质和哲学信念等的不同而产生相互对峙的诸种理想……全都纠缠不清，造成了一种毫无头绪的困惑。然而，哲学家（也正因为他是哲学家）又给这种混乱添上他自己独特的理想（如果他真的想成为一位怀疑论者的话，倒是会勉强满足于这种状况），并坚持认为，在所有这些个体意见之上，有一个真理体系，只要他尽力而为，他就可以揭示出这一真理体系。

我们现在就站在这位哲学家的位置上，且必须意识到该位置所表现出的全部特征。首先，我们不会是怀疑论者；我们坚持有一个有待确定的真理。但其次，我们已经洞见到这一真理不可能是一套自我宣称的法则或一种抽象的"道德理性"，而只能存在于行动之中，或者以我们实际所发现的某位思想家所坚持的意见形式表现出来。然而，不存在任何可见的具有权威性的思想家。那么，我们只需把我们自己的理想宣告为指定法则的理想就行了吗？不！因为如果我们是真正的哲学家，我们就必须将我们自己的自发性理想、甚至是最珍贵的理想毫无偏私地投入到那些有待公正判断的大量的理想整体之中。但这样一来，作为哲学家的我们又如何在一方面找到一种检验标准，避免完全的道德怀疑论；另一方面又避免把我们自己的标准变成一种任意武断的个人性标准，使我们的信念不至于仅仅拘泥于这种武断的标准呢？

这是一种很难解决的两难困境，它也不会因为我们心灵对它的深思熟虑而变得更容易一些。哲学家的全部使命使他有责任去寻求一种公正无偏的检验标准。然而，这种检验标准必须具体体现在某个实际存在着的个人的需求之中。那么哲学家如何才能挑选出这样一个由暗含着自己同情和先入之见的行动所体现的个人呢？

某一种方法的确可以证明它自身的作用，并且作为一个历史问题而为更严肃的伦理学学派所采纳。如果人们所需求的大量事物通过检验而被证明比它们最初看起来较有序一些，如果它们给它们自己提供了相对的检验标准和尺度，那么，良心决疑论的问题就会得到解决。如果我们发现，所有的善作为善都包含了一种共同的本质，那么，在任何一种善中所包含的这种本质之量就能够在善性的范围内显示出该善的等级，秩序也就很快能够厘定；因为这一本质将是所有思想家都会一致同意的那种善，也就是那位哲学家所寻求的相对客观和普遍的善。甚至于这位哲学家自己的私人性理想也要通过这些私人性理想所共享的检验标准来加以检验，并在该检验标准中找到它们正确的位置。

人们正是这样发现了各种各样的善的本质并提出以此作为伦理体系的基础。因此，两极之间执守中道；被一种特殊直觉能力所认识；使当事人感到暂时的幸福；既使他人又使他自己感到长远的幸福；增进自身的完善和尊严；不伤害他人；遵从理性或按普遍法则而行；依上帝意志而行；促进这个星球上的人类生存……如此众多的东西都是检验标准，其中每一种标准都是由某个人所坚持并以之构成一切善事物或善行为(就它们是善的而言)之本质的检验标准。

然而，人们实际所提出的任何一种检验尺度都无法让人们感到普遍满足。很显然，其中一些尺度并不普遍存在于所有情形中，譬如，不伤害任何他人的品格，或者遵循一种普遍法则的品格，就不是普遍的。因为最好的方针也常常是残酷的；许多行为只是在它们是例外的情况下才被看作善的，它们不能作为一种普遍法则的范例。另一些品格，诸如遵循上帝意志的品格，也都是无法确定的和暧昧的。还有一些情况，如生存，其结果都是无法决定的；它们往往在我们最需要帮助的地方使我们陷入困境。比如说，一位印第安民族的哲学家肯定会用一种极不同于我们的方式来使用生存的标准。从总体上看，这些善性标志和尺度中最好的似乎是产生幸福的能力。但是，为了使这一检验标准不至于遭到致命的破坏，它就必须被用来掩盖无数从不以幸福为目的的行动和冲动；在寻求一种普遍原则时，我们毕竟不得不被迫趋向那个最普遍的原则。故善的本质就是满足需求。这种需求可以是对太阳底下任何东西的需要。确实，设想我们的所有需求都可以通过一种普遍的基本动因而获得解释，并不比设想所有的物理现象都遵循一个单一的规律具有更多的根据。伦理学中的基本力量大概和物理学中的基本力量一样都是多元的。各种各样的理想除了它们都是理想这一事实之外没有任何共同的特征。对于哲学家来说，任何一个单一的抽象原则都不能用来解决任何类似于一种在科学意义上精确的和真实有用的良心决疑论问题。

正如我们所发现的那样，对伦理世界之另一个独特性的关注将进一步向我们展示出哲学家的困惑。也就是说，作为一个纯粹的理论问题，良心决疑论的问题几乎根本还没有人提出来过。如果道德哲学家只是在探询一种最佳的想象性的善体系的话，他的确可以轻而易举；因为所有这样的需求都是显见意义上值得尊重的，最好的想象性世界可能是这样一个世界，在该世界中，每一种需求一经产生，立刻就会得到满足。然而，这样一个世界必须具有一种完全不同于我们所居住的这个世界之物理构成。它所需要的不仅是一个"多维"的空间，也是一种"多维"的时间，以便囊括这凡界俗地所有彼此互不相容的行为和经验，而到那时，这些互不相容的行为和经验都能同时进行；诸如，我们既可以大把花钱，又能成为富翁；既可度假，又能提前完成工作；既可打猎捕鱼，又不对野兽造成任何伤害；既能获得永无终结的经验，又能永葆我们心中美妙之青春；如此等等。毋庸置疑，这样一种体系，无论它会给人们带来什么，都只能是一种绝对的理想体系；假如某一哲学家能够创造出先验的宇宙，并能够提供所有的机械条件，那么，这就是那种他应该毫不犹豫地去创造的宇宙了。

但是，我们的这个世界却是按一个完全不同的模式创造出来的，而且在这个世界上，良心决疑论的问题是最具悲剧性的实践问题。在这个世界上，实际的可能要比人们所需求的一切狭小得多；而且在理想与现实之间总是存在一种拮据，而我们只有通过实现部分理想才能克服这种拮据困境。除了把善想象为特定时空中与某种其他的想象性善相互竞争比较的东西之外，我们很难想象有别的什么善。

每一种欲望的目的本身对其他欲望的目的都具有排斥性。一个人是应该抽烟喝酒，还是应该保持其正常精力？他不可能两者兼顾。他是该喜欢阿米莉亚，还是该喜欢亨里埃塔？其实这两人都不是他心中的选择。在公共事务中，他是该具有一种可爱却老迈的共和党精神，还是该具有一种质朴天真的精神？他也无法两者兼得，如此等等。所以，道德哲学家对服膺不同层次的理想之正当范围的要求，完全是实践需要的结果。一个人必须放弃理想的某一部分，但他需要了解该放弃哪一部分。这是一种悲剧性的境况，而不是他不得不处理的纯反思之谜。

我们生在一个其理想秩序已被广泛确定的社会之中，由于这一事实，我们现在对于哲学家使命的真实困难还盲目无知。如果我们服膺习惯意义上的最高理想，我们所抛弃的其他理想或者会死亡，同时也不会再纠缠我们；或者，它们起死回生并控诉我们对它们的谋杀，控诉每一个为我们对它们的充耳不闻而喝彩的人。简而言之，我们的环境并不鼓励我们成为哲学家，而只鼓励我们成为参与者。然而，只要哲学家执著于他自己的客观性理想，他就不能不考虑他所听到的任何其他理想。他对自己直觉偏好的执著必然终结于充分真理的多重性，对此他是有信心的，且这信心也是正确的。据说，诗人海涅在题为《历史中的上帝》一诗的作品复印件上，将原稿上的"Gott"（德文"上帝"）改为"Bunsen"（德文"钱袋"），将原来的那句"历史中的上帝"改成了"历史中的钱袋"。现在，即便我们对那种善良而博学的大财主不抱任何不敬，难道我们就不能有把握地说，任何一位哲学家，一旦他试图将他自己的秩序观念施清欲望咆哮的暴民——每一种欲望都在为其执著的理想而奋力争取呼吸的空间——之中，他就必定会成为——无论他的同情有多么广泛——道德世界史中的这样一个钱袋吗？正是这类最好的好人不仅必定会对许多善麻木不仁，而且也必定会对许多善表现出荒唐可笑的和与众不同的麻木。作为一名斗士、一位正在为其所感受到的各种善不至于被生活之外的东西所淹没或遗失在生活之外而赤手空拳战斗着的斗士，哲学家就像所有其他的人类一样，也处在一种自然的立场上。但是，当我们把芝诺和伊壁鸠鲁、加尔文和佩里、康德和叔本华、赫尔伯特·斯宾塞和约翰·亨利·纽曼不再当作那些具有特殊理想和片面性的勇士，而是把他们作为决定所有的人必须思考什么的校长时，一个讽刺作家还能希望有什么更稀奇古怪的主题供他练笔呢？与这些人用他们梳理整齐的体系内容来代替所有人类都在为使其重见天日而痛苦不堪呻吟不止的丰富多样的善之举动相比，帕廷顿夫人用其金雀花来阻挡北大西洋涌涨的海潮这一传说倒是一种合情合理的奇观了。进而，如果我们把这些个体性的道德学家不再设想为纯粹的校长一类，而是把他们设想为具有一种暂时的权力、且在每一种具体的冲突情形中具有命令哪一种善该抛弃哪一种善该幸免于难的权威性的主教，那就真的是一种让人吃惊的观念了。只要一想到有某位道德学家正在行使着这种决定生死的权力，人们所有沉睡着的革命性直觉便立刻会苏醒过来。混乱无序永远比一种建立在任何哲学家闭门造车式的规则基础上的秩序要好，哪怕这位哲学家可能是其部落中最有见识的成员。不！如果哲学家想要保持其公正的评判立场，他就必须在争论中永远保持公允无偏。

这样一来，人们便会问：除了倒向怀疑主义并完全放弃成为一名哲学家的想法之外，哲学家还能做什么？

难道我们之所以还没有看到有一条供他逃避的光明大道展现在他眼前，仅仅是因为他是一位哲学家而不是为一种特殊理想战斗的勇士么？由于人们所要求的一切事实上都是一种善，（也由于在这个可怜的世界上，所有的需求不可能都得到满足）对于道德哲学来说，难道指导性的原则必定不能在所有时间里满足我们所能提出的许多要求吗？因此，在引起最少量不满的意义上说，有利于最佳整体（the best whole）的那种行为必定是最好的行为。因此，以良心决疑论的尺度来看，这些理想必定会作为以最小代价而得以普遍流行的最高典范而名垂青史，或者，由于它们的实现而使得最少可能的其他理想成为过眼烟云。既然必定有胜利和失败，那么，哲学所祈求的胜利就是更具包容性的那种胜利，甚至在凯歌高奏的非常时刻，这种广泛的包容性也能在某种程度上公正对待被击败的一方所钟情的那些理想，历史的过程不过是人们为寻找到越来越具有包容性的秩序而世代前仆后继奋斗不止的历史。创造某种既能实现你自己的理想又能满足异己存在之需求的方式——这是也唯有这才是人类的和平之路！沿着这条和平之路，通过一系列非常类似于科学发现的社会发现，人类社会就使自身达到了一种相对的相互平衡。一妻多夫制、一夫多妻制和奴隶制；私人福利和杀人的自由；司法的扭曲和专断的王权，已经慢慢地引起了人们实际的抱怨。尽管某些人的理想因每一次社会改进而更加恶化，然而，他们中更多的人却在我们文明化的社会里找到了避难所，这是他们以陈旧野蛮的方式所不能达到的。那么，迄今为止，已为哲学家制定的良心决疑论尺度，远比他所能为自己制定的良心决疑论尺度好得多。一种最彻底的实验也已证明，土地的法规和使用正是让所有聚在一起的思想者们产生最大满足的东西。在发生冲突的情况下，预先的假定必定总是有利于已被人们习惯认可了的那种善。所以哲学家必定是保守主义者，而且他的良心决疑论尺度的构建也必须最大限度地按照共同体的风俗习惯来进行。

　　然而，如果他是一个真正的哲学家，他就必须明白，在任何实际给定人类理想的平衡中，一切都不是最终的。相反，如同我们现在的法则和风俗习惯已经战胜并征服了过去的法则和风俗习惯一样，它们也将被任何新发现的秩序所推翻，这种新的秩序将平息它们仍在产生的抱怨，同时也不会激起其他更大的抱怨。"规则为人而订，而非人为规则所造。"——这句话足以使格林的《伦理学绪论》永垂不朽。虽然当一个人与已经确立的规则产生决裂并努力去实现一种超出这些规则所容许的范围之外的理想时，他总要冒很大的风险，但哲学家必须允许这种冒险，任何时候，任何人都可以作这种冒险——假如他不怕拿自己的生命和名声冒险一试的话。这种压力始终存在。每一种道德规则体系都压抑着无数受它约束的人和善，而在此背景下，总会存在抱怨和牢骚，人们也随时都可能对它展开自由争论。看一看私有制所掩盖的那些(道德)滥用吧！即使在今天，我们中间仍然有人无耻地声称，政府的首要作用之一便是帮助那些更机敏的公民致富。看一看如此众多的已婚和未婚的人所承受的无名的和不可名状的悲痛吧！这些悲痛恰恰是由整体看来如此仁慈的婚姻制度的专制所带来的。看一看在我们所谓的平等和工业化政体底下人们大量失去的机会吧！鼓手和店员春风得意，而大量的人则失去了连封建社会也能提供的如此众多的工作职位和荣耀。看一看我们对下等人和无家可归者的仁慈吧！这种仁慈与一直到今天都是每一个出类拔萃者的成长条件却又被剔除的那些东西是怎样相互冲突的。再看一看这到处都充满着战争和吵闹的世界吧！这一永远存在的难题又如何使这些战争和吵闹更平静一些呢？无政府主义者、虚无主义者和自由恋爱主义者，主张自由制造银币者、社会主义者和单一税制论者，自由贸易者和市民服务改革者，禁酒主义者和反活体解剖者，带有其压迫弱者之观念的激进的达尔文主义者，以及所有与之相反的保守主义的社会情感，都只是通过实际的实验来决定人们在这个世界上能以何种行为来获得并保持最大量的善的。这些实验是有待判断的，而不是先验的，但却是通过实际的发现并在这些实验所造成的结果之后来判断它们产生多少迫切的要求或满足了多少要求的。空谈封闭的办法怎么可能预期到这一范围内各种实验的结果呢？或者说，在一个有着成千上万种理想，而其中每一种理想都拥有为其战斗的特殊勇士——这些勇士以某种天生具有的天才形式而出现，他们为其理想而奋斗！甚至不惜牺牲生命——的世界上，那些肤浅表面的理论家的判断又值几何？纯粹的哲学家只能循着各种迂回曲折的道路前行，坚信最少阻力的路线将通向更加丰富更具有包容性的（社会）安排，坚信人类将通过不断地调整方向开辟出某一条通向天国的坦途。

四

所有这些都说明，只要良心决疑论问题继续存在，伦理科学就将和物理科学一样，根本不能从抽象的原则中推演出来，而必须等待时机，准备随时修正它的各种结论。这在两种科学中，预设当然总是被人们普遍当作真实的东西来接受的，而正确的良心决疑论秩序则是为公共意见所相信的那种秩序。当然，我们中的绝大部分人都会认为，在伦理学中与在物理学中一样，完全撇开（已有的东西）都是愚蠢的，而以独创性为目的则都是伟大的。然而，任何时候，某个人都具有独立创造的权利，他的革命性思想和行动可能会给我们带来辉煌的收获。他可能会用更好的"自然法则"来取代旧的"自然法则"，通过在某些特定的方面突破旧的道德规则而实现总体上比恪守那些旧的道德规则所可能带来的更为理想的结果。

总的说来，我们必定会得出这样的结论：在道德哲学这一术语陈旧老式的绝对性意义上，任何道德哲学都不可能。在任何地方，道德哲学家都必须尊重事实，待机而行。那些创造了连自己都不知道从何而来的理想的思想家们，甚至连他们自己的敏感性是如何扩展的都不清楚，只有通过其他人的实验帮助，他才能回答有关在相互冲突的理想中究竟哪一种理想将会最适合于我们的世界这一问题。我在前面说过，在对我所说的"第一个"问题的处理上，直觉主义的道德学家们是值得信赖的，因为他们对这些心理学的事实保持了最清醒的认识。然而，由于他们对这一问题的处理混杂着那种教条主义的倾向，所以他们在整体上又破坏了他们的这一优点，那种教条主义正是通过绝对的区分和无条件的"你不应该"之类，把一种生机勃勃的、富有弹性的和持续生长的生命变成了一种遗物和尸骨一般的迷信体系。事实上，不存在任何绝对的恶，也不存在任何非道德的善。而最高的伦理生活——无论可以承诺这种伦理生活之责任的人有多么少——任何时候都存在于对那些在实际生活中已经变得过于狭隘的规则的不断突破之中。只有一条戒律是无条件的：那就是，我们应该不断地追求，带着恐惧与颤抖，以像我们实现我们所能看到的最大的整个善世界那样去选择和行动。抽象的原则的确能够帮助我们，但与我们更敏锐的直觉和我们对道德生活所抱有的更强烈的使命相比，抽象原则的帮助就要小得多。因为每一种真正的两难困境，在严格的意义上说都是一种独一无二的境况；而每一种决定所带来的已实现的理想与没有实现的理想之确切结合，总是一个没有先定秩序的世界，对于这一世界来说，也不存在任何充分先定的规则。那么，哲学家之作为哲学家并不比别人更能在具体紧急情况中决定最佳的选择。的确，哲学家多多少少总会比绝大多数人能够更好地明白，这一问题并不总是人们简单采取的此一善或彼一善的问题，而是这两种善分别所属的两个世界总体的问题。他知道，他必须永远为那个更富有的世界，为那种看起来最好组织的善、最适宜于复杂结合的善、也是最容易成为一个更具包容性的整体之一部分的善投上一票。但是，他无法预先知道究竟哪一个世界才是这样一个特别富有的世界；他只知道假如他投了错误的一票，受到伤害的人们所发出的痛哭声将会很快地告诉他这一事实。在所有这些问题上，哲学家就像我们这些非哲学家一样，天生具有公正和同情的本能，同样会发出抱怨的声音，哲学家的作用，事实上与我们今天最好的那类政治家的作用没有什么两样。因此，只要他的伦理学著述真正触及道德生活，就必定会越来越多地与一种人们公认是尝试性和提示性的而非教条的文学结成联盟——我的意思是指与那类较为深刻的小说和戏剧、布道，以及关于国家管理事务的著述、关于慈善的著述和关于社会改革与经济改革的著述结成联盟。用这种方式来处理，伦理学的高论可能是鸿篇巨著，也可能是通俗易懂的；但除了在它们最抽象最模糊的特征上之外，它们永远不可能是最终的；而且它们必须更多地放弃那种老式的、显得与众不同的和或然性的"科学"形式。

五

具体的伦理学之所以不能成为最终的，其主要原因之一是，它们不得不有赖于形上学的和神学的信仰。此前我曾说过，各种真正的伦理关系存在于一个纯粹的人类世界之中。如果思想家具有各种各样为他所依次执著的理想，这些伦理关系甚至会存在于我们称之为的道德孤地上。他某一天所具有的自我可能会要求他具有另一天不同的自我；这些要求中的某些要求可能是很急迫的和专横的，而另一些则可能是很文雅的、可以轻易放在一边置之不理的。我们把那种急迫专横的要求称之为律令。如果我们忽略这些要求，就听不到它们所发出的最后的声音。我们曾经伤害过的善会反过来以其产生的没完没了的危害性结果、内疚和悔恨来折磨我们。因此，义务可以存在于某一位思想家的良心深处；只有当他按照某种良心决疑论的尺度——该尺度使他对较具绝对律令要求的善保持高度的关注——来生活时，他的内心才能获得真正的和平。这些善对其对手的残酷性正是它们的本性之所在。任何事情只要是与这些善相抗衡的，都将是不适宜的。它们唤起我们品性中所有不仁慈的品性，而如果我们如此地心慈手软，以至于不敢为了它们而作出牺牲的话，它们是不会轻易饶过我们的。

从实践上看，人的道德生活中最深刻的差异，就是轻松心境与沉重心境之间的差异。当我们心境轻松时，我们占主导性的考虑是避免眼前的恶。相反，只要能够实现更大的理想，沉重的心境就会使我们对眼前的恶无动于衷。容忍这种沉重心境的能力也许蛰伏于每一个人身上，但是，某一些人比另一些人更难从梦中醒来。要激发这种心境，需要更为蛮荒的激情，也就是更大的恐惧，更强烈的爱和愤慨；或者是对某种更高忠诚的深刻而富于穿透力的诉求，如对正义、真理和自由的忠诚。强烈的解脱是这种心境幻觉的一种必需；而一个沧海桑田天翻地覆的世界，对于其居民来说绝对没有任何惬意舒适的生活场所。这就是为什么在一位孤独的思想家身上，这种心境会永远酣睡不醒的原由之所在。他所具有的各种各样自以为只是他自己纯粹偏好的理想也几乎都有属于相同性质的价值：他可以随心所欲地发挥这些理想。这也是为什么在一个没有上帝的纯人类世界上，那种对我们道德能力的诉求缺乏其充量化刺激力的原因之所在。当然，即使在这样的世界上，生活也是一曲真正的伦理交响乐；但它是在两个可怜的八度音阶内演奏的，而它无限的价值区域未能充分展开。的确，我们中的许多人——像斯蒂芬爵士在他那雄辩的"一位律师的杂论"中——可能会公开嘲笑这种沉重心境的观念本身，这种观念是由那些遥远的人类后裔们的呼吁在我们身上唤醒的，他们的呼吁构成了人类宗教最后的诉求。我们并不是很爱这些本来的人们；而且，有关他们进化的完美、他们较高的平均寿命和教育水准、他们摆脱了战争和罪恶、他们对痛苦和发酵病相对高的免疫力，以及他们所有其他方面的否定性优势，我们听到的愈多，我们对他们的爱就愈少。我们会说，所有这一切都太有限了，因为我们也能看到超越这尘世之外的无限太空。他们缺乏无限和神秘的观念，也许他们都是以那种漫不经心的心境来对付这一切的。眼下没有必要使我们自己或让别人为这些未来的好人们痛苦不堪。

然而，当我们相信他们那里也存在一个上帝，且上帝自己也是那些提出要求者中的一员时，我们眼前便豁然展现出无限的视景。（我们的伦理）交响乐便被无限量地延长。于是更为迫切的理想开始以一种全新的客观性和意味表达它们自身，开始发出那种穿刺人心、让人颤抖、富有悲剧性挑战意味的诉求之声。他们就像维克多·雨果的高山之鹰的呼叫那样敲响了钟声："鹰叫于悬崖之巅，深谷为之回荡"(qui parle au precipice et que le gouffre entend)，沉重的心境在这钟声中苏醒。这声音在小号声中说，哈哈！它远远地嗅到了战斗的气息，听到了指挥官们雷霆般的怒吼和呼号。它热血沸腾，对那些较少提出要求的人们的残忍远不是一种能够让那些怀有这一心境的人手下留情的因素，反倒是增加了他们坚定战斗的快乐；并以这种快乐回答那些更为强大的一方。一切都在历史的长河中穿行，都处在清教主义与那种漫不经心的心态之周期性冲突之中，我们看到了这种沉重心境与温和心境的对抗，看到了无限的伦理学与来自上苍的神秘义务之间的对峙，以及那些谨慎的需要与十分有限的需要之间的对比。

这种沉重心境的能力如此深沉地潜存于我们的自然人性的各种可能性之中，以至于即便不存在任何让人们相信上帝的形上学根据或传统的根据，仅仅是为了给生活艰难和摆脱存在及其充满最热烈的热情之可能性寻找一种借口，人们也会假设一种相信上帝的根据。我们对具体恶的态度，在我们相信只存在着有限需求者的世界中，与在我们为了一种无限需求者的缘故而快乐地面对悲剧的世界中，有着完全不同的表现。人们把握生命之恶的每一种能量和耐心、每一种勇气和能力，在那些具有宗教信仰的人身上都是无可限量的。由于这一原因，在人类历史的战场上，那种沉重型的品格将永远比那种轻松型的品格更经得起历史的考验，而宗教也将把非宗教逼至绝境。

看起来情况可能是——我的最后结论也是——道德哲学家所寻求的稳定而系统的道德世界只有在存在着一位神圣的包容（人类）全部需求的思想家的世界上才是充分可能的。如果真的存在过这样一位思想家的话，他使（人类）各种需求相互适应的方式就可能是最终有效的良心决疑论的尺度所在；他的要求就可能是最可诉求的；而他的理想世界就可能是最具包容性和最可实现的整体。如果他现在存在的话，那么，在他的思想中已经现实化的东西就必定是我们作为我们自己永远以不断切近之模式来追求的那种道德哲学。① 因此，

---

① 我的同事罗伊斯教授在其《哲学的宗教方面》（波士顿，1885）一书中对所有这一切都给予了非常新鲜而有力的阐释。

在对我们自己有关系统统一的道德真理之理想的兴趣中，作为可能的哲学家的我们，就必须假定一位神圣的思想家，并为宗教事业的胜利而祈祷。同时，确切地说，即使我们肯定这位无限性思想家的存在，他的思想也可能是我们所不了解的，所以，我们对他的假设终究只是为了使我们沉重的心境得到放松。但是，这是在所有人身上都发生的事，即使在那些对哲学毫无兴趣的人的身上也是这样。因此，不管道德哲学家在什么时候冒险地说哪一种行动方针最好，他都将处在一个与普通人没有任何本质区别的层面上。"瞧！我已经把这一天的生与善、死与恶摆在了你面前，因此，请选择你和你的后代可以过的生活罢！"——当我们面临这种挑战时，投入实验的只是我们的整个品格和个人天才；假如我们祈求任何所谓的哲学，我们的选择和对选择的运用也仅仅是我们个人的道德生活才能或无能的显示而已。任何教授的演讲，及无论有多少著述，都不能把我们从这种严酷的实践考验中拯救出来。解决问题的道理对于饱学之士和无知者来说都是一样，最后的凭借都在于他们内在品格的无声的意愿和厌弃之中，而不是在别的什么地方。这道理不在天国，也不在海外，就在你的身边，在你的口中，你的心中，你现在就这样做着。

选自［美］威廉·詹姆斯：《信仰意志》，纽约，朗曼—格林出版公司，1923。彭海燕译，万俊人校。

［美］杜威（John Dewey，1859—1952）

《人性与行为》（1922）（节选）

《新旧个人主义》（1930）（节选）

《自由与文化》（1939）（节选）

《人性与行为》（1922）（节选）

一、论社会变迁与道德冲突

据说，从社会习俗中引出道德标准便是剥夺后者的所有权威性。据说，道德意味着使事实从属于理想的考虑；而上述所引观点却使道德依附于纯粹事实，这无异于剥夺了道德的尊严与正义。此种反对意见拥有道德理论家的习惯势力为它撑腰；因此，它在否认习俗的同时却又得到它所攻击的概念的帮助。这种批评基于一种错误的区分。它事实上是在主张，要么是理想的道德标准先于习俗并将其道德品质赋予后者；要么，道德标准因落后于且源于习俗，因而只是一些偶然的副产品。

那么，如何解释语言现象呢？人类起初并未计划语言；他们在开始谈话时，心目中并无有意识的社会目标，在他们面前也没有语法和语音规则，用以调节他们的交际活动。这些东西在这一事实之后出现，且起因于它。语言诞生于非理智的牙牙学语、被称为手势的本能的动作以及环境的压力。但是，语言一旦诞生，便成为语言，而且作为语言而发挥作用。它的作用不是要使产生它的那些力量永恒化，而是要修正、引导它们。它具有无比的重要性，因而人们刻苦学习使用它。种种作品生产出来，随后便有了大量的语法、修辞、字典、文学批评、书评、散文，如此源源不断。教育、学校成为必需；读、写能力成为目标。简言之，语言在其产生之时，满足旧的需要并打开新的可能性。它创造需要，需要产生结果，而这结果并不局限于演讲与文学，而是延伸到由交往、咨询与指导构成的共同生活中去。

语言机构的发展规律也适合所有其他机构。家庭生活、财产、法律形式、教会与学校、艺术与科学团体，所有这些在最初兴起时并非为服务有意识的目的，而它们的创造也不是根据理性和正义的原则行事。然而，每一种机构都带有自己的发展需要、期望、规则、标准。这些并不只是对产生它们的诸种势力的修饰，或无聊的装点门面。它们是新增的势力，它们再创造，它们开辟新的努力方向并要求新的劳动。一言以蔽之，它们就是文明、文化、道德。

然而问题依然存在：依此方式诞生的标准和观念有何权威呢？它们对我们有何权利呢？在一种意义上，这个问题无法回答。但是，在同一意义上，无论我们给道德责任和忠诚赋予怎样的起源和威力，这个问题都无法回答。为什么要听从那些形而上的、超验的理念实在呢，即便我们承认它们是道德标准的制定者？为什么要这样做，假如我想那样做呢？只要我们愿意，任何道德问题都可以化约为这样一个问题。但是在经验的意义上，这个问题很简单。生活本身就是权威。为什么要使用语言，促进文学，获得并发展科学，推进工业和崇奉高雅艺术呢？问这类问题无异于问：为什么要生活呢？唯一的回答就是：一个人如果打算生活，他就必须过由这些东西构成的生活。我们可以问的唯一有意义的问题是：我们打算怎样使用这些东西并被它们使用，而不是是否会使用它们。理性与道德原则在任何情况下都不能被推到这些事物的后面去，因为理性与道德从它们之中生长出来。但是，理性与道德不仅从它们之中生长出来，而且生长进入它们之中，成为它们的一部分。任何人即便想脱离它们，也不可能。他无法回避怎样过生活的问题，因为无论如何他必须以这样或者那样的方式去过生活——否则就放弃、退出。简言之，不是要在习俗之外的道德权威和习俗之中的道德权威之间作出选择，而是要在采纳更多还是更少理智而有意义的习俗之间作出选择。

不可思议的是，拒绝承认习俗与道德标准之间的联系的主要的实际效用，是神化某种特别的习俗，把它当作永恒的、不变的、不容批评和修改的东西。此种结果在社会巨变时期尤其有害。因为它导致了名义上的标准和实际习惯之间的脱节，前者伴随着理论上的成功而变得苍白无力、华而不实；后者却必须关注现存的条件。这种脱节造成混乱，然而，动荡和混乱在实际上不能容忍，于是又促成了某种新的规则。只有像瘟疫和饥荒对生活和安全的物质基础造成的那种彻底的破坏，才能使社会陷入深深的混乱。任何程度的精神转变都不可能严重地扰乱习俗或道德的主流。因此，在社会变迁时期试图维持旧标准之不变性的更大的危险，并不是普遍的道德松弛；而是社会冲突，不同道德标准和目标之间不可调和的矛盾——阶级斗争最严重的表现形式。

因为彼此分隔的阶级培育出各自的习俗，即他们各自的行为道德。只要社会主要处于稳定不变状态，这些不同的原则和主导目标便不发生冲突。它们并存于不同的阶层，一边是权力、光荣、荣誉、气派、相互信任；另一边是勤劳、服从、禁欲、谦卑、敬畏：高贵与低微的美德。一边是活力、勇气、力量、创造；另一边是顺从、忍耐、魅力、个人忠诚：男性与女性的美德。但是，变动会侵犯社会。战争、商业、旅行、交往、接触其他阶级的思想和欲望、工业生产中的新发明，这些都会扰乱既定的习俗格局。凝固的习惯开始融化；一股潮流将从前分离的东西混为一团。

每个阶级都坚信自己目标的正义性，因而不太计较达成目标的手段。一方宣称秩序——有利于自身利益的旧秩序——高于一切。另一方则高喊自由权利，并将正义等同于自己受到压制的权利。没有共同的立场，没有道德上的理解，没有公认的申诉标准。今天这种冲突已经发生：在有产阶级和工薪阶级之间；在男人和女人之间；在老年人和年轻人之间。每一方都求助于自己的是非标准；每一方都认为对方是私欲熏心、异想天开或顽固不化的家伙。变动也影响了不同的民族。不同的民族与种族相互面对，带着各自不可改变的标准。历史上从未出现过如此频繁的接触与交织。从来没有过比这更重大的冲突，因为每一方都感到自己得到道德原则的支持。关于过去状况的习俗与关于未来可能性的情感，各行其道。每一方的需要都将对方视为道德原则——私利的表现，还是更高意志——的自私的破坏者。唯一可能的调解人——理智——却龟缩于遥远的抽象的王国，或只是在事后出来收录既成的事实。

二、论道德的社会性

当我们运用理智并对其后果负责时，理智就成为我们的理智。理智既非源于我们自己，亦非生于我们自己。"它看上去"比起"我认为"来，更是一个确切的心理学表述。思想逐渐发芽且枯燥无趣，观念则不断繁殖。它们均来自深层的无意识领域。"我认为"是关于意愿行为的一种陈述。而有些建议则从不为人知的领域奔涌而出，我们主动性的习惯吸纳了它们，从而使之成为某种断言。它们不再是赋予我们的东西，而是我们所接受和言说的东西。我们据此而行动，并潜在地承担了其后果。信仰和命题等材料并非我们自身的创造，而是他者所赋予我们的，如教育、传统以及环境的提示。就材料而言，我们的理智受到我们置身于其中的共同体生活的制约。我们认识到共同体生活给我们灌输了什么，并能依据其为我们所塑造的习惯来进行认识活动。科学是关涉一种文明的事情，而非关涉个体理智的一种事情。

良知亦然。当一个小孩有所行为时，其周遭环境便会有反作用。它不断地予他以鼓励，赞同他，或者也提出反对和责难。当我们有所行为时，他人亦必对我们有所行为，这是我们行为的自然结果，就像我们把手伸进火中时必有所反应那样自然。不妨把社会环境看作人工的，但它对我们的反应则是自然的而非人工的。我们在语言和想象中重复他人的反应，并且不断地仿效他人的后果。我们预先认识到他人的行为方式，而这种预先认识，则成了行为判断的起点。我们的认识同他人相关；这就是良知。我们的胸中自有城府以供探讨和评价所提议的行为和所实行的行为。外在的共同体成为内在的论坛和法庭，以便评判控告、裁决和申辩。我们对自身行为的看法渗透着他人的想法，这些想法不仅表现在外在的传授中，而且更有效地表现在他人对我们行为的反应中。

义务感是责任感的起点。我们行为的后果应由他人来评价。他们把对这些后果的喜恶强加于我们；认为这些后果并非我们造成的，是疏忽所致而非刻意所为，或者是最高尚的行为过程中的偶然事件，都是徒劳的。他人的权威是强加于我们的。我们并不赞同，但不赞同并非内在的思维状态，而是一种最确定不过的行为。他人通过其行为向我们言说，而我们则毫不介意这种行为是否故意。我们总是认为，他人在再次做出某种行为时总是故意的。指责和反对的判断，其意义总是指向未来的，而非返回过去的。有关责任的种种理论可能不免模糊，但在实践过程中，没有人会愚蠢到向过去发难。赞同和反对能够对习惯和目标的形成产生影响，亦即对未来的行为产生影响。个人的行为有待他人作出评判，以便对其未来的行为有所作用。人们逐渐学会了通过不断的仿效来接受他人的评判，而义务则成了一种自觉自愿的认同，即认识到行为都是属己的，其后果也源于我们自身。

道德判断和道德责任都是由社会环境为我们塑造的，这两方面的事实蕴含着，一切道德都是社会性的；这不仅仅因为我们应当考虑自身的行为给他人的福利所带来的后果，而且因为这本身即是事实。他人也会考虑我们的行为，并相应地对我们的行为作出反应。这种反应事实上会影响我们行为的意义，因此赋予意义也就不可避免，就像与物质环境的交往那样不可避免。事实上，当文明推动物质环境的发展，使之愈益人化时，物质能量和事件在人类活动中也就愈益发挥作用。不论我们是否认识到这一事实，我们的行为都受到社会的制约。

习俗对习惯的影响以及习惯对思想的影响，便足以证明这一论断。当我们着手预测行为的后果时，最明显的后果往往来自于他人。就我们的行为得以延续或中断而言，他人的合作和反对是主要的事实因素。与同侪的相互关联，既能够为我们提供行为的机会，又能够为我们把握机会提供便利。个人的所有行为都确凿无疑地带有其共同体的印迹，其所使用的语言亦然。之所以难于认识到这种印迹，在于不同团体的成员禀有不同的印迹。我得重申，此种社会渗透性是一种事实，而不是一种应然，不是可欲或不可欲的东西。它并不确保某种行为的真与善；没有理由把罪恶的行为看作个体的，而把正当的行为看作社会的。同人的各种善举一样，对自身利益刻意的、无耻的追逐，也是受到社会机遇的制约的，所不同者在于，对相互关联和相互依赖性的认识的性质和程度不同，两者各自的方法不同。

不妨看看当今比比皆是的自我追逐，亦即金钱和经济力量的效力。金钱是一种社会产物，财产是一种法律习俗，经济机遇则依赖于社会状况，它们之所以成为追逐的目标，完全同社会的崇尚、声望、竞争和权力相关。如果说挣钱在道德上是可耻的，那是因为上述的事实，而并非因为挣钱的人脱离社会，孤立自私，或者因为他根本不依赖于社会。他的"个人主义"并非源自其天生的本性，而是源自他在社会环境影响下所形成的习惯，源自他的具体目标，而这些具体目标则是社会条件的反映。一个人可能运用各种社会关系来不公正地牟取自身利益，他可能有意无意地运用这些关系来满足私欲。因此，他被指责为自私。然而，其行为及其所遭遇的反对都是社会范围内的事实，都是社会现象。他是把不公正的私利当作社会财富来追逐的。

明确认识到这一事实，是改善道德教育的前提条件，也是理智地认识主要的道德观念或"范畴"的前提条件。如同走路是两腿与物质环境的相互作用一样，道德是个人与其社会环境的相互作用。走路取决于两腿的力量和能力，但也要看是走在沼泽中还是走在平坦的大街上，也要看是安全的人行道还是必须在危险的车流中穿行。如果说道德水准低下，那是因为个人与其社会环境的相互作用所提供的教育有缺陷。当整个社会都在崇尚"成功"人士、即崇尚那些因掌握了金钱或其他权力而出人头地受人羡慕的人们时，宣扬谦逊朴实和自足自乐又有何用？倘若一个小孩脾气暴躁、诡计多端，那么必有其他人参与了这种脾气的塑造。

对于任何人而言，意识到不假思索的行为和自私自利的行为会引起他人的义愤和憎恨，是十分有益的。没有人能够完全免遭他人的直接批评，也很少有人能无须他人的赞同和支持。但这些影响同社会评判的影响相比，则是被过度夸大了，因为后者不需要赞赏和责难与之相随，它能促使人们认识到自己的所作所为，并使之掌握一种分析方法，以便分析那些模糊的并往往是不公开的行为驱使力量。我们需要借助一门关于人性的科学的方法和材料，以便洞察关于行为的种种判断。缺乏这种洞察，即使是在道德指导下有利于他人的最好意图，都会以误解和不和的悲剧收场；从家长和孩子的相互关系中，我们便可以经常看到这样的情形。

因此，促成一门更为适切的关于人性的科学，就是一件头等重要的大事。当前人们反对把心理学看作一门关于意识的科学，这种做法将来也许可能成为思想与行为出现某种确定变革的开端。从历史上看，有充分的理由把人类行为的有意识的状态加以分离和夸大；这种分离往往忘记了"有意识的"一词是一个修饰行为的形容词，因而最终也就把"意识"抽象为一个名词，使之成为一种完全独立的存在。这些理由，不仅为技术哲学的研究者所感兴趣，而且为文化史乃至政治学史的研究者所感兴趣。他们必须努力把现实同超验存在和内在动力相区别，并使之处于光天化日之下。他们从属于所谓的现象学这一总体运动，并且从属于日愈重要的个人生活和个体意愿。但其结果，则是使个体同其诸种关联（这些关联既涉及他的同侪，也涉及自然）相分离，并因而导致了一种人为的人性，从而使人们无法在分析性理解的基础上对之加以理解和有效地引导。

结果，物理科学及其技术应用有了高度的发展，而关于人的科学、道德科学则大为滞后。我认为，由此导致的不对称和不平衡在多大程度上造成了目前世界的困境，是很难加以估计的。认为 17 世纪刚显露端倪的物理研究方法要比当时的宗教战争更为重要，这在当时看来似乎是荒诞不经的。然而，宗教战争标志着一个时代的结束，而物理科学的出现则标志着另一个新时代的开端。有头脑的人都会发现，同当今尚未完全成形的人的科学的发展相比，作为当今社会主要外部特征的民族战争和经济战争，终究不显得那么重要了。

认为社会关系有待从科学的社会心理学的发展中获得实质性支持，是不太实际的，因为"科学的社会心理学"一词即表明了它的专业化和远离实际。然而，信念、愿望和判断等习惯的形成，则每时每刻都受到人们相互联系、互动和交往等条件的影响。这是社会生活和个性特征的基本事实。对于这一事实，传统的人的科学非但未能有所启迪，反而是加以混淆和实质性的否定。超自然的和准神秘的东西在普遍的道德中发挥了巨大的作用，其结果是我们不得不承认科学的徒劳无用。因此，对于有效地控制人类相互关系的诸种心性而言，其形成则完全受制于偶然性、习俗以及个体当下的喜好、憎恶和志向。众所周知，现代工商业受制于对物质能量的控制程度，而这种控制依据的是物理研究和分析的正确方法。我们却没有与此相匹的社会学科，因为在心理科学的道路上我们几乎一无所有。然而，随着物理科学、尤其是化学、生物学、生理学、医学和人类学的发展，我们如今已经具备了创立这样一门人的科学的基础，其形成的标志可见诸临床的、行为的和社会的（就其狭义而言）心理学运动。

目前，除了拙劣地运用指责、赞赏、劝告、惩罚等技法外，我们没有确定的方法来塑造性格。不仅如此，对道德探究的一般观念，其意义亦是可疑的和聚讼纷纭的，原因在于，这些观念探讨脱离了人类互动的具体事实。

…………

不妨重新回到一些基本命题。道德同存在的事实性密切相关，而不是同脱离具体实际的理想、目的和责任相关。作为道德之基础的事实，来源于人们相互之间的密切关联，来源于人们在愿望、信仰、判断、满足和不满的生活中相互关联的活动结果。在此意义上，人类行为和道德是社会性的：它们并非应当是社会性的，也并非难以预期的。但是，关于社会性的实质则存在着巨大的分歧。理想化的道德一开始就认识到这些分歧。人类的互动是客观存在的，并且每时每刻都在进行着。然而，只有当我们学会观察这些互动时，我们才能充分有序地对之加以把握和利用。思维本身的运作如果不借助科学，就不能正确观察这些互动，也就不能理解和利用这些互动。因为天生的、无所凭依的思维恰恰是指信仰、思想和愿望等习惯，它们是偶然产生的，并且受制于社会制度和习俗。但是，所有偶然性和合理性综合起来，便能够最终使我们从社会条件中获得一种科学观察和研究的思维。培育和发展这种思维，是当前社会的一种责任，这是由当前社会的迫切需要所决定的。

选自［美］J. 杜威：《新旧个人主义——杜威文选》，上海，上海社会科学院出版社，1997。孙有中、蓝克林、裴雯译。

《新旧个人主义》（1930）（节选）

论新个人主义

我们的物质文化（诚如人类学家所言）正处于集体化与合作化的边缘。然而，我们的道德文化连同我们的意识形态，依然充满源于前科学、前技术时代之个人主义的理想与价值。其精神根源可上溯至中世纪的宗教，后者肯定个人灵魂的终极性，并将人生之戏剧围绕这一灵魂的归宿而展开。其制度的与法律的观念形成于封建时期。

这种道德的、哲学的个人主义，先于现代工业的兴起与机器时代。它是后者活动的背景。个人对既成制度的显见的从属，常常遮掩了个人主义在深层的顽强存在。支配性的制度曾经是教会这一事实提示我们，个人主义存在的终极意图乃是确保个人得救。个人被看作一个灵魂，该制度所服务的目的被推延至另一个生命，此二者掩盖了潜在的个人主义，使当代人无法认清。在其自己的时代，其实质正是个人灵魂的这种永恒的精神性；既成制度的权力来自于他们作为实现个人终极目的的必要手段。

工业革命的早期促发了一场伟大的转变。它将个人的追求转向尘世，将重心从农业转向制造业，从而瓦解了封建主义的固定财产观。不过，认为财产与报偿具有内在的个人性这一观念延续了下来。的确，在早期与晚期的个人主义中有不可调和的因素。但是，个人资本主义、天赋权利以及具有严格的个人特征与价值观的道德，所有这些因素的混合物在清教主义——占统治地位的理智综合——的影响下，保留了下来。

然而，此种综合的基础被随后工业系统的发展所摧毁，后者使个人的能力、努力与工作融入集中的整体中。同时，对自然能源的控制消除了时间与空间，结果是曾经适应地方性条件的行为，被复杂的、无限广阔的活动吞没。但是，旧的精神特征在其原因与基础消逝后保留下来。从根本上说，这便是产生当前混乱与虚伪的内部分裂。

早期的经济个人主义有明确的信条与功能。它寻求从法律的束缚下释放人的需要以及满足这些需要的努力。它相信这种解放将激发潜在的能量，将自动地把个人的才能安排到适合它的工作上去，将用利益去激励它从事那种工作，并将确保才能与进取精神获得它们应享的回报与地位。与此同时，个个能量与储蓄将服务于他人的需要，并因此促进普遍的福利，实现利益的普遍和谐。

从上述哲学形成之日起，我们已走过漫长的道路。今天，这种个人主义最坚定的捍卫者也不敢重复其乐观主义的断言。他们至多满足于宣称其与不变的人性——据说此种人性只被个人获利的希望激发——的一致性，并将向任何其他社会制度转变的不可避免的后果描绘得一团漆黑。他们将当代文明的全部物质成就都归功于这种个人主义——似乎机器是由谋利的欲望而不是非人化的科学造出来的；似乎它只受金钱的驱使，而不受在集中技术指导下的电与蒸汽的推动。

在美国，旧个人主义采取了罗曼蒂克的形式。几乎没有必要设计一套把个人获取与社会进步相等同的理论。实际情形的需要，呼唤着在所有迫切的工作中发挥个人的首创性、进取心与活力，而个人的活动又促进了国家生活。克罗瑟斯博士（Dr. Crothers）表达了当时的时代精神，它的言论被西蒙斯（Sims）先生恰当地收入其《冒险的美国》一书中：

> 你若想理解美国的驱动力，你就必须理解那些<u>互</u>不相同的不满足、无耐心的年轻人，他们每一代都为自己的能量找到突

破口。……使你不安的闹声并不是愤怒的无产阶级的叫唤，而是寻求新机会的急切的年轻人发出的吼声。……他们在今天代表着新一代的热情。他们代表着俄勒冈人和加利福尼亚人，顽强的拓荒者们不顾艰难险阻向他们走去。这就是社会不安定在美国的含义。

如果这不是发自久远过去的一个声音的回声之回声，我便不知其为何物了。我真的听不到一声无产阶级的喧嚷；而我却要说这些听到的声音是对失去机会的怨声絮语，伴随着机器、汽车与酒店的喧闹，后者已淹没那愤愤不平的絮语，再也听不到为冒险的机会而发出的急切的吼声。

旧个人主义的欧洲形式曾有其价值与暂时的合理性，因为新技术需要从繁琐的法律约束下获得解放。机器工业本身尚处于开拓阶段，那些面对冷漠、怀疑与政治阻挠而冲锋陷阵的人，理应获得特殊的奖赏。而且，资本积累是在今天看来微不足道的小企业范围内进行的；当时无法想象资本积累会成为如此庞然大物，以至于能够决定法律与政治秩序。贫穷以前被认为是不可避免的自然之道。新工业许诺了一条出路。但那时尚不能预见这样一个时代：机器技术的发展将为合理的闲适以及所有人广泛的安逸提供物质基础。

使旧个人主义哑然失声的转变在我国来得更明显、更迅速。今天呼唤着创造力并为首创性与活力提供无数机会的荒野在哪里呢？欢快向前（即便身陷困厄）奔向征服的拓荒者又在哪里？那荒野存在于电影与小说之中；而拓荒者的后代们生活在由机器造就的非自然的环境里，无精打采地享受着影片中生动再现的拓荒者的生活。我看不到什么因竭尽全力寻求行动之突破口而导致的社会不安定。相反，我发现了抗议，这种抗议乃针对因创造性机会的缺乏而引起的活力的消退与精力的耗损；而且，我看见一种混乱，它表明我们无法在一个动荡不安的经济环境中找到一个可靠的、高尚的位置。

由于旧个人主义的破产，那些意识到这种崩溃的人常常论辩起来，似乎个人主义本身已经一去不复返了。我并不认为那些把社会主义与个人主义对立起来的人真的以为个性即将消逝，或者它不是某种具备内在固有价值的东西。但当他们谈起来似乎只有个人主义才是过去两个世纪的本土事件时，他们是在帮助那些想要保持这种个人主义以牟取私利的人，而且他们忽略了主要的问题——改造社会以利于一种新型个人的成长。有许多人相信，为了实现个人首创性与广泛的安全，某种形式的社会主义是必要的。他们关注现存制度下少数人对权力与自由的控制，因而他们认为集中的社会控制是必要的，至少在一段时期内是这样，其目的是要实现所有人的利益。然而，他们似乎过多地假定，只要将早期的个人主义推广到大多数人，目的就会实现。

这种想法把个人主义当作某种似乎是稳定的、拥有一致内涵的东西。它忽略了一个事实，这就是，个人的精神与道德机构，他们欲望与目的的模型，都随着社会构成的每一次大的变化而变化。不受团体组织——无论是家庭的、经济的、宗教的、政治的、艺术的，还是教育的——约束在一起的个人只是些怪物。设想把它们维持在一起的联系只是外在的，而并不反作用于思想与性格，从而产生个人的心性结构，这种想法是荒谬的。

"失落的个人"之悲剧在于：虽然个人现在已为种种庞大而复杂的团体所掌握，但这些联系的意义尚未和谐且一贯地映入人们想象的与情感的人生观。当然这一事实进而又起因于社会现状缺乏和谐。无疑存在一种循环，但这是一种恶性循环，如果人们拒绝接受——运用本文前一章所界定的理智、观察与探寻的精神——社会现实，且因这种拒绝，或屈服于分裂，或从逃避或仅仅是感情上的反叛中寻求个性的解救。把合作与集体同个人相对立的习惯，有利于混乱与不确定的延续不断。它把人们的注意力引离了这样一个关键问题：个人在一个史无前例的崭新社会环境中怎样重新界定自我，新个人主义将呈现怎样的品质？

问题不只是将经济上的首创性、机会与进取心等特征推广到所有的个人，而是造就一种新型的心理与道德，这一结论暗含于今天为实现美国观念的一致化与标准化而必须承受的巨大压力之中。组织化、树立一种由大众观念中抽取的作为行为调节标准的平均值以及一般说来数量对质量的控制，所有这些为什么竟然成为当前美国生活如此典型的特征呢？我只找到一种根本的解释。个人不可能在理智上保持真空状态。他的观念与信仰如果不是他所分享的公共生活的自然的功能，那么，一种表面的一致就会通过人为的、机械的手段达成。由于缺乏与形成中的新型社会共同性相一致的精神，于是那些貌合神离的外在的机构便拼命要填补这一空白。

结果，我们思想的一致性比它外在表现的具有更多的人为性。标准化是可悲的；人们几乎可以这样说，它之所以可悲，原因之一是它未能深入。它深入到足以压制思想的原始品质，但尚未深入到足以达到持久的一致性。它的不稳定性表明了它的浅薄性。所有通过外在手段，通过压制与威胁(无论多么微妙)，以及通过精心策划的宣传而得到的思想一致，都必然是浅薄的；而凡浅薄的东西必然动荡不定。所使用的方法导致大众的轻信，而这种轻信又根据流行的观点游移不定。我们思想一致，感情相通——但只有一个月或一个季度。随后又出现某个其他的轰动事件或名人，于是又实现一种令人陶醉的一致反应。在特定时间，从一定侧面看，一致是必然的。但在时间的长河中纵向地看，不稳定与波动处于支配地位。……我想，有些人听到诸如"无线电意识的"(radio-conscious)以及"热衷于航空的"(现在如此频繁地强加于我们)之类的术语时，一定恼羞成怒。我以为这种气氛并非全因为语言方面的原因。它证实了对我们的思想形成且摇摆于其中的外在方式，以及对其结果的浅薄性与不一致性的一知半解的意识。

我想，有人会认为我对美国现在社会的合作性的强调，事实上(即便不是作者的本意)是在要求比现存状况更大的顺从。真理前进一步就是谬误。将社会等同于或高或低的一致程度(无论何种程度)，是引起个人失落之误导的又一证据。社会当然只不过是个人相互间这种或那种形式的关系。而且所有关系都是相互作用，而非固定的模式。构成人类社会的具体的相互作用包括参与中的予与取以及一种共享中的予与取，这种共享增进、扩大并深化着那些相互作用之因素的能力与作用。顺从意指没有充满活力的相互作用，以及对交流的阻止与窒息。正如我一直试图要说明的，它是在缺乏被纳入思想与欲望的内在倾向中的种种联系的情况下，用于维系人们的人为替代品。有些人将"社会"同人际交往中的亲密关系(如友谊中的)对立起来。他们会给"社会"一词赋予怎样的意义呢？我常常不得其解。可想而知，他们心目中装的是一幅充满僵化的制度或某种固定的、外在的组织的图画，但是，一种不同于人际联系与交往结构的制度，只是某一过去社会的化石而已。组织，正如任何有生命的有机体所表现的，是相互交换中的不同细胞的合作性一致。

我推想，那些操纵宣传机构制造一致感的更为理智的人们，在目睹自己的成功时也会感到不安。我很能理解，他们对自己在特定时间获得预期效果的能力，一定有几分玩世不恭；但我却在想，他们也会惧怕这种同一心态在关键时刻出乎意料地调转方向，同样全体一致地反对那些它曾受人操纵而支持过的事物与利益。从众心理在不稳定时是危险的。依靠它获得永久支持，无异于玩火。顺从若要长期有效，就必须成为对源于真正共同生活的种种和谐一致所作的自发的、主要是无意识的表现。一种人为导演的思想与情感的一致，是内在空虚的表现。并非所有现存的一致都是有意制造的；它不是蓄意操纵的结果；相反，它是一些外在原因的结果，这些原因的外在性使其成为偶然的，不稳定的。

一般美国人的"参与"习惯及其过分的社交性，或许可以作与顺从相同的解释。它们也证实了人们对旧个人主义的消逝所导致的真空怀有本能的憎恶。我们在独处时如果有深植于我们思维习惯的共同思想为伴，我们应不致如此反感孤独。由于没有这种共享，就需要通过外在的联系来加强。我们的社交性主要是一种寻找那种正常的联系与一致意识的努力，这种意识源于作为社会整体中为社会支持且支持社会的一员的需要。

新个人主义不可能通过将旧的经济个人主义的好处推广到更多的人而实现；同样，它也不可能通过进一步发展慷慨、好意与利他主义而达成。这些品质是令人羡慕的，但同样它们或多或少是人性的永恒表现。在当前情形下存在许多刺激它们活跃起来的因素。或许它们更多地表现为美国生活而不是任何时期任何其他文明的典型特征。我们的慈善与博爱，部分地是内心不安的表现。作为这种表现，它们证实了一种见识，这就是，为牟取私利而推行的工业制度并不能满足即便是那些从中获利的人们的全部人性。现存经济制度通过阻止其明确表达而窒息的本能与需要，在种种行为中找到了宣泄口，这些行为承认现存制度作为一种制度所否认的社会责任。因此，慈善措施的发展不仅是对商业活动所造成的人性窒息之补偿，而且是一种预言。建设胜于缓解；预防胜于医治。缓解贫困及其相关的精神紧张与生理疾病之类的活动——而我们的慈善活动(甚至包括教育捐资)之终极原因乃在于经济的不安全与窘迫——向人们悲观地预示着这样一个社会，在那里，日常的职业与关系将给所有顺应社会主流的正常的个人提供独立与丰裕的生活，并以缓解的策略对付特别的危急事件。我们无须考察伟大的慈善家的个人动机，便可从他们的所作所为中看到我们现存经济组织之衰败的明确记录。

创造一种新型个人——其思想与欲望的模式与他人具有持久的一致性，其社交性表现在所有常规的人类联系中的合作性——的主要障碍，是早期个人主义之典型特征的顽固存在，这种个人主义用一己的金钱利益观念来定义工业与商业。为什么这里也存在如此热烈的追求标准化同一性的兴趣呢？我想，这不是因为顺从本身让人觉得是一件了不起的大好事，而是因为某种形式的顺从为我们现存制度的金钱本色提供了防御与保护。

其前沿可能布满有关变化之恐怖的描绘，以及支持法律秩序与宪法的叫嚷。隐藏其后的则是使现存的制度永久化的欲望，因为这个制度用经商谋利中的成功来定义个人的创造力与能力。

旧个人主义的全部意义已经萎缩为一种金钱尺度与手段，这样说并不过分。那些被认为属于倔强的个人主义的美德可以高声赞美，但无须什么远见卓识便能一眼看清，真正受重视的是与在谋利的商业中有利于成功的活动相关的东西。这样，个人主义在商业领域的信条与其在思想和言论领域对个性的压制相结合，恰成反讽。对于任何标榜的个人主义，我们无法想象较下述更尖锐的评论：这种个人主义使唯一的创造个性——心灵的——服从于维持一种制度，该制度仅为少数人提供机会，因为他们在经营唯利是图的商业中老谋深算。

据称，自我奋斗的经济个人主义虽然没有实现能力与报酬的适应及其早期预言的各种利益的和谐，但它给我们提供了物质繁荣之利。这里无须问及此种物质繁荣在多大范围内实现了，因为把唯利是图的个人主义说成是物质繁荣的动因，是没有道理的。它曾是某些大富翁发迹的原因，但与国家财富无关；它在分配过程中发挥作用，但与终极创造无关。在机器技术中发挥作用的科学知识才是最大的生产力。表现为牟取私利之热情与事业心的经济个人主义，一直主要是技术与科学运动的附庸，且常常是寄生的附庸。

产生个人主义的背景已经改观。正如克罗瑟斯所揭示的，拓荒者并不太需要任何与其所从事的急迫任务无关的观念。其精神问题均出自同物质世界种种力量的斗争。荒野是一种现实存在，它必须被征服。由此产生的那种性格便是强壮的、粗犷的、常常是鲜明的，且有时是英雄化的。个性在那时是一种现实，因为它与环境相对应。宗教与道德方面无关的传统观念被承接了过来，但被控制在无害的范围内；的确，不难过这些观念重新解释，使之成为对坚强者的鼓励，对弱小者和失败者的慰藉。

然而再出没有那必须与之搏斗的物质的荒野了。我们的问题出自社会环境：它们与人际关系相关，而与人同物质世界的直接关系无关。个人的冒险——如果真会有任何个体的冒险，而不是陷入自满的死气沉沉或绝望的不满——只是尚未征服的社会边疆。应急的观点解决不了问题。要解决的问题是全面的，而非地方性的。它们涉及在全国范围内发挥作用的种种复杂的力量，而不是那些眼前的、几乎是面对面的环境力量。传统观念非但无关，反而是一种累赘。它们是形成一种新个性——既有内在的整合，又具备在个性赖以存在的社会中发挥作用的被释放了的功能——的主要障碍。只有通过控制性地利用业已掌握自然界物质力量的科学与技术之全部资源，我们才能获得一种新个人主义。

现在这些科技资源并未从根本上加以控制。相反，它们控制着我们。它们的确在物质上受到控制。每一个工厂、发电站与铁路系统，都证实我们已达到这种方式的控制。但是，通过机器控制动力并不是对机器本身的控制。通过科学对自然能源的控制，并不是对科学的控制性利用。我们尚未接近控制的顶峰，连开始都谈不上。因为控制与结果、目的与价值相关；而我们并未没法掌握——很难说我们已开始这样梦想——物质的能量，以实现计划中的目标与预期的利益。机器突如其来，使我们措手不及。我们没有因此构建与其潜力相当的新目标；相反，我们却极力使之服务于过去的目标，这些目标代表着把对自然能量的任何大规模控制视为奇迹的时代。正如克拉伦斯·艾尔斯（Clarence Ayres）所说："诚如某些史家所言，我们的工业革命是以纺织工业中半打的技术革新开始的；而我们却用了一个世纪的时间才认清，任何重大的事件都是在纺纱、织布技术的明显改进后才发生的。"

我并不是说早期的目标与价值本身微不足道。但同我们现在所掌握的手段相比，它们就不足挂齿了——如果我们的想象力足以包括这些手段的潜在用途。它们比微不足道更糟；当人们面对那些有形的工具与机构——因缺乏周全的目标与协调的计划，它们盲目地使我们四处漂泊——时，它们使人茫然而误入歧途。我无法从布尔什维克俄国为之激动的那种所谓哲学中得到理智上、道德上或美学上的满足。但是我肯定，未来的历史学家面对我们的时代将既仰慕又惊讶，他们所仰慕的是那些首先预见到可以通过有组织的计划引导技术资源服务于选定目标的民族，他们所惊讶的则是在技术上更为先进的另一些民族在理智上和道德上的迟钝。习俗以及对眼前枝叶末节的热衷所导致的想象麻痹症的征兆，莫过于那些自命清高的人所极力鼓吹的信仰：机器本身是我们一切问题的根源。当然，巨大的潜在资源将责任加于我们；无论人类的能力能否利用机器与技术为我们已经打开的机遇，这种责任还将不得不表现出来。但是，很难想象任何比那种将一切归咎于机器的万物有灵论更幼稚的东西。因为机器乃是一种梦想不到的动力资源。如果我们将这种动力用于获取美元而不是人类生活的解放与丰富，那是因为我们满足于停留在传统目标与价值的框框之中，尽管我们已拥有一种革命性的改造工具。对个人主义的陈旧信条的重复，只不过是对这些束缚心满意足的证据。依我之见，很难相信，这种特殊形式的自认落后会再持续很久。当我们开始自问我们能用机器为创造与实现与其潜力相当的价值做些什么，并开始有组织地计划实现这些利益时，一个与我们生活其中的时代现实相适应的个人也将开始形成。

把机器视为社会邪恶的制造者加以反击，这有其美学的根源。一种更理智的准哲学的反对将自然科学视为社会邪恶的根源；或者，如果不是科学本身（只要它安于其适当的卑微地位，便准其平安无事），那就是那些依靠科学作为观察手段的人所持的态度。对自然的轻视可以理解，至少站在历史的角度可以理解，尽管对我们生命的发源地与生活无法逃避的环境持轻视态度，似乎不仅在理智上可悲，而且在道义上无理。但是，我感到不可理解的是人们竟然会畏惧、厌恶研究自然的方法。眼睛看到许多邪恶的东西，手臂会做许多残忍的事情。但是那挖出眼睛、砍掉手臂的疯子，只能是疯子。有人或许会说，科学只是我们用以接近自然的自然手段的延伸。而我所谓延伸不仅是数量上的广度与深度，如显微镜增加肉眼的视力；而且是通过将关系与相互作用纳入视野而对洞察力与理解力的延伸。既然我们必须无条件地以某种形式、通过某种途径接近自然——要是通过死亡之途就好了——我坦率承认自己完全无法理解那些反对理智的、有控制的方法——因为这正是科学的要义——的人。

我对他们的态度能持有任何同情的唯一办法就是回想曾经有那么些人，他们宣称崇敬科学——并大写该词——他们不是把科学当作一种研究的方法，而是当作一种自我封闭的与外界隔绝的存在，一种有关自足的、权威的、固有的绝对真理的新神学。然后，似乎纠正他们的误解要比首先赞同这种误解，然后一反崇敬而为谴责，要简单得多。理智的方法之反面是毫无方法或盲目的、愚蠢的方法。从列举"科学的局限"中获取乐趣，此种心态何其怪矣。因为知识的内在局限反在于无知；赞美无知的动机只有那些从维持他人无知状态中谋利的人才知道。科学当然有其内在的局限。但此种局限乃由于应用它的人的无能；克服局限的办法在于矫正其使用方法，而不是诅咒被使用的东西。

这样来看待科学与技术才是恰当的，因为它们正是当代生活中具有终极意义的力量。只有通过在理解其潜在意义的基础上对它们加以利用，一种与当代现实和谐一致的新个人主义才能诞生。在个人及其种种关系中存在着许多层次和许多要素。我们不可能整个地一齐理解和把握它们。敏锐和辨别力与选择是必要的。当艺术获得其客观的效果时，正是此种选择的结果。我们时代所需要的用以创造一种新型个性的艺术是这样一种艺术，它因为敏于接受作为我们时代动力的科学技术，将能正视科学技术可能为之服务的广阔的社会文化。我并不急于描绘这种正在出现的个人主义将采取的形式。的确，只有在取得更大进步后我们才能进行描绘。但如果我们不停止用社会合作对抗个人，如果不培养一种创造性的、富于想象的眼光以正视科学技术在实际社会中的功能，这种进步就不会实现。上述思路的最大障碍，我再说一遍，就是旧个人主义的永久化；正如我已指出的，这种旧个人主义现已堕落为利用科学技术服务于牟取私利。有时候我们不知道那些意识到当前弊端却又不遗余力地攻击一切——除上述障碍之外——的人，是否不受他们无意识中宁愿藏之于意识之下的那些动机的干扰。

选自［美］J. 杜威：《新旧个人主义——杜威文选》，上海，
上海社会科学院出版社，1997。 孙有中、 蓝克林、 裴雯译。

《自由与文化》（1939）（节选）

民主与人性

人民，作为一个整体，是有政治权利的。我们肯定这一点，是为了反对所谓上帝或"自然"把统治权授予某一阶级的说法。与此同时，对人性也就产生了兴趣，这并不是偶然的。要想表述政治上民主的确认与对人性的新的认识之间的联系的广度和深度，我们就不能不深入到一个反面的历史背景之中去；在这个历史背景中，社会安排和政治形式都被视为"自然"的表现——而绝不是与人性有关的。在理论方面，这就包括着从亚里士多德和斯多葛时代到 16 世纪和 17 世纪现代法学的评述者们关于自然法则这个观念的一段悠久的历史。

关于这个发展历史和 18 世纪从自然法则转变到自然权利的故事是人类学术史与道德史上最重要的章节之一。但是深入钻研进去，会使我们离开当前的主题太远。于是我只得重点地重述这一句话：把人性当作恰当的政治协商的根源在欧洲历史上是比较晚近的事；当这种看法一经产生，它就标志着一种和过去关于政治统治、公民权和从属的根据的学说有着近乎革命的分歧——乃至在古代共和政府和现代民主政府之间的根本差别的根源也都在于用人性代替宇宙本性来作为政治的基础。最后，民主理论的变化以及进一步变化的需要也都是由于关于人性的构成及其组成因素与社会现象之间的关系的理论还不恰当。

以后所要研讨的课题是一个三幕剧，最后一幕还未完成，它正在表演之中，而我们现在活着的人们都是剧中人。尽可能简短地来叙述这个故事，第一幕是：一种片面强调人性的简单化——利用人性来促进和说明新的政治运动。第二幕乃是对于与人性有关的理论和实际的一种反动——所根据的理由是：它是道德上和社会上无政府状态的先驱，是人们赖以有机地联合起来的团结遭到瓦解的原因。现在正在演出的第三幕是：恢复人性与民主的联系在道德上的重要性，现在是用现有情况的具体事项来陈述的并且避免了早年陈述的那种片面的夸张性。我首先作这一概述是因为在后面我将不得不对于一些专门理论性的问题作比较详细的叙述。

我开始时说过，有一个学派的理论，把产生社会现象的交互作用中的"外在的"因素孤立开来，而与此并行的是另一个学派的理论，它把"内在的"或人的因素孤立开来。的确，如果我要遵循历史的顺序，后面的理论就应该首先讨论。而且这个学派的理论比我们所可能设想的更为广泛地和更为有影响地为人们所坚持的。因为它现在流行派的合适的代表者并不是那些职业的心理学家和社会学家们，宣称一切社会现象都要用个人的心理活动去加以理解，因为社会在最后的分析中仅仅包含着许多的个人。而这个观点的实际有效的叙述则见于经济理论之中，在这里，它为自由经济提供了纲领；而且这个观点也见于英国政治的自由主义之中，它是结合这个经济学说发展着的。目前还没有一种用心理学的名义出现在我们面前的，关于人类动机与社会事务之关系的特殊见解，用来解释它们并作为一切正确的社会政策的基础。但是作为一个人性论，它实质上是属于心理学方面的。我们也发现一种见解，认为在民主和资本主义之间有一种内在的和必然的联系，这也有心理学的基础和气味。因为把这两者说成是一对不能分开的孪生子，以至攻击其一就使另一的生命受到威胁，这只是因为相信某一种人性论的缘故。

关于这个用心理现象来解释社会现象的观点的古典的表述见于约翰·斯图亚特·穆勒的《逻辑》一书中——当这种说法被提出时，它几乎是公理性的。"一切社会现象乃是人性的现象……所以如果人的思想、情感和行动的现象是服从于固定的规律的，社会的现象也只能是服从于规律的。"又说："关于社会现象的规律乃是而且只能是关于社会状况下联合在一起的人类的行动和情欲的规律。"然后，好像是下结论似的说，"在社会状况下联合在一起"并没有使个人的规律有什么差别，因而也没有使社会的规律有什么差别，他又附加说："在社会中的人类，除了从个人本性的规律中派生出来的而又可以归结为这种规律的特性以外，并没有其他的特性。"

这个对"个人"的引证，揭示了一种特殊形式的简单化的性质，这种特殊的简单化控制着这个特殊学派的观点与政策。表述和维护为穆勒所概述的这种方法的哲学派别的人们在当时是革命的。他们想要把一群人，即那些与新式的工业、商业和财政有关的人们，从封建主义所遗留下来的、由于习俗和利益而为有权的地主贵族所喜爱的桎梏中解放出来。如果他们现在看起来不是革命的（是用人们的意见影响变化而不是用武力来引起社会的改变），这是因为他们的观点现在已经成为每一个高度工业化国家里的保守者的哲学了。

他们企图从学术上论证那些为今天革命者试图打倒的所谓资本主义的倾向的成就进行辩护的原理。在这里所涉及的心理学并不是目前教科书里的心理学。但是它表达着一种个人主义的观念，这些观念使得当时激进派的经济与政治理论生气勃勃。它的"个人主义"甚至为今天的专门心理学提供了很多的背景——几乎可以说它的全部背景，不是由于生物学和人类学上的考虑，它是从一个新的角度出发的罢了。在它起源之时，即使当它已写入书册之时，它也并不是一种书本上的主张。这些书籍只是把那些在竞选运动中所提议的并作为国会所要通过的法律所提出的观念加以阐述而已。

在进行详尽的陈述之前，我还想回忆一下早些时候我所说过的一句话：在任何一定时期所流行的关于人性构成的观点总是社会运动的一种反映，这些社会运动或者已经制度化了，否则就是正在反对一些社会上不平等的情况，因而需要理智上和道德上的理论来增强他们的力量。如果我们论及柏拉图关于决定人性构成的方法所作的论述，我们似乎离题太远了。他说过，适当的方法是：在试图从个人这个看不清楚的精微版本中去求得关于人性的解释之前，先在社会的阶级组织这个字体粗大、清晰可读的本子中去找它。因此，根据他所熟悉的社会组织，他发现了：在社会中有一个劳动阶级从事于苦工来获得满足欲望的手段，又有一个公民士兵阶级，至死效忠于国家的法律，还有一个立法的阶级。既然如此，于是人类的灵魂就也一定包括着在底层的欲望，——从"底层"的两种含义而言——它仅仅为了它本身的满足而从事于获取和吸收，同时它又是超越于个人享受之上的宽阔精神冲动的基层，而最后则是理性这个立法的力量。

在发现了人性构成中这三个东西之后，他再回到社会组织方面来，就没有困难了。他证明有一个在统治和法律维持秩序之下的阶级，因为否则它的行动就会没有限制并会借自由之名来破坏和谐与秩序；还有一个阶级，它的意向是一切服从和忠于法律，虽然它本身不能发现法律所由派生的目的；而在顶点上，在任何有良好秩序的组织中，便是那些以理性为其杰出的自然性质的人们的统治，不过那种职能首先要通过教育来培养。

难得找到一个更好的例子来说明这个事实的了，任何意图发现社会现象之心理的原因和根源的运动，事实上，是一个逆行的运动，在这种运动中，把当前的社会倾向理解为人性的结构，然后再用它来解释它们本身所由推演出来的社会倾向。于是那些反映新工业和商业运动的人们，把柏拉图所谓必然罪恶的欲望当作是社会幸福和进步的基石，这是"自然的"。同类的事情现在也是存在的，用爱权力来代替一世纪前把利己当作统治的"动机"的职能——如果我把动机一词加上一个引号，那也是由于上述的理由。因为所谓动机，在批判的检验之下，与其说是人性中的简单因素，毋宁说是在文化条件下所构成的复杂态度。

即使我们所论及的，实际上，是真正人性中的因素的倾向和冲动，除非我们完全轻信流行的意见，我们发现：它们本身对于社会现象是没有作任何解释的。因为只有当它们跟周围的文化条件交相作用而形成了习得的性向时，它们才产生后果。可以请霍布斯来作见证，他是现代第一人把"自然状态"及其法则——即一切政治理论的古典背景——和人性未受教育的原始状态等同起来。按照霍布斯的看法，"在人性中，我们发现了产生争执的三个主要原因。第一，竞争，第二，猜疑，第三，荣誉。第一个使人追求利益；第二个使人追求安全；第三个则使人追求名誉。第一个用暴力使他们自己成为别人的主人；第二个是用以保护他们；第三个是为了一些琐事，如直接在他们个人中的或反映在他们的亲戚、朋友、民族中的一个字眼、一个微笑、一个不同的意见或任何其他轻视的标志。"

霍布斯所叙述的这些性质实际上是在人性中存在的，而且它们可以产生"争执"，即可以产生国际间的冲突与战争和国内的内战（这是霍布斯生前长期存在的事态），对于这一点是没有人否认的。到此为止，霍布斯叙述了一种自然心理学，这种自然心理是先于作为文明社会之先在条件的安全状态而存在的。这种叙述较之今日许多企图列举被认为产生社会现象之原因的原始人性特征的尝试，显得较为深刻透辟。霍布斯认为人们在彼此关系中的全部自然状态就是一种一切人反对一切人的战争，人在人看起来天然是"当作一个狼"的。因此，霍布斯的意图是要颂扬那些审慎制订的关系、权威式的规律和规章，它们不仅管理着外表的行动，而且管理着那些使人们把某些东西视为目的或善的冲动和观念。霍布斯自己把这种权威视为一种政治上的统治。但是按照他论述的精神来看，它也可以被视为颂扬文化反对原始人性，而且也有不少作者指出，在他的"利维坦"和纳粹极权国家之间颇有相似之处。

在霍布斯所生活的时代和当前的时代之间，特别在国家之间和阶级之间的不安全和冲突的方面，可以勾画出的不只是一种有教益的对比。不过，和这里有关的一点乃是：霍布斯所选为使得人生"残忍而险恶"的混乱原因的这些性质正是为别人选为产生善良的社会后果，即产生和谐、繁荣和无限进步的原因的那些"动机"。霍布斯对于当作追求利益的竞争所采取的立场在 19 世纪英国社会哲学中完全被颠倒过来了。追求利益的竞争已不是战争的一个根源，而被当作是个人寻求最合适的职业的一个手段；是把所需要的商品以最低的代价到达消费者手中的一个手段；是一种产生最后和谐的互相依赖状态的手段——只要不是"人为"的限制，容许竞争。即使今日我们还会读到一些论文和听到一些讲演，它们把我们当前的经济困难的原因当作是由于政治上对私人追求利益的竞争的有益活动所作的干预。

提到人性中这个组成因素的这两个很不相同的概念，其目的并不是要决定或讨论哪一个是对的。目的在于指出两者都犯了相同的错误。冲动(或者给它任何一个名称)本身，从社会上讲来，既不是有害的也不是有益的。其意义依赖于实际所产生的后果；而这些后果又依赖于它所借以活动的和互相作用着的条件。这些条件是由传统、风俗、法律、公众所赞许和反对的类型所建立起来的；是由所有构成环境的一切条件所建立起来的。这些条件即使在同一国家在同一时期内也是如此地多元化，以至爱利益(作为人性的一个特点)可以既在社会上是有用的，又在社会上是有害的。而且不管建立合作的冲动的这种倾向是怎样十分有益的，如果只把它们当作是人性的组成因素，对它们来讲，也是如此的。竞争和合作都不能被断定是人性的特点。它们是指个人活动中的某些关系的一些名称，如同实际上在社会中所构成的关系一样。

即使在人性中有这样一些彼此明确划分开来的倾向，以至符合于所给予它们的这些名称，而且即使人性是固定的，如它有时被说成的那样，上述的情况也是真实的。因为即使在那种情况之下，人性是在许多不同的环境条件之下活动着的，而且正是它和后者的交互作用决定着这些倾向的积极的与消极的后果和社会意义与价值。所谓人性结构的固定性丝毫也不能解释各个氏族、家庭、民族之间的差别——那就是说，它本身不解释任何社会的状态。对于遵循哪些政策有益，它没有提出任何意见。它甚至也没有为保守主义辩护来反对激进主义。

但是我们不能承认人性的这种所谓不可变动性。因为虽然人性中某些需要是恒常的，但它们所产生的后果(由于文化——科学、道德、宗教、艺术、工业、法律规章——的现存状态)又反作用于人性的原始构成因素，以至它们构成了新的形式。因而，整个的局面都改变了。单纯只诉之于心理的因素，既要解释所发生的事情，又要制订关于应该怎样做的政策，那是徒劳无益的，这一点是谁都明白的——但它却曾用来作为一个简便的窍门使得为某些集团或宗派根据别的理由所提出的政策"合理化"。"竞争"既推动人们去战斗，也促进有益的社会进步，这个事例在这一方面对我们显然是大有助益的。同时，对霍布斯的其他因素所作的考虑也支持同一结论。

例如，曾经有过这样一些社会，社会上重视一个人自己、一个人的家庭、一个人自己阶级的荣誉，把它当作是一切有社会价值的东西的主要储存所。重视荣誉总是贵族阶级，文职的或军职的贵族的主要美德。虽然它的价值时常被人夸大了，但否认它在和一定文化条件相互作用中所曾有过的有价值的后果，也是愚蠢的。作为一种动机的"胆怯"或恐惧，若就其后果而论，是一个尤为模糊而无意义的名词。它有各种不同的形式，从懦夫的胆小到小心、谨慎和理智的先见所不可缺少的那种细心。它可以成为诚敬——它有时会被抽象地夸大过，但它也可以和那种使它成为十分需要的对象联系着。"爱权力"（诉之于权力现在是流行的），也只有当它一般地应用于一切事物从而并不解释任何特殊东西的时候，才是有意义的。

以上的讨论意图阐明两个原则。一个是：在一定时期流行的关于人性的见解常常是派生于当代社会的潮流；一些突出显明的潮流或者一些不很显著和不很有实效的社会运动但为一个特殊集体认为应该成为主导的东西——例如柏拉图的所谓立法的理性和古典经济学家的所谓竞争性的追求利益。另一个原则是：当我们指论人类原来天性的构成时（即令它们是实际存在的），那也不能解释任何社会上所发生的事情，也没有对应采取什么政策提出任何主张。这并不是说，当我们指论这些人性的构成时，就必然是把不合理的东西隐隐然使之合理化。这只是说，当我们进行这样的指论而具有实际意义的时候，它具有道德上的，而不是心理上的意义。因为无论它是从保持已有的东西方面或从产生变化的方面所提出来的，它总是评价的一种表现和对价值的估价所决定的目的的一种表现。当一个人性特点在这个基础上被提出时，它是处于它的正当的联系之中的，并且是经得起合理的检验的。

然而，流行的习惯则假定社会争端与被偏爱的和被追求的价值无关，毋宁说，社会争端乃是由于某些为人性构成所预先决定的东西。这个假定就是一些严重的社会邪恶的根源。在学术上，它是退回到17世纪仍旧控制着物理科学的那种解释；这种方法在现在看来是自然科学长期停顿的主要根源。因为这种理论是诉之于一般力量去"解释"所发生的事情的。

只有废弃了一般的力量，使研究工作致力于明确在观察的变化之间事物相互的关系，这时候自然科学才开始不断地前进。例如，通常把电、光或热当作是一种力量，用来说明某一特殊的事件，如用电力来解释随带雷电的风暴，这种情况仍然存在。科学家们自己有时也用类似的字句谈话。但是在他们这种情况之下，这些一般的名词乃是一种缩写的表达方式。它们代表观察到的事实之间的一致关系；它们并不标志着在所发生的事情背后还另有什么产生它的东西。如果我们以闪电和电为例，富兰克林把前者当作是属于电力之类的东西，于是他把它和它以前所脱离开来的东西又联系起来了，而关于这些东西的知识又可以用来实际对付这些东西。但是电并不是一种解释性的力量；说闪电是一种电的现象的知识只是提出了一系列的问题，其中有些问题还有待于解决。

如果我们用自然科学使用这种方法时那些没有什么好结果的情况来比拟说明当前社会"科学"的情况而说服力还不够强的话，那么我们还可以用这种研究方法实际产生的偏向来予以证明。当实际上只有一些一般空泛的字眼来掩饰着缺乏理解的情况时，便容易存在着一种对理解的幻觉。社会观念仍然被保留在闪烁其词的概括领域之中。意见与知识有所不同，容易发生分歧。既然把原因看成是产生事物的工具或媒介，那么不知道它发生的条件，就不会有一种控制它的方法使某些东西产生，防止不需要的东西产生。当人们知道了某种摩擦生火的方法时，他们至少就控制着一种手段，需要火时，他们就钻木取火。而且无疑地，对于原因性的条件愈熟悉，就愈增加了人们当需要时取火的实际能力，并用它来达到更多的目的。这个原则也可以用来说明社会理论与社会行动的关系。

最后，理论被认为说明了事物的进程，于是再被用来鼓吹和辩护某些实际的政策。马克思主义当然是一个突出的例子。但是它并不是唯一的事例，有一些非马克思主义和反马克思主义的社会理论也时常成为这个原则的例证。功利主义利用快乐与痛苦是人类行动之唯一决定因素这个观念，提出了一个关于立法、司法和刑法程序的全部理论：即它们都是指向于获得最大多数人的最大幸福。也有人以为欲望是自由无碍的，并据以解释事物，而这种解释则在实际上被用来积极宣传自由市场的经济制度以及一切与之相适应的政治的和法律的措施。相信有所谓"力量"的一般特性，就会使得人们不必记住用实际事情来检验理论。如果事情的发生显然违背了这个信仰，这个矛盾不是用来作为进一步检验信仰的理由，而是用来作为一个线索为这种失败寻求特殊原因，从而使这个原则的真实性仍旧维持不变。

单纯的一般观念无须乎依靠观察，就能够加以论证和反驳。这种辩论之所以得免于成为单纯的纸上谈兵，是因为其中包含有一定的情绪态度。当一般的观念不能被实际所发生的事实不断地加以检查和修正时，它们就被当作一种理所当然之事，属于意见范围之内。意见的不一致，在那种情况之下，就成为争论的根据，而不像今天在自然科学中那样，把问题弄明确，推动进一步的观察。如果关于学术上的问题以及它们的后果能够没有争论地作出任何概括的结论，那是因为在意见和不同意见的冲突的领域里，缺乏一种揭露事实从而建立共同信仰基础的研究方法。

社会的事件在任何情况之下都是十分复杂的，因而难以形成一些有效的观察方法，求得关于事情之相互联系的概括结论。当前流行的这种学派又增加了更多的困难，使得这样的观察成为不必要的事件——只有偶尔才在争论中利用一些任意选择出来的事情。首要的任务是要构成一般的观念，首先就要促使人们寻求问题——反对那种认为已经有了现成解答的假设，因为根据这种看法就没有任何问题的存在了；其次，是用概括来解决这些问题，而这些概括乃是对分析地观察过的事件之间的互相作用所作的陈述。

我且回到那个特殊的社会哲学来，它把为获取私利的努力所推动的经济制度当作是自由民主制度的基本条件。无须乎追溯到这个理论在英国放任的自由主义者手中的那种早期表述形式。因为虽然这种哲学已经为事实所否定，但是在我国，对建立所谓商业的社会控制所作的努力在目前已经使得这个理论在其非常赤裸裸的形式之下重新复活了。目前有人根据这个理论来反对这些控制的措施，而这些控制的措施又被用来促使人们注意这个理论的错谬；我们也无须赞成这些控制的措施。这个理论就是：被解释为个人有最大限度的自由机会从事于商品和服务的生产与交换的资本主义乃是同民主主义紧密结合在一起的一对孪生子。据说，因为前者和创导性、独立性、生气勃勃等个人特性是等同的，而这些特性是自由的政治制度的基本条件。所以，据他们辩论说，政府对于商业活动的管理便限制了这些个人特点的活动，而这种限制同时就是对于政治上的民主所赖以存在的实际的和道德的条件所进行的攻击。

在这里，我并不涉及由于赞成和反对这些措施所提出的特殊理由有什么价值。我的意思是说：笼统地诉之于一些假定的人类动机，如一般的"创导性、独立性、企业心"等，这就模糊了我们具体观察事物的需要。即使当我们观察到事物的时候，对这些观察到的事情的解释也是被事先决定了的，而不是从观察到的东西中所推演出来的。由于把这种争论局限在意见的领域内，也助长了从另一个方面诉之于同样一般的笼统的观点。于是我们就遇到了一种针锋相对的冲突：一方面是所谓"个人主义"，而另一方面是所谓"社会主义"。对于具体情况的考察也许会揭示一些特别的条件，而这些条件对于这些名称模模糊糊所指的这两种方法都会是有利的。

"企业"这个流行的字眼，作为一个高尚的名词，对于企图从一般人性固有特点中寻找支持政策的理由的尝试，是特别有用的。因为"企业"唯一恰当的意义乃是一种中立性质的含义，指从事于一种"事业"，它之所以受人欢迎，是因为它实际所产生的结果，而这也照样需要在具体的情况中加以研究。但是"企业"（enterprise）①又具有一种受人欢迎的人性特点的含义，因而这个论点便从观察的领域转入意见的领域，附加了一种受人赞许的情绪。"企业心"和"创导性""勤勉"（industry）②一样，能够用来说明无数的对象；这些字眼可以说明一个闹事的工联的活动，也可以说明一个有益于社会的工业企业。

上面我们比较详细地叙述这个事例，因为它提供了一个突出的例子，说明首先把一个现存的社会行动的方式转变为一个人性的心理特征；然后，把一个被认为真实的心理的事实转变为一个价值原则——一种道德的东西。由一些具有明确的空间和时间界线的情况所提出的社会问题——而它们必须是用观察去确定的——变成了一些不涉及地点和时间条件而能够绝对确定的问题。所以它们变成了属于意见和有争论性的东西——而且由于后者没有解决任何问题，最后的倾向便诉诸一种力量，把它当作最后的决定因素。

---

① enterprise 又作"企业心"解。

② industry 又作"实业"解。

　　为英国学术界激进派用来论证大众政治与自由的这个人性构成论不只包含有利己的动机。它还曾正式地主张过：对得失、对别人苦乐的同情心也是人类天生禀赋部分。利己和同情，这两个组成部分，性质相反，却在一个完整的主张中坦率地结合在一起——有时还公开地把它们比作牛顿天体动力学中的向心和离心的组成部分。利己的一面为有关公共的和政治的行动的理论提供基础；同情的一面则说明个人在他们的私事中彼此之间的关系。这个主张教导说：如果改革政治制度以废除特权和不公平的徇私舞弊，同情的动机就会大大扩大它的有效的和成功的活动范围，因为坏制度是人们损人利己的主要原因。

　　这个理论在它所引起的反应的方面有着比它本身更大的重要性。因为德国在19世纪发展了"有机唯心主义"的哲学，而它们在今天则已成为极权主义的理论基础和辩解。关于人性的构成的理论在理论上和在实际上都把政治和道德建立在所谓人性的构成之上，而这些理论是具有它们的弱点的。那些"有机唯心主义"的哲学便以这些理论的弱点来作为它们自己的开端和出发点。如果要对这种反应的形成与实质作一个适当的说明，这就会使我们涉及一些专门的问题。但它的基础是简单的。

　　把政治和道德权威的根源置于人性之中的企图曾被认为是骚扰、混乱和冲突的根源；——这是一种把社会制度与个人关系建筑在最不稳定的流沙之上的企图。同时，陈述这个新观念的哲学是新教徒和北方人。所以他们的反应并未促使他们去接受罗马教会的主张来作为屏障以抵御极端个人主义观念和政治上的腐化倾向。

　　法国革命，以及其放纵无度，在德国一致被认为是企图把权威置于没有约束之地的逻辑结果。因此，它就被当作是这种主张所具有的内在弱点的一个实际的大规模的实例。能够用来替这种主张辩护的东西，最多也只是那些能用来辩护法国革命的东西——说它有助于避免已经发生的弊病。作为一个积极的和有建设性的原则看来，它是一个悲惨的幻想。说明这个革命的正式信念的《人权宣言》被认为是一堆错误主张的一个概述，它产生了这个时代的一切独特罪恶。如上所述，这种反抗没有接受教会的主张来作为它的批判和它所建议的建设性的措施的根据。它本身深受它所反对的个人主义所由产生的那些条件的影响。对于这种影响的估价，希腊中古观念的代表们批评说，这个运动本身是严重的"主观主义"的。它树立了一个"绝对的自我""心灵""精神"来"调和"自由与权威，个性与法律，而人类是这个"绝对自我"等个别的、部分的体现，社会制度、国家、历史进程则是一个"比较真实的"和圆满的体现。既然历史是最后的裁判法庭，既然它代表着绝对精神的运动，那么诉之于武力来解决国家之间的争端就并不"真实地"是诉诸武力，而毋宁说是绝对理性的最后逻辑。个人主义的运动是引导人们去承认"精神"和"人格"在自然、人类和社会的构成中的第一性和最后性的一个必然的过渡的运动。德国的有机唯心主义要保留这个运动中一切真实的东西，把它提高到绝对"自我"和"精神"而减除它所具有的错误和危险。这个运动中有许多专门性的东西；许多有关它的细节只能由于特殊学术上的理由才能加以解释。但是它的核心乃是它的那种替个性和自由寻求一个"高级的"理由的企图，而个性与自由乃是同法律与权威融合在一起的，它们必然是合理的，因为它们是"绝对理性"的体现。当代的极权主义便毫无困难地发现了，体现在德国国家的德意志民族精神，从一切实用的目的看来，都是黑格尔式的"绝对精神"的合适的代替物。

卢梭常常地，而且在许多方面恰当地，被当作是法国革命的先觉和在学术上的前辈。但是由于历史上充满着矛盾，他也是这个在德国充分发展起来的理论的继父。他充担这个角色，一部分是间接的，因为他攻击文化，而如上所述，这是对颂扬文化反对人性所产生的一个反抗。但是他也正面地和直接地扮演了这个角色。因为在他的政治著作中，他预先有过这样一个观念：即一个"共同的意志"乃是合法的政治制度的根源；自由和法律在这个"共同的意志"的活动中乃是同一个东西，因为它必然代表着共同的利益，所以也必然代表着每一个人的"实在的"和真正的利益。

如果个人提出他们纯粹个人的欲望，违背这个"普遍意志"，那么"强迫他们获得自由"照样是合法的(的确，也是必需的)。卢梭是意图用他的理论来陈述自治制度和多数统治的基础。但是他的前提却被用来证明这个"共同的"——或"普遍的"——"意志"和"理性"是体现于国家之中的。它最合适的体现是在那样一些国家之中，在这些国家里，法律、秩序和纪律未曾由于民主异端而被削弱：——这一个观点曾在德国在拿破仑的征服之后被用来在那个国家里创造出一种侵略性的民族精神，这个观点为藐视这个与德国文化相反的法国"唯物主义的"文明提供了根据—— 这一种藐视后来扩大为对于任何国家中民主制度的贬责。

关于对人性个人主义理论的反抗的这个简单叙述指出了国家社会主义的背景，但同时它也帮助说明了民主国家所处的困境。个人主义的理论在一百多年前曾被用来支持政治上的自治，然后帮助实现这个目的，这个事实并没有使得这个理论成为目前对于民主行动的可靠指导。在今天读一读卡莱尔对于这个理论的那种挖苦的、生动的谴责，是有益的。他也同样尖锐地谴责了这种把政治权威建立在利己的基础上而把私人道德建立在同情心的运用上的企图。后者是伤感主义的泛滥，而前者是"混乱加上警察"——后者是需要用来维持一个即使是外表的秩序的。他祈求要有纪律与秩序，而这又要求有一个精选人物来做领导。

目前的情况可以叙述如下：民主确实包含有这样一个信仰，即政治制度和法律应从根本上考虑人性。它们必须较任何非民主的制度给予人性以更自由的活动余地。同时，无论在法律方面的和在道德方面的人性论，曾被用来阐述和证明对人性的这种依靠情况，但这种理论却证明并不合适。在 19 世纪，在法律和政治方面愈来愈多地充斥着许多观念和实际，它们更多地是涉及谋利的生意而不是民主。在道德方面，则倾向于用一种在情感上劝告人们按照基督教箴言为行动的办法去代替把民主的理想融贯于一切的生活关系中去从而提出纪律和控制的办法。由于缺乏一个恰当的关于人性与民主关系的人性论，因而对民主的目的和方法的爱慕就会变为一种传统习惯之事——就其现行的情况而言，它是一件好事，但是当它变成习惯，而条件的变化又改变了其他的习惯时，它就容易在无形中受到损害。

如果我是说：民主需要一种关于人性的新心理学，一个适合于国内外条件对它所提出的大量要求的心理学，那么我也许会被人认为是论及一件在学术上不相干的事情。但是如果把上述的说明理解为：民主总是同人道主义、同相信人性潜能的信念相联系着的，而当前的需要就是有力地重新肯定这个已在有关的观念中有了发展而又在实际态度中表现出来的信念，那么它只是美国传统的继续而已。因为对于"普通人"的信仰是没有意义的，除非它是表示信仰在民主与人性之间有着紧密而必需的联系。

我们不能继续保持这个观念：即人性本身，当它脱离了外在人为的限制时，就会自然产生民主制度，成功地工作着。我们必须从另一方面来叙述这个论点。我们要注意，民主是指这样一种信仰：即人道主义的文化应该流行于世；我们应该坦率而公开地承认，这是一个道德方面的命题——像任何涉及"应该怎样"的观念一样。

在我们看来，似乎很奇怪，民主既受左翼的极权主义从经济方面的理由所提出来的挑衅，又受法西斯派的极权主义国家从道德方面的理由所提出来的挑衅。从比较的条件看来，我们可以在同前者的比赛中保卫民主，因为到现在为止至少苏联在物质事业方面还没有"赶上"我们，更谈不到"超过"我们。但是要反对另一派的极权主义（而且也许最后也是反对马克思主义派），就需要有一种积极的和勇敢而有建设性的觉醒来认识到，相信人性在我们文化每一方面——在科学、艺术、教育、道德与宗教，以及政治和经济等方面——的发展中的重要意义。不管在抽象中人性是多么一致和恒常，使人性发生作用的条件自从我们建立了政治上的民主以来，已经有了十分巨大的变化，因而民主不能单单依靠政治制度或仅在政治制度之中表达出来了。我们甚至不能确定，它们以及它们在法律方面的附着物在今天实际上是不是民主的，——因为民主是表现于人类的态度之中而以在人类生活中所产生的后果为衡量尺度的。

关于民主的人道主义观点对于一切文化形式，对于教育、科学和艺术、道德和宗教，以及工业和政治方面的影响，使它得以避免那种对伦理式的劝告所作的批评。因为它告诉我们说，我们需要检查人类活动的每一个方面来确定它在解放中所产生的效果，来确定人性潜在力的成熟和果实。它并不是要我们"在道德上重新武装起来"因而一切社会问题都将迎刃而解。它说：发现我们现有文化的一切组成部分是怎样工作着的，然后注意到在需要的时候和需要的地方把它们加以改变，使它们的活动可以解放和实现人性。

人们常说（这种说法还没有完全过时），民主是基督教的副产品，因为后者曾教导说，个人的灵魂具有无限的价值。目前有人对我们说：既然对于灵魂的信仰已经为科学所驳斥了，所谓民主的道德基础也就一定要加以废弃。他们对我们说：如果有理由宁爱民主而不爱其他形式的人类彼此关系的安排，那么它就必须表现出一些特别明显的优点，表明胜过其他社会形式。又有人从一个十分不同的角度告诉我们说：灵魂的旧神学主张的削弱就是民主信仰消失的理由之一。这两种相反的观点增加了这个问题的重要性和急需解决的迫切性：即对人性潜在力的信仰是否有恰当的根据以及它们能否伴随着具有一度为根据神学的宗教观念所唤起的那种强度和色彩。人性就是这样贫乏的东西，因而这个观念是荒唐可笑的吗？我并不企图给予任何答案，但是"信仰"这个字眼我是有意使用的。因为从长远来看，民主与维护这个信仰以及具体证明它的可能性是共存亡的。

即以不容异说这个问题为例。任何人类集团（"种族的""宗派的""政治的"集团）的有系统的憎恨和猜疑都意味着对人性性质抱着一种根深蒂固的怀疑态度。从相信具有宗教性质的人性潜能的观点看来，那种憎恨和猜疑是冒渎神灵的。它也许是从针对着某一个特殊的集团出发的，而且也许会提出一些特殊的理由来支持它，说明为什么那个集团是不值得信任、尊敬和郑重对待的。但是最后仍是一种根本不相信人性的态度。所以它就从不相信和憎恨某一特殊集团而加以扩大，以至不相信任何人群具有任何被人尊敬和承认的固有权利——如果要给予它以尊敬和承认，那只是由于某些特殊的和外在的理由，如它对于我们的特殊利益和抱负有用。不容异说用来反对人们时所具有的腐蚀力是没有什么物理酸素的。它的腐蚀力是由于培植而来的。反人本主义的态度就是一切形式的不容异说的实质。从激起对一群人们的仇恨开端的运动到后来则将否认这群人具有任何人性。

这个不容异说的例子是用来说明民主的前途与信仰人性潜能之间具有内在联系——而不是因为它本身有什么重要性。我们过去的调和有多少是积极的，而有多少又只是意在"停止"某些我们所不喜欢的东西的那样一种调和，只是由于要改变它就包含有太多麻烦因而宁愿"忍受"它的那样一种调和？因为目前有许多反对民主的反应大概仅仅是在于揭露早先存在的弱点；这种弱点过去或是被掩盖着的或是并未曾暴露真相的。确实，反对黑人、天主教徒和犹太人的种族偏见在我们的生活中并不是什么新鲜东西。它在我们当中的出现是一个内在的弱点而且是申斥我们，说我们的行为无异于纳粹德国的把柄。

在我们自己的习惯态度中所揭发出来的最大的实际矛盾大概是在政治问题上形成意见的民主方法与在其他方面形成信仰时所常用的方法之间的矛盾。从理论上讲，民主方法就是通过公开讨论来进行说服，这种公开讨论不仅在立法院里进行，而且在报刊上、私人的谈话中和公共集会场所进行。用选票代替枪弹、用选举权代替鞭打，这乃是用讨论的方法代替压制的方法的意志表现。虽然在决定政治问题上它是有缺点和片面性的，但它曾使得一些宗派纠纷不致逾越限制，这是一世纪或更多些时候以前所不能使人相信的。卡莱尔曾经运用他的讽刺天才来讥笑过这个概念，他说：人们用会议室里彼此谈话的方法就能决定社会事务中什么是真的，这无异是运用乘法表就能决定什么是真的一样。然而他没有看到：如果人们过去一直是使用棍棒彼此残害和屠杀的方法来决定 7 乘 7 的积数的，那么即使在后一种情况之下诉之于讨论与说服也就会是具有充分理由的了。根本的回答是：社会的"真理"与数学的真理十分不同，以至在前一种情况之下，只有当一个独裁者具有这样一种权力叫别人一定要相信什么——或承认他们是相信什么的时候，信仰的统一性才是可能的。调整兴趣就要求不同的兴趣有机会把它们自己联系起来。

真正的麻烦是在我们的习惯态度中有一种内在的分裂：我们公开地承认在政治上依靠讨论和说服，然而在道德和宗教问题上却是一贯地依靠其他的方法，或者是依靠某一个具有"权威"的人或集团。我们不必到神学问题中去找例子。在家庭和学校里，这些地方是人们认为形成性格实质的所在，时常用来解决学术上和道德上的争端的办法是用乞灵于父母、教师或课本的"权威"。在这种条件下所形成的性格和民主的方法是十分矛盾的，因而在一种紧急关头，就会引起它们的活动，用积极地反民主的方法去达到反民主的目的；正如人们随时在"法律和秩序"受到威胁的口号的掩饰之下，乞灵于暴力和压抑公民自由一样。为民主所特有的、适合于行动需要的、适当的权威，如果具备这样一些条件，它们就将使得人性潜能开花结果，这是不容易找到的。因为这是不容易的，所以民主也是一条不容易采取的道路。这条道路把最大的责任负担放在最大多数的人类的身上。挫折和偏差发生着并将继续发生。但是那种在一些特殊时期是它的缺点的东西在人类历史的长远进程中却是它的力量。正因为民主自由的目的就是为了使得人类潜能获得最大可能圆满地实现，所以当后者受到剥夺和压抑的时候，它将会在适当的时候起来反抗而要求有表现出来的机会。在美国的民主创始人看来，民主的要求和公平的道德要求是内在的一回事情。我们现在还不能很好地运用他们的词汇。知识方面的变化使得他们常用的这些字眼失去了它们的意义。但是无论他们许多的语言怎样不适合于当前的用法，他们所肯定的是：自治制度乃是人性在大多数人类中用以获得最圆满的实现的手段。在种种自治的方法中所涉及的问题现在是复杂得多了。但是正由于这个原因，那些要维护民主信仰的人们的任务就是要全力恢复和维护民主具有内在的道德性质这个原来的信念，不过现在用一种适合于当前文化条件的方式陈述出来罢了。我们现在已经有了足够的讨论来结论说：民主是一种生活方式。但是我们还要明白：它是一种个人的生活方式，这种生活方式为个人的行为提供了道德的标准。

选自［美］J. 杜威：《自由与文化》，北京，

商务印书馆，1964。傅统先译。

图书在版编目（CIP）数据

20 世纪西方伦理学经典 / 万俊人主编. —北京：北京
师范大学出版社，2021.8
    ISBN 978-7-303-24033-3

    Ⅰ.①2⋯ Ⅱ.①万⋯ Ⅲ.①伦理学－研究－西方国家
Ⅳ.①B82

中国版本图书馆 CIP 数据核字（2021）第 070135 号

营　销　中　心　电　话　010-58805385
北 京 师 范 大 学 出 版 社
主题出版与重大项目策划部　　http://xueda.bnup.com

20 SHIJI XIFANG LUNLIXUE JINGDIAN
出版发行：北京师范大学出版社　www.bnup.com
　　　　　北京市西城区新街口外大街 12-3 号
　　　　　邮政编码：100088
印　　　刷：北京盛通印刷股份有限公司
经　　　销：全国新华书店
开　　　本：787 mm×1 092 mm　1/16
印　　　张：168
字　　　数：2495 千字
版　　　次：2021 年 8 月第 1 版
印　　　次：2021 年 8 月第 1 次印刷
定　　　价：798.00 元（全八册）

策划编辑：祁传华　　　　　　责任编辑：陈佳宵　郭　瑜
美术编辑：王齐云　　　　　　装帧设计：王齐云
责任校对：陈　民　　　　　　责任印制：陈　涛